U0535969

粉丝效应

从用户到粉丝，从流量到增量

FANOCRACY

Turning Fans into Customers
and Customers into Fans

David Meerman Scott
［美］戴维·米尔曼·斯科特

Reiko Scott
［美］玲子·斯科特◎著

陈述斌　卢振飞◎译

中信出版集团｜北京

图书在版编目（CIP）数据

粉丝效应：从用户到粉丝，从流量到增量 /（美）戴维·米尔曼·斯科特，（美）玲子·斯科特著；陈述斌，卢振飞译. -- 北京：中信出版社，2021.10
书名原文：Fanocracy: Turning Fans into Customers and Customers into Fans
ISBN 978-7-5217-3352-5

Ⅰ.①粉… Ⅱ.①戴…②玲…③陈…④卢… Ⅲ.①网络营销 Ⅳ.①F713.365.2

中国版本图书馆 CIP 数据核字（2021）第 161337 号

Fanocracy by David Meerman Scott and Reiko Scott
Copyright © 2020 by David Meerman Scott and Reiko Scott
All rights reserved including the right of reproduction in whole or in part in any form.
This edition published by arrangement with Portfolio, an imprint of Penguin Publishing Group, a division of Penguin Random House LLC.
Simplified Chinese translation copyright © 2021 by CITIC Press Corporation
ALL RIGHTS RESERVED
本书仅限中国大陆地区发行销售

粉丝效应：从用户到粉丝，从流量到增量
著　者：　［美］戴维·米尔曼·斯科特　［美］玲子·斯科特
译　者：　陈述斌　卢振飞
出版发行：中信出版集团股份有限公司
　　　　　（北京市朝阳区惠新东街甲 4 号富盛大厦 2 座　邮编　100029）
承印者：　北京诚信伟业印刷有限公司

开本：880mm×1230mm　1/32　印张：10.625　字数：230 千字
版次：2021 年 10 月第 1 版　　印次：2021 年 10 月第 1 次印刷
京权图字：01-2020-3569　　　　书号：ISBN 978-7-5217-3352-5
定价：69.00 元

版权所有·侵权必究
如有印刷、装订问题，本公司负责调换。
服务热线：400-600-8099
投稿邮箱：author@citicpub.com

目 录

序 一　陈亮途 _ I
序 二　托尼·罗宾斯 _ Ⅶ

第一部分 粉丝效应

第 1 章　分享源于热爱

戴　维 _ 003
玲　子 _ 008

第 2 章　粉丝圈的力量

波士顿红袜队：让波士顿人团结起来 _ 017
什么是粉丝，谁是粉丝？_ 020
数字时代孤独的混乱 _ 021
属于我的城市 _ 027

第 3 章　从消费者品牌到粉丝品牌

超越产品本身 _ 033
内衣订购公司的故事 _ 035

关注客户需求而非产品和服务本身 _ 038
击败数字音乐的广播节目 _ 044
打造全球书迷社群 _ 046
布加勒斯特的一家餐馆 _ 053

第二部分
打造粉丝效应的 9 个步骤

第 4 章　让彼此靠得更近

走下舞台,让表演效果绝无仅有 _ 058
亲密度决定了交往方式 _ 060
星巴克:将志同道合的人联系起来 _ 063
百万富翁魔术师:让观众参与表演 _ 066
重整房车行业 _ 070
星空下露营社交化的案例呈现 _ 073
正确对待客户 _ 075
镜像与粉丝们 _ 078
名人自拍——全新的签名方式 _ 084

第 5 章　引领粉丝参与创作

让观众独立解读《麦克白》 _ 091
Adobe:没能发现客户的真正需求 _ 095
什么是同人小说? _ 098
《冰球少年》:不只是一本漫画书 _ 100
经典作品的重塑与再创作 _ 103

赛车和路虎 _ 106
一千个读者就有一千个哈姆雷特 _ 108
鼓励玩家不断创新 _ 111
粉丝圈的管理机制 _ 115
网络社区展现的强大助力 _ 117
通过合作伙伴网络和社区发展事业 _ 120
一千个说书人就有一千个哈姆雷特 _ 122

第6章 免费给予

礼轻力量大 _ 128
感恩而死乐队：赠送音乐以获取新粉丝 _ 130
千真万确，完全免费 _ 133
当"免费"成为必然 _ 135
金霸王"大前锋"计划：派送了数百万电池给需要的人 _ 138
查利的出租车：单枪匹马和优步一较高下 _ 145

第7章 建立身份认同

长大成人与永恒不变 _ 149
哈利·波特粉丝网站 _ 153
飞人乔丹：独特的身份象征 _ 156
《万智牌：竞技场》：在数字时代获得成功的老式卡牌游戏 _ 159

第8章 与网红合作

服装和品质生活品牌推广人如何影响消费者 _ 166
让品牌推广人享受宣传你的品牌 _ 172
因名人而扬名 _ 173
耐克：争议中大卖，或者另有奥妙 _ 174
建立真正的品牌伙伴关系 _ 176
来自脸书、谷歌、卡夫、IBM、约翰迪尔和波音
　等公司的商业名人 _ 178
如何与品牌大使合作 _ 180
利用"校友"来宣传公司 _ 183
试水中国网红 _ 184

第9章 打破壁垒

交易之外 _ 191
建立亲密关系 _ 194
邀请客户参观生产车间 _ 198
更多互动，更多粉丝 _ 204
Harmony：让乐迷选择表演 _ 206
The Rattle：打破音乐与科技之间的壁垒 _ 210

第10章 倾听客户的心声

错误理解客户需求必然导致疏远 _ 220
自动化和数字化时代：你的客户更需要人文
　关怀 _ 223

数据出错时，就有了去人性化的行为 _ 224
叙事医学 _ 226
让青少年自己发声 _ 228
倾听，为沉默者发声 _ 232
世界冠军成为关注人性的教练 _ 234

第 11 章　建立并保持信任关系

愚弄粉丝的后果 _ 245
肯德基：一家没有了鸡肉的鸡肉餐厅 _ 251
区块链构建信任 _ 253
与粉丝建立并保持信任 _ 257
信任的价值 _ 261

第 12 章　让员工成为粉丝

让员工感受到自己的重要性 _ 268
创建一支制胜的团队 _ 270
保持激情是一种习惯 _ 272
用企业文化影响员工 _ 279

第三部分
享受粉丝效应

第13章 拥抱激情

动漫展：享受粉丝的高光时刻 _ 293
创造通用的沟通语言 _ 295
弗拉门戈音乐会上吉米·亨德里克斯的
　粉丝 _ 299
干一行爱一行 _ 302
发现恐龙的女孩 _ 305
他人激情中纯粹的快乐 _ 308
支持民主选举的音乐家组织 _ 310
充满激情之人的秘密语言 _ 313

第14章 扩大粉丝圈

致　谢 _ 319
戴　维 _ 321
玲　子 _ 322

序 一
将消费者培养成品牌粉丝

陈亮途
瑞士商学院中国区院长

  品牌建设的持续作用力就是让消费者记得、喜欢和反复购买品牌产品。一个忠诚度高的消费者，除了复购率高之外，还是品牌的忠实粉丝。这里提到的粉丝，跟社交平台上的粉丝的意义有明显区别。

  社交平台上，当有人"关注"品牌账号时，品牌就判定他是粉丝了。但品牌为粉丝做了什么，粉丝又是如何看待品牌的，这些可能都不清楚。多数情况下，品牌鲜少关注粉丝，粉丝叫什么也无从知晓，更遑论培育他们成为意见领袖或口碑传播者了。

  一个真正的粉丝，会把品牌的名字、产品、服务、用户体验挂在嘴上，除了广而告之品牌的好处和优点外，还热衷推荐这个品牌给其他人。一个真正的粉丝，会全情投入品牌的"生态"中，并会为作为品牌的粉丝而骄傲。

  能做到这一点的品牌并不多，苹果、谷歌、亚马逊、华为、星巴克、阿迪达斯、耐克这些品牌，可以算得上其中的佼佼者了。

戴维·米尔曼·斯科特和玲子·斯科特的著作《粉丝效应：从用户到粉丝，从流量到增量》中有很多品牌案例，他们谈及品牌是如何将粉丝变为消费者，又是如何将消费者转化为粉丝的。

"粉丝效应"的英文"fanocracy"，其实是"democracy"（民主）的语义延伸词，即"粉丝做主"的意思。作者在这本书中表示，消费者和粉丝之间的转化与社交平台的营销没有任何关系，重要的是品牌要积极培养消费者成为粉丝，并为此做出努力。

消费者主导的品牌文化

很多企业在建立之初，目的只有赚钱，并不是为消费者创造价值。而不能为消费者带来价值的品牌，长远来讲很难留住消费者，培养粉丝就更无从谈起了。将消费者变成粉丝，首要的就是改变品牌思维，不是从老板的立场，而是从消费者的立场去看待消费者的需求和喜好；要让消费者从产品、服务、用户体验等方面获得超越预期的感受，让消费者成为品牌推销员和倡导者。这需要思维的改变和品牌文化的建设。

如今，消费者人手一部手机，可随时随地在社交平台上发布和分享品牌内容，消费者主导已是不争的事实。品牌要主动连接消费者，与他们互动、结网，如此才能将消费者变成品牌的粉丝，让他们坚定不移地跟随。而品牌壁垒，也可助力品牌在激烈的竞争中脱颖而出。

用社交属性打造明星产品

消费者在逛鞋店时，如果无法将鞋子品牌区分开来，那么这些品牌基本是失败的。而我们很难搞混阿迪达斯和耐克。可被轻松识别，是品牌建设的初级要求。

但品牌标识和包装并不是品牌建设的全部工作（很多品牌主都有这样的误解），让产品和服务带有社交属性，是品牌建设应进行的深度思考，也是对品牌营销人员的专业要求：如何让消费者在购买完产品、享用完服务后，迫不及待地拿出手机拍照，并分享到社交媒体上？

比如同样类型的点心，不同的餐厅似乎都大同小异。可当你走到广州毕德寮，服务员端上这样一款点心（见下图）时，你会怎么样？

真诚服务消费者

如果说产品是硬件,那么服务就是触发消费者重复购买的真实理由。

B2B(企业对企业)产品的使用,多数情况下较为复杂,很可能还需要持续的协助和维修,所以企业必须将服务环节做好。优质的服务需要人工客服,而不是提前设置好的智能客服。当然,真诚的态度、和蔼的笑容也是必不可少的。消费者也是人,所以不要把服务消费者仅当作销售环节中的走过场,他们有权利提出自己的需求,企业也不要把这些事当作负担。

我有朋友去巴厘岛旅游,选择了乌布的维萨斯度假村酒店。酒店的景观环境好自不在话下,而且服务超棒。酒店的每位工作人员,见到顾客一定会面露微笑并主动上前打招呼,让人从心底里感觉到宾至如归,所以他们决定下次再访巴厘岛时,一定会再次光顾,身边有朋友问起时,也会大力推荐。

哇!惊喜的用户体验

惊喜是超越期待的,要想让消费者感到惊喜,有两个方法推荐给大家:第一,满足消费者的"过分"要求;第二,让消费者出乎意料。

我的学生曾经到星巴克用水壶买咖啡（见下图）。对于这些过分的要求，星巴克的咖啡师都很耐心地完成了。不难想象，每次任务达成，同学们都会情不自禁地拿出手机拍照，然后迅速发到微信朋友圈。这就是经典的消费者主动传播，而星巴克也因此获得了额外的曝光。细想，这也是星巴克社会化营销的独到之处！

我不仅佩服同学们的勇气，更敬佩星巴克对待消费者需求的态度。星巴克很少投放广告，日均万余人进店，眼前的消费者就已足够精准，每一家门店就已经称得上是品牌的独家媒体渠道了。每日店内发生的一切，如店员和顾客的对话、交流、氛围等，皆是品牌传达的营销信息。

培养超级粉丝的魔法

一个品牌/一个人，只要能拥有 1 000 个超级粉丝，就一定可以成为超级品牌。

要培养超级粉丝，可以采取以下做法。

持续取悦：像星巴克一样，每一次的品牌接触都能让消费者收获暖心之感。星巴克承诺，只要不满意咖啡品质，就重做到消费者满意为止。

增强参与感：让超级粉丝真正参与产品和购买过程的优化。重视他们的建议，让他们的心声得以实现，是超级粉丝忠诚追随品牌的精髓。乐高在 LEGO Ideas（乐高创意）的活动中，让超级粉丝参与产品的开发过程。试想，他们在建议得到采纳时，会是多么兴奋。

VIP（贵宾）特权：所谓特权，自然不是任何消费者都可以获得的。明星会在演唱会和首映礼前后特别为超级粉丝安排见面或合影等环节。很多品牌也会为超级粉丝安排预购、参观工厂、参与广告制作或特品会等特权专享。

让他们拥有炫耀的资本：超级粉丝最大的快乐，莫过于有可向朋友炫耀的资本。品牌要创造可被炫耀的内容（如粉丝专页）、限量版产品（如亲笔签名），炫耀资本可成为超级粉丝一生难忘的经历。

*****

以消费者为核心的营销，是品牌不断取悦消费者的过程，也是营销战略的一部分。一个创意广告投放到付费媒体上，固然可以增加品牌的认知度，但不一定能增加消费者口碑，更不是一个高性价比的营销方式。对于小资本创业或想建立个人品牌的人来说，培养 1 000 个超级粉丝，实在是一个再好不过的方法了。

序 二

托尼·罗宾斯

　　一家公司只要能在激烈的市场竞争中脱颖而出并吸引大量消费者成为其品牌拥趸，那么它的核心运营策略一定是创造某种超凡的价值，这种价值足以使消费者们发自内心地奉上他们对该公司的热情，为之鼓，为之呼。我将这种策略称为"培养超级粉丝客户"，这也是我在商务通研讨会上所教授的七种营销要素之一。

　　戴维和玲子将在这种营销策略下所产生的忠实客户群体称为"粉丝圈"（fandom）。这些客户认准了某家公司后就不会轻易改变自己的选择，哪怕它的发展方向发生改变，因为这家公司用某种独特的方式给客户们带来了其他公司无法比拟的附加值。

　　如果你仅仅做到了让客户满意，那么某一天他们很可能会离你而去。因此，你和团队中的每个人都必须竭尽全力为公司打造一种"粉丝效应"。你需要营造一种文化，在这种文化里，你唯一要做的就是确保能够一直打动你的客户。

　　全身心投入为客户创造更多价值，为他们付出最大努力，是我能够享受其中的秘诀。目前，我为之服务并成为公司所有者之一或协助发展的公司数量达到33家。如今，我们的员工数量超过1 200人，总收入超过50亿美元，我们的团队也在不断壮大，因为对我们来说，仅仅让客户满意是远远不够的！我们没有盲目地满足于公司现有的产品和服务，而是专注于为客户创造更多价值。

一切都将从你所做的点滴开始。只要你下定决心拥抱非凡的生活方式，肩负起超越自我的服务使命，你就会散发出吸引他人——你的客户、生意伙伴或者员工——的能量和激情。

在这种商业文化中，你团队中的所有个体都将是充满热情的忠实支持者，而且他们能够感染更多的支持者。如果你的公司有两个人，那么你们就同时培养自己的商业文化，拥有各自的粉丝圈。同样的道理，如果你的公司的员工数量超过1万人，抑或10万人，那么每一个人都应该同心协力地创建这种文化，为此贡献一份不可或缺的力量。你要允许并鼓励每个团队成员积极主动地做出关键性决策，这种决策促使他们对你的公司保持长久的忠诚。做到了这些，你主导的粉丝效应就形成了。

如果践行《粉丝效应：从用户到粉丝，从流量到增量》这本书中的理念，那么任何一个公司或组织都有可能获得成功。当你打开这本书时，你就已然迈出了打造粉丝效应，让你的公司与众不同的第一步。

戴维·米尔曼·斯科特是我的好朋友，多年来我对他的理念深以为然。10多年前，他便是最早明确指出社交媒体变革的人之一，那时候这场变革尚处于起始阶段。现在，他是我主办的商务通研讨会的首席营销演讲人，世界各地的听众都喜欢他博闻强识、轻松愉悦、令人备受鼓舞的演讲。他对如何接触潜在客户有着非常卓越的见解，在商务通研讨会上介绍了一系列营销策略，比如劫持新闻[①]（newsjacking）营销法，就彻底革新了企业家参与市场和拓展业务的方式。

在《粉丝效应：从用户到粉丝，从流量到增量》中，戴维和玲子联袂为我们拓展了营销模式的新边界。《粉丝效应：从用户到粉丝，从流量到增量》对如何创建强有力的公司文化以推动商业成功的策略进行了深入研究，这本书还为我们揭示了一种全新的思想——推崇团队合作和成果分享。戴维和玲子分享了一些可以立即实践，同时又令人惊喜的想法。比如，放手让别人完成你本要完成的工作；把你所处的世界看作上天的恩遇，并竭力回报这份恩遇；衷心赞美每一位客户的经历。

---

① 劫持新闻一词是由戴维·米尔曼·斯科特创造出来的，其背后的想法就是记者们总是在寻找突发新闻，或者扩展现有故事的方法。斯科特认为，让你的产品"寄生"到热度高的产品新闻中，是吸引媒体注意力的一种高效方式。——译者注

第一部分
粉丝效应

第 1 章 分享源于热爱

戴维、玲子

戴 维

2007 年 9 月,我应邀与一家软件初创公司的管理团队会面,地址选在了对方公司位于马萨诸塞州剑桥市的办公室。我了解到这家公司正处于开拓市场的初级阶段。他们在邀请函邮件中说,公司一共有 10 名成员,全都读过我出版的新书《新规则:用社会化媒体做营销和公关》。

这封情真意切的邮件让我很感动,令我非常想早点与他们会面。

邮件中还提到,这家公司正在开发一款软件,目的是帮助一些中小企业更好地利用我在书中所描述的市场趋势和技术,取得更好的发展。

"戴维,我们可把你盼来了!"还没等我走进会议室,这家公司的联合创始人兼首席执行官布赖恩·哈利根就热情地表达了他们对我的欢迎。我所处的这间会议室属于公共办公区域，略显狭小。布赖恩接着说："你书中的理念与我们创建公司的初衷不谋而合，我们的见解也如此相似，真是不可思议。"

那个时代，几乎所有的营销人员都将大把的钱花在传统的广告推广上，或者雇用销售人员对潜在客户进行电话推销。而我的新书《新规则：用社会化媒体做营销和公关》为营销的未来趋势引入了一个全新的视角，书中描述了我从社交媒体中感知到的强大而影响深远的力量。那个时候，MySpace（聚友网）比脸书更受大众欢迎，Snapchat（色拉布）和Instagram（照片墙）还没问世。跟一群创建公司来帮助其他企业将我书中的理念付诸实践的人交朋友，让我感到非常激动和开心。

我和布赖恩及他的几个同事面对面坐着，感觉到了前所未有的舒畅。

"你们是怎么想到开这样一家公司的？"我问。

布赖恩说："我们是麻省理工学院斯隆管理学院MBA（工商管理硕士）项目的同学，那时候，大家经常讨论人们购买产品或服务的方式发生巨大变化的原因。正如你书中所写的那样，谷歌是人们首先选择的搜索引擎，网页内容远比广告宣传更为重要。从那个时候起，我们就决定毕业后成立一家公司，开发一款能够让人们通过搜索引擎找到所有企业的软件。我们把它称为集客营销。"

"正当其时！"我一边说，一边从背包里拿出了苹果笔记本电脑，"毫无疑问，人们都开始意识到它的重要性了——"

"等一下，"布赖恩突然指着我的笔记本电脑说，"我对你的这些贴纸的用处非常感兴趣，你一定要现在就给我讲讲。"

我的笔记本电脑的外壳上贴满了各种各样的贴纸，这的确让它显得非常有个性。其实，这是我向外界展示各种私人爱好的一种方式。

笔记本电脑的外壳便是我各种爱好的宣传栏。

"这个日本贴纸是怎么回事？"布赖恩问。

大多数人都不认识日文，他居然一下就指了出来，这倒是让我有些惊讶。

"日本对我来说意义非凡，"我说，"高中的时候，我在那儿当了一个暑期的交换生。从1987年到1993年，我一直生活在日本。而且我的妻子由香里就是日本人。"

布赖恩一脸惊讶地看着我说："真是太巧了！20世纪90年代，我也在日本生活过几年。"他一边说话，一边用手指慢慢拨看着我笔记本电脑上的其他贴纸。

"那这个楠塔基特岛的贴纸呢？"

那张贴纸非常精致，是一张楠塔基特岛的轮廓图。布赖恩能认出它，表示他一定知道那座岛，也去过那座岛。

"我在楠塔基特岛上有一所房子。你是不是去过这座岛？"我问。尽管我心里已经知道答案。

布赖恩点点头说："那已经是好几年前的事了。"这种感觉真奇妙，我们就像失散多年的兄弟。我们都去过楠塔基特岛，我们都在日本生活过，我们也都很早地预见了市场营销发展的方向。

他停顿了一会儿,看到另一张贴纸后咧嘴笑了起来,说:"闪电骷髅!这么说你也是感恩而死乐队的粉丝?"

他说得没错,我的确是!

我一时沉默,这一切真是越来越有意思了。布赖恩知道什么是闪电骷髅,说明他也是感恩而死乐队的忠实粉丝。许多人还能辨认出,这个红蓝相间的骷髅头符号最初被用作感恩而死乐队1976年的专辑《偷走你的脸》的封面插图,但是只有真正的歌迷才会用"闪电骷髅"来形容它。

"当然了!他们是我最喜欢的乐队,我看过很多场他们的演出。"我说。

"他们也是我的最爱,"布赖恩又说,"我看过他们50多场现场演唱会。"

这时候,我发现布赖恩的同事们正全神贯注地听着我们俩热烈的谈话内容。他们似乎一点儿也不介意我们瞎聊,而且还兴致勃勃。

"你会去看菲尔·莱什几周后在奥芬剧院的演出吗?"我问布赖恩。

莱什是感恩而死乐队的第一任贝斯手。1995年,感恩而死乐队的队员杰里·加西亚去世,这个乐队就解散了,但此后初始成员还是会经常与队友们一起进行各种组合的巡回演出。

"我是想去,但我还没有确定好行程。"

我立刻明白了布赖恩的情况。他一定是想去的,不过没有票。

"我有一张多余的票,你想一起去吗?"

短短几分钟的谈话,因为我笔记本电脑上的贴纸,我和布赖恩从完全的陌生人变成了无话不谈的朋友。

2007年10月,一同看完第一场菲尔·莱什的演出后,我们又一同观看了50多场各种演出。可以这样说,布赖恩与我合著的《感恩而死乐队的营销策略》凝结了我们对乐队和营销共同的热情。有趣的是,这本书的日文版在出版当年就名列日本最受欢迎商业书籍排行榜的第四,销量超过了英文版。我和布赖恩在写作时是不是潜意识里交流着共同的日本生活经历呢?这一点谁又能否认呢?

我们初次见面没几天,布赖恩就请我担任HubSpot(软件产品开发和营销公司)咨询委员会的创始成员。于是,我的笔记本电脑上新加了一张HubSpot的贴纸来纪念这一开心时刻。多年来,在我和布赖恩与HubSpot的密切合作下,这家公司在2019年实现了6.5亿美元的收入增长。HubSpot目前在纽约证券交易所上市交易,并在世界多地设立了办事处。2016年,HubSpot在日本开设了办事处,我和布赖恩都在开幕式上做了演讲。

这一切之所以会发生,是因为我和布赖恩找到了共同的语言、共同的兴趣,我们都在共同的粉丝圈。我们分享彼此热爱的事物,分享共同喜欢的音乐,还有我们共同的事业。

玲　子

　　马上要和新导师阿兹拉·拉扎博士见面了，她是纽约市哥伦比亚大学医学中心骨髓增生异常综合征中心的主任，好几天前我就开始感到忐忑不安了。2013 年，我顺利完成了哥伦比亚大学二年级的学业任务，因为怀揣着成为一名医生的梦想，这个夏季学期的实验室工作机会就成了我实现梦想的又一块垫脚石。我当时确实是这么想的，只要申请到了这个职位，我未来的求职申请表或者个人简历里就又能多一个闪光点了，而且我也做好了"迎接"之前在其他实验室里受到各种轻慢对待的准备。因为有了先前的实验室研究经验，所以在走进拉扎博士的办公室时，我立刻觉得自己要像一个学术型人物，对低温、无菌的实验室环境习以为常，就像一个扮演着科学家角色的女演员。

　　然而，拉扎博士和我见面的地方是一个到处都是书架和图书的私人图书馆。这里不仅有医学期刊，还有历史书籍、名人自传和小说等。眼前的情景似乎让我回到了自己家中，从小时候起，因为空间狭小，没有足够的地方把所有的书都摆放整齐，所以我家的书总是从高高的书架上掉下来，散落在地板上。从小到大，耳濡目染下我从父母身上学会了对书籍的热爱。这时候，我的眼睛掠视一个个书名，我的手像发痒一般，有想把它们一本本拿起来浏览一遍的冲动。置身其中，我眼花缭乱，竟一时忘了介绍自己。

这时，我的新导师注意到了我的神情，我完全被眼前的书海所吸引，陷入了痴迷的状态。

"你喜欢诗歌吗？"她问。

我顿时不知道该怎么回答。在本科实验室工作的两年里，从来没有人问过我这样的问题。科学和艺术是截然不同的事物，二者完全不能混淆。是这样吧？那时候的我，对这个观点还深信不疑。因此，我只能本能地保持沉默，并没有表达出自己想要二者得兼的想法。

"嗯。"我轻声回答。

从之前的工作经验中我学会了掩饰自己，不要表现得过于热情，我想着自己一定要显得对小说或文学的东西知之甚少。因为，一个科学家应该是不会喜欢那些东西的。

拉扎博士从书桌上拿起了一本书念给我听，可我听不懂她念的是什么语言。她接着背诵了对应的英文翻译。她慢慢回过头看着我，语调非常优雅地说："我喜欢这本书，我一直在做它的翻译。"

"这太美了。"我说。

她微笑着示意我坐下。虽然我们才刚刚见面，但是却就文学和科学之间的关系这一话题谈了起来。这种感觉就好像我们以前已经有过很多次酣畅的谈话了，而这一次，不过是其中之一。

我明白，自己打心底里想一直在这间实验室待下去了。

在拉扎博士的实验室度过的两个夏季里，我了解到了她对文学的热爱——她自称为痴迷——是如何使她成为一名更好的医生的。我意识到，一个人有某种爱好并不会对工作产生干扰，相反，它会是一种与别人取得深度交流的方式。就像对文学共同的热爱把我和拉扎博士紧紧地联系了起来。

她将把阿拉伯语和乌尔都语翻译成英语的热忱转化成了治疗病人的激情。她滔滔不绝地对在她那里进行长期治疗的患者讲述汉娜·阿伦特的传记电影，并且鼓励患者们也说说给他们带来最大快乐的事情。她愿意倾听这些患者说的任何事情。什么让他们感觉良好？什么能给他们带来快乐？她对每个患者的热忱似乎都无穷无尽。

"如果你不知道他们是谁，不知道他们喜欢什么，你就无法开展医疗工作。"她说，"我们治疗的是人，而不是疾病。"

后来，我了解到这种治疗方法有一个特定名称：叙事医学。

拉扎博士也帮助我培养了此类爱好。对我来说，学到的是一个非常深刻的道理，那就是如何将艺术与科学联系起来。

我与拉扎博士志同道合，她鼓励我积极参加自己热爱的各项活动，而不是将它们仅仅视为业余爱好而渐渐放弃。拉扎博士的鼓励改变了我对自己的认知。我学会了吸取身边所有人的长处，学会了全身心投入自己的工作，这让我不仅能为别人提供更好的医疗服务，也让我自己倍感舒心。这是我认识拉扎博士得到的最珍贵、最永恒的礼物。

2015年，我从哥伦比亚大学毕业，离开了拉扎博士的实验室，但我把在这里学到的知识带到了波士顿大学医学院。作为一个两年制的医学生,我编写了一套教学大纲,在波士顿大学医学院讲授一门关于叙事医学的课程。我像拉扎博士一样正视了自己的爱好,并由此找到了前进的方向。

在生活中,我吸取了父亲和布赖恩·哈利根互相交流的经验。我体会到共同的爱好和热忱可以搭建起通向成功事业的稳固桥梁。这种爱好和热忱可以让人们形成联系紧密的团队,而团队中的每个人又可以在自己的事业上不断高歌猛进。

作为某个事物共同的粉丝,我们就可以和其他志同道合的人建立起密切联系,形成一个团体。这种做法和影响往往又会引得其他人效仿。

*****

我们俩——父亲和女儿,是截然不同的个体;不过,我们对当今世界环境的观察心得却惊人地相似。说起各自近年来的经历时,我们不无惊讶地发现,爱好以及身处的粉丝圈对我们的生活显得尤为重要。父亲喜欢冲浪,和其他冲浪爱好者一起在水上运动时,他可以很好地放松自己,厘清思绪。同样,我喜欢绘画,喜欢与人分享书中不同的作品。随着时间的推移,我们发现彼此在一件事情上的看法是高度一致的,那就是,通过进入粉丝圈来发展自己的事业。

世界形势不可避免地在不断变化中发展,明白如何与各种各样的人取得联系是非常重要的，包括千禧一代和Z世代[①]，还有各个种族和各种背景的人。只有这样，我们才能一起讨论问题，一起解决问题。

接下来的章节里，我们将深入探究发展粉丝的诸多要素，包括与客户建立紧密联系的重要性，如何对现有的工作放手，如何做到馈赠而不期回报，如何利用商业透明度的力量等。借助访谈、成功案例和成套的营销策略，我们研究了各种市场实体，包括大大小小的公司、非营利组织、餐馆、企业家、艺术家、音乐家、教师、保险业务员和卫生保健从业人员，对如何培养粉丝文化、进入粉丝圈并与拥趸们建立深度关联进行了探索。

刚开始，我们总是每天晚饭后坐在餐桌旁讨论这些问题，过了一段时间后，我们就开始酝酿本书的内容了，这也是各位读者将会看到的。我们都明确地意识到，某种爱好和热忱是不会随着一个人的年龄阶段或者职业生涯发生变化而消失的。我们也都赞同，仅仅把对某件事情的坚持归因于职业精神往往会令我们忽视其中真正的动力源头。正是因为这一点，我们决定写作本书。

晚上长时间学习后，我总是喜欢发短信给朋友们，聊聊有关电视节目或漫画书的事情来消遣一下，因为学习这件事总是没有尽头的。而我的父亲戴维，已然与那些像他一样热爱现场音乐的人建立了深厚的、恒久的友谊。

[①] Z世代，指在1995—2009年出生的人，又称网络世代、互联网世代。——译者注

> 要想热爱工作之外的事情，
> 就需要与志同道合的人建立起有意义的联系。

要想成功地培养对你的企业充满热忱的粉丝，掌握粉丝圈文化是必不可少的。然而，了解这些观点还有更重要的意义，那就是我们之前所说的，在志同道合的人面前展示自己，能让我们生活得更幸福。如果你能把自己对粉丝圈的热忱分享给身边原本和你并无交集的人，并成功地吸引他们，那么这些人就会成为你的粉丝。这样一来，你就创造了一个理想的空间——这将是一个发生伟大变化的地方。

掌握人们对某家公司、某个产品、某种想法或某位艺术家充满热情的原因和方式是一种经商之道。这种方式也为朋友和家人们聚在一起，畅快地分享彼此所热爱的事物绘就了一张蓝图。每个人都想进入这个空间，成为其中的一部分，因为在那里，他们能做真实的自己，同时也更容易获得成功。

第 2 章 粉丝圈的力量

玲子

2013 年 4 月 15 日,这天是美国爱国者日。那天下午,波士顿马拉松比赛终点线附近的科普利广场人头攒动、热闹非凡,大家来这里或为亲朋欢呼,或只是为了一睹这场赛事的盛况。那天我并不在现场,而是在几百英里[①]外纽约的大学校园里,但我是在波士顿长大的,那里一直是我最热爱的故土。爱国者日是一年中我最喜爱的节日之一,也许是因为它最具波士顿地方特色——除了马萨诸塞州的人,很少有人知道这个日子的特殊性,毕竟唯有波士顿将美国独立战争的纪念日定为了法定假日。每当这一天到来时,全马萨诸塞州都会暂停所有的商业活动,人们可以观看或参演再现革命战争的节目,参加群众游行或波士顿马拉松比赛。爱国者日让我回忆起了在家乡度过的许多个节日。在爱国者日清晨,我总是没吃完早餐就急不可

[①] 1 英里 ≈1.6 公里。——编者注

耐地穿上军乐队的表演礼服，准备参加庆祝盛典。就是这样一个特殊的日子，让远在纽约校园里的我不免思乡心切。

然而，那天下午喜庆的气氛顿时被打破了，两枚自制的高压锅炸弹爆炸，造成3人死亡、250多人受伤。

手机上不断传来各种信息，每个人似乎都在说关于爱国者日的事情，网络上"爱国者日"也成了一个热搜词汇。我收集了一些零零散散的关于这次爆炸的新闻报道：不明嫌犯……警方出动……伤亡人数……尖叫声和警报声掺杂在一起，场面混乱极了。那天参加马拉松比赛的选手中就有几个我的朋友，而现场观众中我的朋友就更多了。我焦急地在脸书上刷新内容，屏幕上不时弹出我认识的人发出的新消息。我的一位朋友更新的状态写道："安全。我2点30分就到达了终点，正在回家的路上。"另一个状态写道："当时我正在科姆大街上观看比赛，距离爆炸地挺远的。"

知道他们都没有受伤后，我的心稍微平静了一些，可一种惶恐不安的感觉却仍然挥之不去。远离我的家乡，这种置身事外的"安心"更是让人心绪不宁，仅仅获取这些冰冷的数字是远远不够的，关于追捕行动的消息和警方发言人的声明再多都无法化解我内心的不安。社交媒体上的各类消息不断加深了我的恐惧和迷惑，让我有些手足无措。这场悲剧发生后，我要做的是接近那些波士顿人，接触和感受那些人与人之间的联系，我要确信彼此之间的联系仍然非常紧密、牢固。

波士顿红袜队：让波士顿人团结起来

如果你去问一个波士顿人，波士顿这座城市到底代表着什么？他会告诉你：波士顿是世界上最优秀的体育城市。2000年以来，波士顿运动队总共赢得了12次冠军：爱国者队赢得了6次橄榄球赛冠军；红袜队赢得了4次棒球赛冠军；凯尔特人队赢得了1次篮球赛冠军；棕熊队赢得了1次冰球赛冠军。面对这样的骄人战绩，我们必须得承认，波士顿人说的是对的。然而，使波士顿这座城市的体育变得如此重要的原因不仅是它优秀的体育成绩，还有它与其独特的文化特征之间密不可分的关系。

波士顿马拉松爆炸案发生后，当地警方的追捕大网辐射到了郊区，新闻里充斥着"恐怖主义""嫌疑人""封锁""交火"等字眼。我努力地让自己成为这场众志成城行动中的一分子，而不是独自了解这场惨剧带来的恶果。神奇的是，走出这场混乱后，在手机或电视上隔空观看比赛时，我和其他波士顿人却空前地团结了起来。这种既稳定又一致的因素，是一种让人倍感惊讶的力量。

2013年4月19日，星期五，波士顿红袜队按要求取消了主场对阵堪萨斯城皇家队的比赛，因为堪萨斯城仍处于封锁状态，这样当局便可以在未排查的人群中搜捕嫌疑人。终于，嫌疑人在逃亡了4天之后，被逮捕归案。

随着第二名被控引爆炸弹的男子被逮捕,这座城市终于宣告恢复"正常"状态。但我感觉,实际上并非如此,标签行动主义者们"让波士顿强大起来"的口号已经在各个社交媒体上广泛传播,但人们想要的似乎远不止网络空间里的呐喊。他们想看到的是当众高喊"让波士顿强大起来"的一群人,他们想站在这样齐心协力的人群中欢呼,一起为他们共同热爱的城市欢呼。

没过多久,也就是爆炸案发生后不到一周的时间,红袜队就计划着在芬威球场进行惨剧后的第一场比赛。数万名观众聚集在这个美国著名的棒球场内,同时,还有数百万人通过电视观看了这场比赛。红袜队的组织方意识到,这场比赛正是让波士顿这座城市团结起来的大好机会。

面对芬威球场上超过 3.5 万名欢呼的观众,红袜队的明星球员——被大家亲切地称为"戴维老爹"的戴维·奥尔蒂斯拿起话筒对大家说了一些振奋人心的话:

谢谢大家的光临!听我说,波士顿的伙伴们。
请大家看看我们今天穿的这件球衣。
它代表的不是红袜队,而是波士顿!
我们要感谢梅尼诺市长、帕特里克州长和所有警察在过去一周里的伟大付出。
这是我们的城市,没人能剥夺我们的自由!
一直强大下去吧,波士顿!谢谢!

那场简短的演讲结束了，那场精彩的比赛过去了。然而，某些事情也发生了彻底的变化。红袜队并非单枪匹马，它的身后站着的是团结一心的波士顿人民。或许有些人认为，在一个重要时刻，一场棒球赛不过是一种无聊的消遣。但事实证明，对于一个悲伤的城市来说，它更像是一种催化剂，让人们走出那令人心碎的爆炸案带来的阴影。根据波士顿规划和发展局研究部发布的《2018年波士顿经济报告》，2013—2016年，波士顿的经济增长率超过了全美平均水平，2016年波士顿的城市生产总值达到1 191亿美元。此外，波士顿的失业率也一直稳步下降，从2013年的7%降至2017年的3.1%，总就业增长速度也快于全美平均水平。

成为一个棒球队的球迷就代表你为你的城市感到骄傲。那场球赛上的战斗集结号，在随后的几年里不断萦绕在人们耳边，鼓舞着大家前进。

红袜队凭借着波士顿人民强大的精神支持，在世界职业棒球大赛中一路过关斩将，经过6场激烈的比拼后击败了圣路易斯红雀队，为这座在近代体育史上光彩夺目的城市再次捧回了冠军奖杯。那一刻，这样的胜利不再是肤浅的吹嘘或简单的统计数据。体育界狂热的球迷们展现出了受到一次可怕事件影响的城市的韧性，同时，比赛的胜利彰显了波士顿人民团结一心的精神面貌。

什么是粉丝，谁是粉丝？

在波士顿马拉松爆炸案发生后的那段恐慌和混乱的日子里，红袜队到底拥有什么秘密武器？他们有什么不为新闻媒体或政府官员所知的制胜法宝？

答案是：他们拥有众多的粉丝。

红袜队能够将它的粉丝圈的共同愿望转化为强大的精神力量，并以此击溃那些黑暗日子里的种种磨难。

仅仅是粉丝吗？

在人们的固有印象中，体育超级粉丝的形象并不十分受待见。比如，一个40多岁的中年男子，挺着啤酒肚，坐在乱七八糟散落着薯片的沙发上，对着电视机破口大骂，叫喊的声音大到能把邻居的耳朵震聋。

或者我们还熟悉另一种类型。一个不善言辞、自我封闭的电脑迷，30多岁了还住在父母家的地下室里，整天只知道玩《使命召唤》或《魔兽争霸》之类的电子游戏。要是玩够了这些游戏，觉得有些无聊，他还会拿出骰子玩《龙与地下城》这种更无聊的游戏。这样的人恐怕连个对象都找不到吧！

我们再说说另一种比较常见的形象。一个十几岁的女孩，对某位名人心生爱慕，她房间的墙上贴满了这位名人的海报，她所有社交媒体网站的用户名也都改成能表达自己对这位名人爱慕之心的类型；她不仅开通了专门收集这位名人行踪的博客，还痴迷于吸血鬼爱情小说。她会突然地激动尖叫，声音能把周围的人都吓一跳。我们能指望这样的人为社会做出什么贡献吗？

我们可以惯常地将某些人视为粉丝圈里最典型的形象，比如电视剧《生活大爆炸》或《菜鸟大反攻》中那些不善社交的角色。许多人以为只有那些躲在地下室里的人，或是那些沉迷幻想的少女或宅男才会混迹于粉丝圈。

难道只有这样的人才能算是粉丝吗？那些把自己的时间和精力都投入他人无法理解的兴趣爱好上的人，真的比那些专心致志追求学业和事业的人的生活更没有意义吗？

我们已经有了明确的结论：太多的人压制了他们对自己兴趣和爱好的享受。他们是否担心全身心投入自己喜欢的活动会影响别人对自己的看法？他们是否害怕沦为众人眼中的那些固有形象？

我们每个人都有自己的兴趣爱好，我们可以利用这些兴趣爱好与他人交流，无论是在午餐时间简短的一句"你昨晚看比赛了吗"，还是邀请别人观看下周末上映的漫威电影。兴趣爱好将我们联系起来，粉丝圈将我们联系起来。这便是我们渴望的人际关系。

数字时代孤独的混乱

互联网的发展使我们与世界各地的人广泛而轻松地接触和

交流。像脸书这样的社交网络和YouTube（视频网站）这样的内容发布服务平台都是免费且简单易用的。通过互联网，我们可以和生活在这个星球上的每一个人取得联系。由此，世界上数十亿人被吸引到这些网站也就不足为奇了。

在社交网络发展的早期阶段，参与这些社交网络的活动就像参加一个虚拟的鸡尾酒会，我们可以和朋友见面，还可以和他们聊天；我们可以在放学或下班后继续和同学或同事保持联系；我们可以发表自己的生活动态，分享自己的观点，给别人点赞，还可以投票。这是一种愉快而有效的交际方式，让我们与长时间无法见面的人保持联系或重新建立联系。

但现在，情况已经完全不同了。像脸书这样的社交网络采用的权衡利弊标准已经不完全遵照我们的实际需求了，因为技术层面的事物往往要顾及股东们的利益，而不是最初那个让人们与朋友、家人和同事互动的承诺。我们在网络平台上无休无止地收到垃圾邮件，它们所推送的是广告，而不是朋友们发来的消息；它们传播虚假新闻，而鲜有我们作为人类真正需要知道，并能让我们过上充实而有意义的生活的内容。

更糟糕的是，骗子们想出了如何利用网络来诱导人们相信一些容易盲目相信的内容，并让人们沉溺其中不可自拔，利用我们的恐惧来制造新的恐惧。虽然大多数人都明白，使用免费的社交网络便意味着丧失一些个人隐私，但人们并不想让自己内心深处的想法、秘密和记录被盗卖给那些出价最高的人。

这一切导致了一个两极分化、冷冰冰的数字世界。现在，越来越多的人觉得网络最初承诺的在线社交已经不再适合他们了——那个时代已经一去不复返了。许多人说，他们已经不再参加网上活动，而是选择保护自己的隐私。

我们发现了下面这些非常有意思的内容。琼·M. 特温格、加布丽埃勒·N. 马丁和W. 基思·坎贝尔在2018年的一份报告中称，在美国，每年对超过100万名8年级、10年级与12年级的学生进行调查，结果显示，那些较频繁使用电子通信设备的学生的幸福感反而偏低。他们的研究显示，2012年智能手机使用量激增后，心理健康（通过自尊、生活满意度和幸福感来衡量）的人数突然减少。其实，幸福感下降的不只是那些频繁使用电子通信设备的青少年，所有年龄段的人都感觉到了网络生活带来的越来越大的压力。

> 当人们渴望真正的人际关系的时候，
> 钟摆已经向肤浅的网络交流方向摆动得太远了。

我们之所以写作本书，就是因为由数字噱头日益增长所带来的挫折感越来越强。我们都能感觉到，有些东西被打碎了。我们正处在一个重要文化转向的风口浪尖。

历史上也出现过类似的重要文化转向。

比如，自20世纪50年代开始，美国人就热衷于销售加工好的食品，他们认为这类生意的前景一定非常好。斯旺森的电视晚餐[1]、不断推陈出新的品客薯片和炉顶速食馅料等产品很快风靡全美国，还有像麦当劳这样的快餐店更是人气爆棚，各大媒体也跟着终日滔滔不绝地宣扬，毕竟延长食物的保质期和简化食材的准备过程让大家的生活变得更加轻松了。

然而近年来，人们逐渐意识到长时间摄取加工好的食品对健康有害，美国人对此的态度也发生了逆转，有人开始批评加工好的食品味道不尽如人意。现在，许多美国人对食物的看法变得大不相同。我们购物和做饭的方式与我们曾祖父母那一代相比，没有发生太大的变化。我们喜欢吃新鲜的蔬菜，喜欢去农贸市场购买所有的食材，我们也更愿意购买自由放养的鸡，哪怕它们要比圈养的鸡贵一些。

在人际交往圈里，我们也看到了类似的变化。社交媒体"制造"了太多虚拟的友谊，而人们业已开始呼唤改变这种情况。钟摆正摆向真诚的、真实的人际交往关系。

当波士顿陷入危机时，网络交际并没有给我和其他人带来太多的安慰或者鼓励。而真正帮助我们的是能让大家团结在一起的群体力量：人们团结一心，能够为了一支球队获胜而集结呐喊的激情与热忱。

面对数字化时代带来的混乱局面，很多公司或机构选择的应对方式都显得有些孤注一掷。它们竭力发出更大的声音，甚

---

[1] 电视晚餐指冷冻餐点，通常可以用微波炉加热，这一名字意指人们可以快速地准备好晚餐，而不必错过喜爱的电视节目。——编者注

至噪声，谋求在一个个社交媒体或者其他网络渠道上压制竞争对手的产品或服务。它们会不请自来，越来越频繁地发送电子邮件广告给可能购买的每一个人，大肆宣传它们的产品。它们竭力录制和发布尽可能多的视频，发送尽可能多的推特，添加尽可能多的领英联系人。总之，它们想屏蔽其他所有的声音，只把自己声音传递到我们这一端。通过社交媒体传播一些信息并不困难，也不需要什么长期的战略规划，毕竟，编辑和发送一条推特也就是一两分钟的事情而已。

但是，这不是解决问题的有效办法，我们不能永远这样。我们需要更大的勇气和决心来采取行动。

在这个已经数字化的世界里，我们的生活变得越来越杂乱，越来越肤浅，我们也逐渐失去了一种非常强大的力量：真正有效的人际关系。眼下人们从情感上是愿意投入大量精力去营造人际关系的，这种关系会让人感到亲密、温暖，让彼此觉得可以互相依赖。否则，这些美好的事物就会变成一堆统计学数据，苍白无情。

生活中，找到一些方法来解决由于缺乏人际交往而产生的挫折感并不难。我们要培养自己愿意投入热忱的事物，用我和我父亲的经历来说，我们共同的爱好就是听音乐会、与朋友一起参加读书俱乐部，或在动漫展上扮演动漫中的角色。对其他人来说，这种爱好可能是跑步、打高尔夫球、做针线活、观赏戏剧、珍藏好酒、参加写作课程、开展会议、练习瑜伽、去健身房锻炼、做园艺、钓鱼，或者在美术馆和博物馆度过每个周六的午后时光。

粉丝圈无处不在。这是任何组织、艺术家、企业家或其他社会主体成功将人们聚集在一起的关键所在。一个粉丝圈可以包括几代人，它的主题就是将每个人的激情、目标与购买力整合在一起。不管你和谁打交道，了解粉丝圈都是你成功的基石。

我们将这种通过共同努力，有意识地将人们聚集在一起的行为称为"粉丝效应"：一种尊重粉丝并有意识地在他们之间建立有意义的联系的组织或个人在社会上形成一定影响的效应。

"粉丝效应"的英文"fanocracy"的后缀"cracy"来自希腊语"kratos"，意为"统治"，在流行文化和学术界都被用来表示由某一类人或根据某一特定原则建立的政府。粉丝效应反映的就是我们在当今世界所看到的粉丝"统治"的文化。我们正迈入一个聚焦于人而非产品的时代。

> 当我们将个人的力量聚集在一起完成某件意义非凡的事情时，粉丝效应便应运而生。

真正的人际关系是有意义的、积极正面的人际关系，它的基本要素体现了公司与客户之间联系方式的转变。这种联系更直接、更有效，也更透明。它把客户变成志同道合、激情四溢的粉丝，打造出新的体验。总而言之，正是这种粉丝效应让波士顿人民团结起来为红袜队欢呼鼓舞，直至其举起胜利的奖杯。

真正的粉丝效应会在困难时期鼓励人们以一种有益的、积极的力量一起思考、感受和行动。就我所在的医学领域而言，这意味着在患者和医生之间的健康交流中有一种治愈的力量。粉丝效应对集体的赋能也从侧面说明，任何个人都无法独自完成某件事情。当我们在工作和娱乐中感受到同样的快乐时，我们就掌握了生活。

> 与志同道合的人建立联系，会让我们在事业上取得成功，会给我们带来快乐。

属于我的城市

虽然我在波士顿这个冠军之城长大，但我年轻的时候并没有太过关注职业体育方面的事情。那时候，我看到过朋友们穿着某个球队的队服上学，我听到过他们兴奋地谈论某位球员的名字，而我的热情却花在了其他事情上，他们的讨论也没有给我留下什么印象。甚至后来，我已经大学毕业了，也没有兴趣和丈夫本谈论体育赛事等。我们认识以来，本一直是一个铁杆棒球迷，他会认真且着迷地阅读所有关于纽约洋基队的体育报道。我现在才意识到，过去自己认为做一名球队的球迷是一件无聊的事情，这种心理预设未免显得有些傲慢。那时候我想着，花那么多时间去看球赛，还花那么多精力分析各种赛事数据，有什么意义呢？

后来，我搬回了波士顿读医学院，发现自己开始对这个城市根深蒂固的体育文化感兴趣了。我逐渐意识到，对我周围的许多人来说，这不仅是一场场比赛，更是一种文化。即使是现在，很多波士顿医疗中心的员工还经常穿着带有红袜队或凯尔特人队标志性风格的医院制服，而当时马拉松爆炸案发生后，很多受害者就是第一时间被送往这里的，我也是在这里学习和工作的。在这座城市的酒吧里，有很多都在墙上挂着戴维·奥尔蒂斯的照片，通常旁边会放上他那篇现在大家依然耳熟能详的演讲内容。这就是粉丝效应发挥作用的方式和途径。

最近，发生了一件令我周围的人，甚至我自己都感到惊讶的事。我竟然对一项体育运动产生了浓厚的兴趣：冰球。我还成了波士顿棕熊队的球迷。要知道，我之前甚至连一场冰球比赛都没有看过，不管是在现场还是电视上。都已经25岁了，我才了解冰球的一些基本规则——什么是罚球，什么是传统的"阻截"，我还了解了所有球员的名字和各项数据。通过我全身心的投入与领悟，我终于觉得自己是这个冠军城市的一部分了。我在TD北岸花园球馆[①]现场观看了属于自己的第一场比赛，棕熊队在加时赛进球时，我和数千名球迷都

---

① TD北岸花园球馆是以其赞助商多伦多道明银行（Toronto-Dominion Bank，简称TD银行）命名的。——编者注

激动地站起来呐喊。

  这件事情倒是给我带来了从未想过的影响——我和丈夫的父亲有了共同语言。我和他之前从来没有过共同的兴趣，也没有多少能够引发共情的事情。然而，自从我开始对冰球感兴趣之后——我们都是棕熊队的球迷——我们会一起谈论最近的比赛，预测接下来的赛事会如何发展。他在我生日时还送了一件棕熊队的运动衫给我作为礼物，我也很快就自豪地穿着它观看了一场比赛。我们都相信，这个赛季，我们一定能为共同喜爱的球队在斯坦利杯中获胜而欢呼庆祝。

  你看，培养一个粉丝圈并不一定要团结整个城市。有时候，把两个人团结在一起就足够了。

  可以设想一下鸭子游船[①]的事情了！

[①] 鸭子游船是波士顿俗语，指每个职业球队在赢得NBA（美国职业篮球联赛）总冠军、世界大赛冠军、超级碗冠军和斯坦利杯冠军后所获得的坐在形如鸭子般的汽车里的游行奖励，真正总结了波士顿体育的冠军时代。——译者注

第 3 章　从消费者品牌到粉丝品牌

戴维

　　我的诉求又一次被域名注册公司的一位业务人员给搁置了起来，这是短短几天内我求助的第六位域名服务商客服代表了。同时，我还发了十几封电子邮件反映我遇到的问题，虽然得到了回复，但每次处理我邮件的都是不同的工作人员，他们在回复中并没有解决我的问题。显然我遇到的网络域名问题是非常少见的，与我有过沟通的客服人员都说之前没有遇到过这种问题，也不知道如何解决它。我的诉求被一层层递交，从一个部门转到另一个部门，就是不知道去哪里才能解决问题。

　　两年前，我刚成为这家域名注册公司的客户时，它的工作人员就设置错了我的账号，这位工作人员当时勾选了一个表示特殊服务类型的框，这种选择意味着只要两年期满，如果数据更新前不更改这个选项，我账号中的所有数据就会在更新时被彻底删除，包括多年的电子邮件记录。然而，竟然没有人知道这个选项如何更改。了解到这个情况后，我简直难以置信！我想，既然这个选项如此重要，那么勾选时任何人都不应该掉以轻心才对。而两年的期限越来越近，我觉得自己必须要解决这个燃眉之急了，却没有人能在短时间内解决我将面临的数字灾难。

虽然每个接待我的业务人员都很友好，也似乎很想帮我解决问题，但每一次我都不得不从头把我的问题叙述一遍。而且，每一次我都要花将近20分钟来详细说明我已经对其他多个业务人员说过的内容，除了说明我之前做了哪些尝试之外，还要说明我认为接下来可能需要做什么。每次业务人员都告诉我"稍后处理"，因为他们在"研究这个问题"。最终，和我沟通过的每个人都告诉我，他们无法立刻解决这个问题，并且他们需要"联系上级"。随着事态的发展，我变得越来越恼火，因为没有人愿意主动承担这个责任，没有人愿意跟进这件事情以确保有专业人士能解决这个问题。我只能靠自己。可以说，这令我失望极了。

为什么这家公司不派一个能负责到底的人来解决我的诉求？这不仅能帮助我，而且能节省许多其他客服人员的时间。为什么这家公司就愿意将资源耗费在诸多低效无用的事情上呢？

有几十家域名注册公司争着要做我的业务，可为什么这家公司没有意识到与我建立长期合作关系的价值，而仅仅是出售完产品就中断了深度联系呢？实际上，我有20多个互联网域名，每年在这项服务上的花费就高达数千美元。我绝对算得上一个合格、可靠而又值得信赖的客户。难道这家公司没有意愿在未来几年里跟进我这些稳定的业务吗？

超越产品本身

过去的 50 年里,商业运营模式一直遵循着世界各地的商学院教授绘就的明确蓝图:公司创造出能吸引大量消费者的产品或服务,通过主流媒体做广告来吸引消费者,这些媒体包括电视、广播、报纸、杂志和直邮等。在这种商业模式下,客服业务一直被认为是一个可以尽量减少开销、控制成本的部分。过去,这种模式似乎是可行的,因为我们都看同样的报纸、同样的电视节目,在同样的商店购物,用类似的牙膏刷牙。只要能促进产品和服务的销售,一个公司的业务运行就是健康的,也是充分的。

如今,随着互联网的兴起,我们可以随时看到需要的任何信息,消费者改变了我们研究产品和服务的方式,也改变了我们购买产品和服务的方式。我们拥有几乎所有想要的信息,可以在极短的时间里,从分布在全球的任何供应商那里完成线上交易。我们也可以从其他消费者对产品或服务的评论中得到有益信息。如今,竞争的实质已然大不相同。

> 过去的竞争在街头,现在的竞争在心头。

现在是一个全新的数字时代,就像玲子在第 2 章中提到的,属于我们的人际关系力量正在逐渐消失,而这种力量却正是打造粉丝效应最重要的因素。我和这家域名注册公司没有任何深度联系，因为我从来没有机会和这家公司的同一个人说过两次话。我觉得自己只是若干个无关紧要的客户之一，一个亟待解决问题的人，我提出的问题也只是一张故障报告单。一大群客服人员仅仅是"尝试"帮助我解决问题，但是，试想一下，我的重要数据都快被删除了，我会因为这种"尝试"而感到开心吗？

对于一个公司来说，这是一个如此简单，却又如此重大的思维模式转变！与客户建立关系会培养出自己的粉丝圈，而简单地向客户销售产品就意味着，一部分人可能很轻易就去寻找另一个更便宜、更方便或知道如何解决问题的品牌了。在和这家域名注册公司打交道的时候，只要我碰到哪怕一个人表现出乐于和我建立联系的想法，我都会在未来几年里，选择这家公司继续做我的合作伙伴。

有些人可能会认为他们所做的业务或者职业不适合培养粉丝圈。他们会说："我只是一个＿＿＿＿＿＿，我无法打造所谓粉丝效应。"这条横线上或许可以填"软件公司营销员""会计""医生""律师""技术销售人员""艺术家""家具店老板""保险销售员"等或者其他任何你擅长的职业。而事实上，任何企业都可以通过建立与客户的个人关系来打造粉丝效应。

> 我们与客户的关系比卖给他们的产品和服务更重要。

能够说明粉丝效应缺失最生动的例子，当属一些产品或服务销售公司的有趣案例，在这些公司的客户心中，公司销售的仅仅是某个货物而已。本章开头我所提到的域名注册公司的服务只是其中一个例子，因为当你想到它的服务时，你会感觉这和你买了某个保险产品或某件内衣是一样的。

研究过程中，我们兴致勃勃地调查了各行各业的成功企业，它们以非常与众不同的方式拓展了自己的业务，这些公司也在各自行业取得了并不常有的成功。

内衣订购公司的故事

你可能没有预想到 MeUndies（内衣品牌）正在吸引大量的粉丝。看看这个公司的线上门店，你喜欢吗？我想答案是一定的。不知出于什么原因，我买了一条这个品牌的内裤，后来发现其采用的超细莫代尔面料非常柔软、有弹性，设计也很棒。于是，我又多买了几件，接着我就了解到了这家公司的订购服务。真是不可思议，内衣竟然还有订购服务？真是让我大吃一惊。

出色的内衣设计理念和高效的网络技术相互支撑，在这两方面 MeUndies 都做得非常好。这一切都是打造粉丝效应的重要因素。竟然可以使用科学技术制作内衣吗？ MeUndies 给出的答案是肯定的。这家公司的订购平台让购买新内衣成了一种愉悦的享受过程。我得承认，每个月我都迫不及待地想挑选几条全新的内裤。

订购的客户首先可以根据自己的需要选择类型、尺码以及印花风格，有传统的、新颖的，或者带有些许张扬风格的（就个人而言，我很愿意每月花 16 美元去买具有独特风格的内衣——我喜欢那种张扬而有活力的印花）。之后，只要你愿意，你随时都可以登录这个平台，看到多种风格不同的印花款式。只要轻轻一点鼠标，你就能预订到一套，而且每个月的发货日期都是同一天。特别有趣的是，这些印花会定期做出改变，还有一些是限量版的——这也就意味着，你要是错过了，就只剩下后悔了。而有些款式是专门为那些订购的客户设计的，其他人则无法购买。

我可以分享一下自己的订购想法，我的备选款式里有玉米糖（其图案像万圣节糖果）、鬼关灯（就像是在黑暗中发光的鬼魂）、神游太虚的人（类似行星和其他太空主题的东西）、方程式赛车（有黑白交错的花纹）、企鹅派对（粉色背景下的黑白企鹅）和其他几种同样引人注目的款式。最后，我决定这个月购买一套企鹅派对款式的内衣，这对我的爱人由香里来说，一定会是个惊喜！几年前我们一起去了南极洲，她很喜欢企鹅。这样一来，她会觉得自己是和企鹅躺在一起了！

你们一定能感觉到我的变化：几十年来，我最不愿意的就是更换新的内衣，每件内衣都是穿到有破洞或不再合身才会换掉。而现在，我却热切地等待下个月的订购服务，想着每个月都换一套内衣。

还有一些公司一直忙着不断地发布广告，在社交媒体上不停地造势炒作。九折优惠！免费送货！更快、更好、更新、更便宜！口号喊得有声有色。但这样的信息铺天盖地，实在是太多了。采用这种方法的公司不得不把精力都放在产品和服务质量上，而它们却忽略了那些本该关注的人，那些活生生的客户！

"我们正在打造一个能引起消费者共鸣、能让我们真诚沟通的品牌，"MeUndies 的创始人兼董事长乔纳森·肖克里安如是说，"我们的客户群与我们的品牌有一种情感上的联系，这也是我们的产品服务中历来缺少的。"

像 Instagram 这样的社交媒体对 MeUndies 的销售额增长起到了重要的作用，在我写这篇文章的时候，MeUndies 在 Instagram 的粉丝数就高达 34 万。MeUndies 还有一个特别之处，它非常注重内衣之间的协调搭配——同一印花风格的内衣有男款就有女款。这意味着每个人都可以选同款设计的情侣装，或自穿，或作为礼物送给朋友，可谓趣味无穷。该公司的 Instagram 专区上经常有粉丝夫妇展示的情侣装照片，这在无形中也是一种产品宣传。

许多网络商家告诉我们，他们无法培养出自己的粉丝群，因为他们没有机会与人互动。然而，这家看似不可能成功的企业则靠着网络订购的方式销售内衣，通过仅为订购用户服务的模式，为情侣们提供情侣款内衣，为内衣爱好者提供更多的选择机会，让他们可以在社交网络上看到他人展示的买家秀，甚至让他人看到自己买的高品质商品，这些都是建立粉丝群的美好成果。卖家为客户提供一个可以参与品牌展示并面向世界的机会，客户也就更能在体验中投入情感。

肖克里安说："虽然我们销售内衣，但我们的出发点远远超出了产品本身。我们正在赋予人们勇敢生活的权利，而真正重要的是我们所传递的价值观和生活方式。"

我赞成他的说法。我现在是 MeUndies 的忠实粉丝。因为我觉得 MeUndies 能理解我的需求，而不像那家域名注册公司，对我的感受置若罔闻。有时候，我甚至觉得 MeUndies 为了更好地了解我已经使出了浑身解数！就连它最近的宣传语都非常符合我的喜好："我们要做的不仅仅是令 900 万客户满意！"

我们必须相信，如果想要在一个由粉丝主宰的世界里取得成功，那么与客户关系的密切程度远比我们向他们销售的产品或服务更重要。有人文关怀，以及意义非凡的人际关系，是建立真正粉丝圈的基本要素。还有，任何公司都可以培养这种粉丝圈，即使是那些从未面对面见过客户或从未和客户有过电话沟通的公司。

关注客户需求而非产品和服务本身

哈格蒂保险公司（Hagerty Insurance）是专门为古董车提供保险服务的公司，它的首席执行官麦基尔·哈格蒂说："保险行业糟透了，没人想买保险。这个行业很无趣。"然而，不像业内其他人那样只是大谈公司的保险产品，麦基尔想出了一个绝妙的创意：在古董车车主和为他们提供服务的保险公司之间建立人际关系。

"我开始思考这个商机的时候，首先意识到这与保险产品无关。相反，这是为了维护人们对汽车的热情。"麦基尔告诉我们，"我不需要发明汽车，也不需要创造激情，我只需要发掘它，把与之相关的人联系起来。这是我们的核心理念，也是一种机制。通过这种机制，我们与客户之间可以建立一种更主观、更注重感情的联系，这种机制还让我们知道如何获得并留住我们的粉丝。"

> 发掘客户的兴趣，建立与客户的联系。

美国每年会举办100多次车展，哈格蒂保险公司的员工每次都会在现场为古董车发烧友提供各种服务，举办各类活动，比如汽车估价研讨会、青年汽车竞技裁判项目（该活动可让车主家属参与），甚至会提供一个夫妻们可以先自驾前往，然后坐在心仪的古董车里重温他们婚礼誓言的场所。哈格蒂的员工则装扮成伴娘和伴郎，由摄影师记录这一时刻。如果这不是创新，那什么才是呢？

参加古董车展时，麦基尔总是在想用什么奇思妙想的方法才可以与那些热爱古董车的人建立联系。这也让他独辟蹊径，想出了一个开发智能手机应用程序的主意。

"我参加汽车拍卖已经好几年了，在拍卖会上我注意到了一件有趣的事，现场买车的人往往只是极少数，而在拍卖会现场凑热闹的却有数百人，这一切变得就像一场具有观赏性的运动会。他们拿着打印好的拍卖目录，然后等着拍卖品成交，紧接着他们在目录上写下拍卖价格，当然这只是他们自己的小笔记。然而，当注意到现场每个人都喜欢这么做时，我意识到可以开发一个应用程序来帮助人们完成这个过程。"麦基尔说道。

Hagerty Insider 是一款免费的古董车拍卖会实时播报应用程序，它可以搜索到拍卖会上的汽车，查看车辆过去的拍卖价格，并为感兴趣的汽车设置一个待参观清单列表。对于古董车车主来说，他们也可以选择在应用程序中设置属于他们的车辆的信息，并随着市场对其车辆估值的变化实时更新。

麦基尔说："该应用程序上架的首月，下载量就达到了两万！现在，人们不仅可以搜索到他们所在的拍卖场，还可以看到过去类似拍卖中的价格。此外，应用程序还收录了同时进行的每一场现场汽车拍卖的信息。"这样，用户就可以看到同时进行的多场拍卖会的信息，这一点在古董车市场是非常重要的。因为每年1月，包括巴雷特-杰克逊、邦汉姆斯、古丁和RM苏富比在内的主要拍卖行，会在亚利桑那州的斯科茨代尔同时举办为期两天的周末拍卖活动。大多数人不可能参加所有的拍卖会，而 Hagerty Insider 这款应用程序则让古董车发烧友们可以看到所有拍卖会的进展情况，而且，他们每次使用时都会看到哈格蒂保险公司的名称。

"我们想让客户成为懂行的人。"麦基尔如是说，"拥有一辆古董车是一回事,可要了解它就完全是另一回事了。车主之间会相互炫耀、相互分享,他们会问彼此:'你知道1965年那辆车有这样或那样的款式吗?'并且这只是粉丝效应所营造的狂热氛围里受欢迎的一部分内容。当然,我们想为所有汽车投保,但我也想让人们把我们当作一个提高他们认知的推动者,发掘他们对汽车的认知能力,让他们越来越认同自己是一个汽车行内人。"

正如你看到的——他永不止步!2019年,哈格蒂保险公司宣布了一项新的团体计划,这也是迄今为止该公司最具雄心的计划:成立哈格蒂车友俱乐部。每年交纳45美元的会费,会员就可以得到特别定制的哈格蒂获奖杂志,并获得车辆估价工具的高级使用权,受邀参加众多会员活动,享受该公司汽车产品和服务的优惠待遇,以及汽车道路救援等福利。现有的60万名哈格蒂会员可以免费参加车友俱乐部,并且任何人,哪怕你是其他保险公司的客户,都可以加入哈格蒂车友俱乐部。"我们的目标是将哈格蒂车友俱乐部发展到600万会员,"麦基尔说,"几乎所有人都知道你是谁的时候,这个神奇的数字就代表着一种'潮流'。"

在一些古董车发烧友的印象中,人们对电动汽车和自动驾驶汽车的兴趣正越发浓厚。许多人担心他们多年前购买这些古董车时所持有的价值观正在面临被颠覆的命运。然而,一旦数百万人集结在哈格蒂车友俱乐部里,他们共同的观念就能在未来形成不可忽视的粉丝效应。

麦基尔说："我们希望哈格蒂车友俱乐部能够成为汽车行业的集散地和潮流中心。与粉丝站在同一战线上会让我们拥有更大的发言权，这对我们公司可以做到完全自主至关重要。喜欢开车的人将希望能在'传统汽车和自动驾驶汽车如何和谐共生'这个话题上拥有发言权。"

如果你的观察力足够敏锐，就能发现哈格蒂车友俱乐部举办的所有活动，如邀请出席车展、举办拍卖竞猜比赛、鼓励车主全家参与活动、开发应用程序以及提供评估工具等，无一例外都是哈格蒂保险公司销售保险产品的方式。相比之下，发烧友们所做的则是帮助麦基尔和他的员工与现有的或潜在的客户建立牢固的个人关系。这一切造就了只属于哈格蒂保险公司的粉丝效应。

> 由客户形成的粉丝圈是公司打造粉丝效应的基础。

特别值得一提的是，虽然保险产品历来不受待见，但哈格蒂作为一家车险公司，如今已经拥有了众多的粉丝。生活中，我们消费的很多产品和服务都是相似的，只是我们不愿意去消费，比如让我现在还嗤之以鼻的域名注册公司，抑或虫害消杀服务及干洗服务。然而，对于任何一个行业来说，与客户产生良性互动都是成功的关键，即使是那些让消费者厌烦的行业。

哈格蒂保险公司依靠着"人人厌烦的"汽车保险产品培养

了自己的粉丝圈，这种努力极大地提高了公司的营业收入。该公司现在是最大的古董车保险公司，这项业务开办以来，用户数量实现了两位数的复合增长，而且下一年很可能还会有20万名新客户！

麦基尔说："我们决定挑战自己，面向大众，并学习如何培养粉丝。不仅如此，培养粉丝成了我们的一项专长，我们还乐在其中。如今，培养粉丝已经成了推动我们口碑增长的动力源头。"

我们能够判断出是否可以将周围的人凝聚在一起，我们也有这个主动权。如果想要成功，我们就必须善于从他人的角度看待问题，必须了解别人在我们的业务范畴之外是如何工作的。虽然这种观念非常简单，但是非常强大，每一家企业或单位都可以践行。

随着数字化产品和服务的日益兴起，与客户建立紧密关系已经成了传统企业在日益加剧的企业竞争中取胜的法宝。许多专家和媒体从业者喜欢指责网络消费导致了线下实体商店的消亡，他们还认为数字音乐给广播电台和唱片公司等音乐行业的从业者带来了毁灭性打击。他们说得没错，如今的数字音乐平台已经发展到了传统形式难以与之抗衡的阶段。然而，正如大家所看到的，尽管所谓数字时代的到来无法避免，但我们不应该向它低头，而是应该积极地寻求契机，让这个时代为我们所用。

击败数字音乐的广播节目

如今,一些新型的数字化产品和服务给传统行业带来了极大的冲击,以致整个产业链都蒙上了一层阴影。例如,我们轻轻点击几下鼠标,便能够在网上预订飞机票、酒店和租车服务,而这一切对旅行社而言又意味着什么呢?我们自行上网搜索便能知道某款汽车的准确价格,汽车经销商们又该如何应对?如今,客户们能够通过多种渠道消费音乐、电影及书籍产品,现在的经销商们又该如何应对才能不被淘汰?

《开放式聚会》(*Open House Party*)是一档由数百家广播电台联合举办的现场直播节目,该节目还在全球范围内在线同步直播。节目的创始人兼主持人约翰·加拉贝迪安对我们说:"如果想要和 Pandora(潘多拉)、Spotify(声田)和 Apple Beats(苹果公司旗下的音乐产品)这些线上音乐流媒体竞争,广播电台仅仅播放歌曲是远远不够的,重要的是吸引并留住大量的观众,要'粘上'他们。"事实上,自开办 30 多年来,全球几乎所有的大牌明星都参加过这个节目,如麦当娜、埃米纳姆、Lady Gaga(嘎嘎小姐)和凯蒂·佩里。

这个节目说到底是一场星期六举办的大型音乐晚会,在节目里,小部分现场观众能在录音室内与明星互动,而其他听众还可以实现场外电话连线,这是它的一大看点。收听时,听众不仅可以听到明星的声音,还可以一同体验现场观众的激动心情，通过电话连线和网络上的实时听众的请求了解到最新的热点信息。对于许多音乐迷来说，比起那些只能简单地收听音乐的流媒体，《开放式聚会》能够让他们与其他志同道合的听众一起互动，这点让人觉得非常有趣。

节目中每场演出的主题和流程都由粉丝决定，所有音乐都是根据粉丝的要求播放的。这样，听众就可以听到他们真正想听的内容。这种与歌迷们直接接触的形式，让节目能够获得流行音乐的第一手资料，并清楚地掌握人们对某首歌曲的喜爱或厌倦程度。

加拉贝迪安说："电台和那些只播放音乐的音乐流媒体不同，电台需要做到有趣味性，靠声音就能引人入胜。这样一来，参与节目的人就不仅仅是一个普通听众了，而会成为这个节目的忠实粉丝。一个出色的广播节目会让人发自内心地喜欢并成为它的拥趸。因此，优秀的电台不仅能吸引听众，更能吸引粉丝。"

依靠这些，加拉贝迪安建立了一个音乐粉丝圈，数以百万计的音乐粉丝选择在星期六的晚上，通过数百个广播电台收听《开放式聚会》。当然，他们也会在其他时间听一听自己播放列表里收藏的歌曲，而星期六晚上这段时间，只预留给这档节目。

当面对线上服务所带来的激烈竞争时，像加拉贝迪安一样的人并没有放弃，而是千方百计地与粉丝建立直接的关系。因为人际关系能给产品带来客户的忠诚度。对于热衷于《开放式聚会》的乐迷来说，音乐的意义不仅在于歌曲本身，听音乐已经成了乐迷之间交流、享受音乐的方式。公司可以通过实时共享人们的消费需求，将人们聚集在一起。这样，它们就与粉丝们建立了联系，而这是线上服务无法做到的。

其他公司可以学习这种通过创建粉丝圈的方式来与其他线上产品竞争的方法。拿图书行业举例，线下实体书店最大的竞争对手是线上书店，因为它们经常提供大幅度折扣，以及隔夜甚至当天的免费配送服务。然而，与书迷建立密切的个人关系却是线上书店无法做到的。

打造全球书迷社群

布鲁克莱恩书店（Brookline Booksmith）的主人兼经理彼得·温告诉我们："我已经记不清同客户们通过多少次电话了，他们对我们的书店总是赞不绝口。"他还说："客户们喜欢我们书店，并且愿意到这里消费，尤其是他们亲口告诉我这件事，真的让人非常振奋，甚至有点难以置信。"

这家书店坐落在波士顿郊外的柯立芝角。1961年开办时，它的宣传口号是"潜心阅读艺术"。今天，这家书店已经拥有45名员工，占地面积达700平方米。我们选了一个12月初的星期六下午去参观布鲁克莱恩书店，一到那里才发现，里面果然门庭若市。我们注意到，3个收银员在不停地忙碌着，而每个人的面前都排着至少20人的长队。毫无疑问，布鲁克莱恩书店的生意非常红火。

"粉丝群体对于许多小规模生意来说确实非常重要,尤其是并未连锁经营的书店,这让我们能在竞争中脱颖而出,"彼得说,"我们所做的不仅是销售书籍,我们还和读者们一起交流阅读,这些关联和交流为我们建立粉丝群提供了条件。诚然,你可以通过网络等渠道购买到任何种类、任何数量的书籍,有时价格甚至会更便宜。但是,如果来到我们书店,你可以和其他人一起讨论,或者当面请教别人一些自己心中的疑惑。有时候,你或许根本没有了解过某本书,或者你也不知道自己应该读些什么书。这个时候,你就可以与别人交流,自然会有人根据你的阅读喜好,推荐别的书给你,会告诉你:'如果你喜欢阅读那本书,那你可能也会喜欢这本。'每天,我们都能够和来自波士顿各地不同的人就书籍和售卖给他们的其他物品取得联系,不断交流。"

一家实体书店能在数字产品时代异军突起,在 2019 年蓬勃发展,这充分证明了布鲁克莱恩书店在培养粉丝方面取得了巨大成功。近年来,随着美国在线图书零售商的崛起,包括鲍德斯书店(Borders)和瓦尔登书店(Waldenbooks)在内的许多大型实体书店都关门歇业了。不仅如此,曾经零售网点数量最多的巴诺公司(Barnes & Noble),如今其营业的品牌零售店数量也降到了约 600 家,而这个数字在高峰时期则超过了 700,而且,隶属该公司的 797 B. 多尔顿(797 B. Dalton)子品牌书店都已经全部关闭了。从这个案例来看,经营一家书籍存量达上万本且成本高昂的大型实体书店，似乎已经成了一个赔本买卖，但布鲁克莱恩书店却证明了它不是。

参观布鲁克莱恩书店满满当当的书架时，我们发现许多书的封面上都贴着醒目的标签，上面写着"作者亲笔签名"，这一点让我们不禁为之咂舌。在书店的前面，许多"荐读书籍"上都醒目地写着作者将要来进行演讲和签名售书活动的具体日期。这样看来，布鲁克莱恩书店不仅是一个卖书的场所，它更是本地书迷群体聚会的地点，它为广大书迷提供了一个以书店为中心进行各种交流的契机，但交流的场所却不限于书店。书迷们会互相交流他们见到某个作家的经历，互相建议下一个读书俱乐部应该如何选择。

彼得每年都会邀请100多位作者来参与这类活动，大多数活动都在书店的地下大厅里举办，平时，这里会作为二手书交易场所。一大群同样热爱读书的人聚在一起，周遭摆放着成千上万本备受欢迎的书籍，在这样的氛围里参加读书会本身就让人觉得友善、温暖、惬意。

彼得说："我们邀请了各种风格和类型的作者，有文学小说作家、科幻小说作家，有儿童或青少年小说作家，还有其他很受欢迎的非小说类作家。"彼得特别喜欢邀请马上要出版畅销书籍的新锐作家来书店举办读书会。他说："在我们这个小书店里见到某位著名作家是一件很平常的事。我记得几年前扎迪·史密斯和大卫·米切尔的第一本书出版时，他们来我们书店举办读书会，当时来了20多个读者，在那个时候也算是十分不错的成绩了。而现在看来，那断然是不可能的事了，他们如今随随便便就能吸引数百名狂热的粉丝。"因此，当著名作家来举办读书会或交流会时，彼得会将活动改在街道对面的柯立芝角剧院举办，而这个老牌剧院从1933年建立起便一直营业到现在。彼得说："像罗克珊·盖伊、迈克尔·翁达杰和贾森·雷诺兹这样有名的作家，常常能吸引200~500人参加，甚至更多。"

有时，布鲁克莱恩书店会接待一些十分著名的作家，而这些作家常常不会举行座谈会，而是进行简单的签售会。"名人们往往能吸引大量且有话语权的人，"彼得说，"近年来，我们接待了敏迪·卡灵、尼尔·帕特里克·哈里斯、安迪·科恩和YouTube明星乔伊·格拉切法等人，他们在我们的书店里举办了签售会，现场有七八百人参加，这个人数的队伍可以从书店里面一直排到另一个街区。人们欢聚在一起，一起尖叫，一起自拍，享受着无与伦比的喜悦。"每个参与其中的人（不管是书商还是客户），都会将这份喜悦第一时间通过网络分享给他人。

据彼得所说，除了能在作者活动现场销售大量图书和建立一个热心参与此类活动的粉丝群之外，这些聚会还有另外一个好处。原来，拥有大量粉丝的作家们会通过社交媒体发布他们什么时候去波士顿的布鲁克莱恩书店的消息，因此粉丝们也会从不同地方特意赶到书店来见他们最喜欢的作者。他说："这些作者的许多粉丝从未光顾过我们的书店，甚至从未听说过我们的书店。但这样一来，作者的粉丝们就有机会了解我们的书店，也很有可能变成我们的粉丝。"

布鲁克莱恩书店楼下的空间也得到了当地书友会的充分利用，其中一个读书俱乐部10年来的聚会地点都在这里，布鲁克莱恩书店的网站也为这个俱乐部建立了一个专门网页，还在上面列出了书友们共同读过的书单。最让人感到意外的是，这个俱乐部与布鲁克莱恩书店并没有任何直接关系。彼得说："书店的员工不会干涉或者参与俱乐部活动，其日常事务由俱乐部成员运营，他们只是利用我们的场地举办活动。对书迷来说，这是一个机会，他们可以借此结识其他志同道合的人。对于我们来说，这是以书为媒介与人交流的另一种方式，可以吸引更多的人参与其中，让我们的交流群体越来越大。俱乐部选择的书目类型不一，有时候是小说类型的，有时候是小说体裁以外的，偶尔也会是一些非常新颖的东西。每次聚会结束，他们会选出下一本计划阅读的书籍，我们也会据此采购，但是俱乐部的成员并不是必须从我们这里购买。"

布鲁克莱恩书店的店主彼得做事向来亲力亲为，他非常愿意与人交流，并希望别人接受他的想法，只要同他交谈几分钟，你就能强烈地感受到他对书籍的热情。他甚至在书店的网站上公布了自己的电子邮箱，他对此这样说："我是店主，我一直在店里，我会做销售服务员的工作，也会做收银工作，我随时准备为客户做好各种服务。让他们知道我一直守在店里，这是一件很重要的事。这表明我们一直在努力确保那些喜欢读书的人有一个良好的阅读体验,这样,他们就可以永远热爱读书,就有可能一直是这家书店的忠实粉丝!他们知道,在这里可以随时找到他们心仪的书籍,得到最好的建议和推荐,也可以从我们的建议中明确哪些书或者哪类商品不是必须购买的。要做到这些,我们就必须和客户们建立联系。"

在小小的一方天地为客户营造出一种全新的体验,实体店就是有着得天独厚的优势。通过对客户需求的深入了解,明确掌握客户的需求,一家传统的线下实体店可以创造出无与伦比的体验。在这里,客户们不仅仅进行消费,他们还因为自己的消费行为变成了图书和这家书店的粉丝,这是一种非常奇妙的经历。

类似布鲁克莱恩书店等实体店与客户之间,以及哈格蒂保险公司、MeUndies等公司与客户之间,还有那些热衷于《开放式聚会》的音乐粉丝之间,都是通过建立人际关系而有了直接联系的。有的通过面对面的方式取得了联系,有的则通过电话和巧妙的线上交流建立起联系。正如我之前所说的,这些联系既可以培养众多粉丝,也可以解决一些原本我们认为是艰巨挑战的难题。

> 对客户的真切关怀可以让交易行为转变为粉丝效应。

许多公司错误地认为其工作实质就是尽可能以最低的成本提高交易额。但其实不然,公司的使命是:培养自己的粉丝圈。

如果你面对的是同质产品的激烈竞争，那么让业务从简单的与客户之间的交易转向粉丝效应就显得尤为重要。当别人只是单纯地销售产品时，你已经与那些成为产品终身粉丝的人建立了持久的关系，这样你才能在竞争中脱颖而出。而做到这一点则需要你真正地了解客户，并准确地判断他们的想法和需求。

*****

罗马尼亚的一家餐厅在建立这种联系方面的成就给我留下了十分深刻的印象。当然，它和其他餐厅一样有好吃的食物和优美的环境。然而，我要把这家餐厅作为首选与各位分享的原因是非常独特的。请各位领略一下我这段记忆深刻的经历。

去布加勒斯特之前，我和由香里发现，在这个距离波士顿4 500英里的城市里应该预订哪家餐馆这件事让我们颇费心思。我应邀去那里做演讲，由香里能陪我一同前往让我非常开心。我们渴望在这个完全陌生，却让人充满了期待的地方度过一段美好的二人时光。

由香里和我都是狂热的美食爱好者，我们热衷于寻找世界各地有特色的美味餐馆。我的这个爱好就是受由香里的影响才形成的，之后我也成了美食粉丝圈的一员。我们俩相识伊始，她的重要爱好之一就是寻找特色鲜明的餐馆，寻找那些独具匠心的厨师和奇妙非凡的菜式。她有一种非凡的能力，几十年前在哪家餐馆吃了什么美味，她还能记得清清楚楚。只要我说出某个去过的城市，她就会谈起在这个地方她最喜欢的餐馆和吃过的美食。怀着这样一种对美食的激情，我们在网上查到了一款类似猫途鹰的在线点评软件，翻看了一本有点传统的旅游手册。游历了世界各地几十个城市和近百家餐馆之后，我们意识到，能选择到我们完全喜欢的餐馆吃饭可能是一件碰运气的事。

布加勒斯特的一家餐馆

我和由香里都注意到，有一家名为"美食家"的餐馆是平台推荐表上的第一名，因此我们预订了那家餐馆的座位。到了布加勒斯特，我们向酒店的门卫打听哪家餐馆最好时，他首先推荐的竟然就是这家。这让我们很高兴自己已经预订了那里的座位。

我们通过优步叫了车，有些迫不及待地从酒店出发了。到了目的地，我们发现它坐落在一幢经过彻底现代化改造的精美老别墅里，这让人更加激动了。我们先是要了几样试吃菜品，味道果然没让人失望，我们去过很多餐馆，它们都环境优美，食物制作精良。然而，到底是什么特殊的因素让"美食家"成为所有人的首选推荐？我想只有享用完最后一道菜才能知道吧。

上甜品的时候，我们惊讶地发现，这家餐馆的主厨保罗·奥彭坎普亲自来到了我们的餐桌前，他做了自我介绍，还说要和我们一起来完成这道精美菜式的烹饪。首先，他在研钵中放了一些精选的甜罗勒和薄荷，接着，他娴熟地加了一些液态氮在这些草本作料中，钵里马上升起了丝丝缕缕的奇妙烟雾，同时还发出了让人惊叹的呲呲声。正当我们有些兴奋地观赏时，他邀请我们用研杵快速搅动并捣碎钵里的食材，完成之后，他又在这些香草中轻轻地加入了黄瓜冰激凌。直到这时候，他才告诉我们，可以尽情地享用了，还叮嘱我们最好边搅拌边吃。我们开始品尝这份甜品时，主厨就站在旁边，愉快地微笑着。天哪，这体验真是太棒了！

毫无疑问，这道甜品十分美味，然而，我们这次就餐所感受到的却远远不止这些。有机会让主厨亲自为我们做餐桌服务，还邀请我们一起体验制作过程，这给了我们非常特别的就餐经历。那天晚上是我们在罗马尼亚的一周中最难忘的时光，尽管"美食家"餐馆的装修和食物都十分诱人，但最令人难忘的是，我们成了主厨保罗的超级粉丝！

第二部分

打造粉丝效应的 9 个步骤

第 4 章　让彼此靠得更近

戴维

你现在可能已经猜到了，我很喜欢音乐节。广场上到处都是像我一样爱好音乐的人，几十个乐队和成千上万个音乐发烧友一起享受长达几天几夜的现场表演。单单一天时间，我就能看 5 场甚至 10 场表演，也许还能听到一两首心爱的老歌，还有一些以前不熟悉的歌手唱的新歌。最重要的是，我能够和同样爱好音乐的朋友在一起。

那还是几年前，旧金山将要举行我期盼已久的"远山音乐节"，圣文森特会在这儿献唱。她是我最爱的歌手，我喜欢她的音乐很久了，但一直没有机会观看她的现场表演。和其他大型音乐节一样，远山音乐节的特点是多个舞台联袂表演。如果一个舞台正在为表演做准备，那么它旁边的舞台上的乐队就一定正在演出。这样，乐迷们从一个个舞台前走过时就可以连续不断地听到不同乐队的音乐，看到不同乐队的演出。

我提前一个多小时就到了圣文森特的演出现场，这时候已经有几十个她的铁杆粉丝先到了,而且还有很多人在表演前接踵而来,旁边舞台上的歌手表演结束后,涌到这边来观看圣文森特表演的观众足有几千人。

她的那场表演一如既往地精彩,果然和 YouTube 上的视频下大家评论的一样好。作为乐队主唱的安妮·克拉克[①]和女贝斯手安田远子那晚穿着经典的黑色套装,这和安妮手中的白色吉他形成了鲜明的对比。她的音乐融合了一些有趣的电子乐元素,还有舞曲和激烈的摇滚吉他独奏。她们的舞蹈编排与众不同,整首歌曲里,安妮和安田跳着整齐划一的碎舞步,但她们的上半身却保持不动,多么别致精彩的演出啊!

正当我陶醉的时候,接下来发生的事情更让我激动万分。

走下舞台,让表演效果绝无仅有

圣文森特从台阶上走下了舞台,就在我的正前方表演了一段吉他独奏。哇!她和我近在咫尺,我几乎都能摸到她的吉他了。整场表演中,我的位置可以说是最佳的,甚至比专业摄影师的位置还好,我可以尽情地用手机拍下照片,这简直太美妙了。我身边的其他观众也纷纷举起手机拍下这一精彩的场景,而摄影师也从圣文森特的身后,俯视着拍下了舞台下整个人群

[①] 安妮·克拉克是圣文森特的本名,她发表第一张专辑后,便以艺名圣文森特进行活动。——译者注

沸腾的场面中一张张兴奋的笑脸。我看过几百场表演，那一刻是最难以忘怀的，我看到了周围的人脸上都挂着毫无掩饰的喜悦，这一刻，歌手们也很开心。媒体摄影师也很兴奋，因为他们抓拍到了一个亲密的画面——一位著名的歌手和她提前一个多小时到场的忠实粉丝们近距离互动。圣文森特下台和我们待了一分钟便返回舞台。这是多么令人难忘的一分钟啊！我拨弄着手机很快就把最好的照片发到了推特和 Instagram 上，立刻就收到许多网友的热烈评论，很多人都说太羡慕我了，真是有趣啊！

回家后，我又查看了整个远山音乐节活动在网上的评论，发现圣文森特走下舞台，靠近观众的环节是这场连续三天三夜的音乐节中被主流媒体和社会媒体评论最多的事情。事实上，《滚石》杂志里的一篇文章——《2015 年远山音乐节：最精彩的 10 场演出》中就包括圣文森特的演出，文章下还附着一张她和观众互动的照片，而我就在镜头的中间，这真是太棒了！每当我给我的公司和创业团队做演讲时，就会把这张照片分享给他们作为我说的行动中的粉丝效应的依据。每当我开玩笑地说"这个故事不是我编的"时，台下总会发出一阵笑声。你们可以看到我是个多么热爱音乐的人。

那场演出中，观众们疯狂了，《滚石》杂志称这是一场可以用"杰出"来形容的演出，很多人将它分享到社交媒体上，这一切的缘由却非常简单，那正是在数字时代我们非常容易忽视的因素——近距离接触。

我突然意识到，这正是需要我们仔细思考的地方。我深知，正是因为大家都做了自己喜欢的事情，粉丝圈才得以形成。如果你富有激情，并愿意把这种激情分享给身边的人，那么就可能打造出一种集体现象：粉丝效应。

我在许多演讲中提到这个概念时都获得了一致认可。既然大家都愿意和别人分享自己过往的经历，那么除工作外，聊些什么话题更合适呢？人们首先会分享自己之前去过什么地方度假或过周末，以及做了什么准备。正是这样的分享在彼此之间建立起了共同的纽带。有时候，你可以给别人介绍某个乐队、戏剧、歌剧或者某款游戏，这些东西可能对方之前并不感兴趣，但经过你的分享，他们可能突然就变得有兴趣了。

亲密度决定了交往方式

是什么推动了人与人之间的联系呢？为什么近距离接触会产生如此大的影响？文化人类学家爱德华·霍尔为我们解释了这些问题。

霍尔博士以一种简单的方式就人类对空间的利用做出了说明。20世纪50年代，作为美国国务院四项培训计划的负责人，霍尔博士的任务是教外国技术人员和管理人员如何进行有效的跨文化交流。他1996年出版的《隐藏的维度》(*The Hidden Dimension*)一书中，描述了人们保持各种空间界限的方法，还论及了在不同环境中空间界限如何影响我们的交往方式，涉及面从同事关系一直到城市设计。

如果我们想要彼此的沟通更有效,那么学习如何有意识地管理自己和他人之间的实际空间是非常必要的。

这不仅是我们离得近还是远的问题,也不意味着我们互相离得越近越好。实际上,人与人之间的空间距离可以划分为若干等级,每一等级亲近程度的意义可以被精确预测和管控,从而产生最佳效果。霍尔在书中提出,"公共距离"是指彼此之间的距离为12英尺①以上,这种距离双方并没有明显的直接互动感受;他将一般相识之间的互动空间定义为"社交距离",即4~12英尺;将好朋友或家人之间的互动空间定义为"私人距离",即1.5~4英尺;其他更近的距离,如拥抱、触摸或低语时的距离,被称为"亲密距离"。

生活中容易得到反馈的距离常常发生在"社交距离"和"私人距离"两种情况下。比赛现场的观众席上或星巴克里同桌共饮的人,电影院门口或音乐节现场一起排队的人,他们很好地融入了彼此的空间,并且能在毫无戒备的情况下感受到人与人之间安全而积极的联系。

> 亲密程度和彼此的共情相关,也会极大地影响事业的成功。

尼克·摩根博士是一家名为"公共话语"(Public Words)

---

① 1英尺≈0.3米。——编者注

的公关咨询公司的总裁，他致力研究人们的互动方式、粉丝圈文化的形成与发展之间的关系，以及这种关系的重要性，出版了《权力线索：领导团队、说服他人、个人影响力最大化的微妙科学》（*Power Cues : The Subtle Science of Leading Groups, Persuading Others , and Maximizing Your Personal Impact*）一书。他说："霍尔博士的研究成果非常重要，依赖神经系统科学的相关知识，我们目前对这件事情的认知越来越多了。任何情况下，只要人们处在同一个物理空间内，哪怕他们并没有看见这些人，他们也会下意识地追踪并确定其他人的位置。"

"我们总是想要和朋友或能给我们带来安全感的人待在一起，这是天性使然，我们喜欢成群结队并分享自己的情感。"摩根说，"我们与其他人处于同一个社交空间或私人空间里的时候是最快乐的，因为我们在相同的情感氛围里，我们一起哭，一起笑。这就是为什么在当代，人们明明可以待在自己家里用更智能、更清晰、更舒适的电视大屏看球赛，却仍然选择去球馆。他们想要体验共同的情感和兴奋带来的刺激。这四种距离区间内，彼此靠得越近，共情就越强烈。例如，从'公共距离'到'社交距离'，从'社交距离'到'私人距离'。这种群体间的情感分享对人类来说非常重要，但它的作用却常常被信奉个体主义的人误解和低估。"

人们不喜欢独处，喜欢成群结队。

请注意摩根告诉我们的，彼此距离越近，所产生的共情就越强烈。彼此靠近不仅是为了方便或起到什么实际作用，而且是为交流奠定情感基础。人类与生俱来会对更亲密的人有更强烈的情感反应。无论我们之间的距离是 12 英尺还是 4 英尺，或者是 1.5 英尺，这些距离都会产生截然不同的情感。

作为一个粉丝，并不是要去刻意追求什么，而是他们的激情、热忱还有幸福感，让他们痴迷于某些事物。无论你是为了谋生还是想推销某种产品或服务，当你开始煞费苦心地想出一些方法来培养和发展人际关系时，一定要记住距离的重要性，因为这可以帮助你更好地理解如何吸引和保持潜在的粉丝对你的产品或服务的兴趣。

星巴克：将志同道合的人联系起来

在我们当地的星巴克咖啡馆里，你总能看见老客户们悠然地坐在桌旁，一边享受着可口的饮品，一边使用着这里的免费无线网络。这里确实是个结交新朋友的好地方。是的，这里座位舒服，停车位充足。然而，在星巴克里看到的典型场景可不是这样的，里面可能往往有十几个人，他们虽然都独自坐在桌旁，但客观上仍然是和周围的人待在同一个空间里的。

当人们对社交网络日渐感到失望的时候，星巴克的收益报表却显示，公司的销售额从 2015 年的 191 亿美元增长到了 2018 年的 247 亿美元。在短短 3 年时间里就增长了近 30%，这是为什么呢？

我认为，这是因为星巴克把近距离交流的模式无形中带给了这些有相同爱好的客户。

举个例子，有一天我约了一位企业家在星巴克见面，谈话结束后她继续待了一会儿，因为她觉得和星巴克里那些"独处"的人待在一起让她很舒服。这个行动看起来很平淡无奇，但它却揭示了一个重要的道理。它也说明了为什么我身边很多像这位企业家一样的女性更喜欢在像星巴克这样的地方办公，而不是独自在家办公。

我们往往忽视了某些事物无可置疑的价值，许多人，包括我和圣文森特，还有远山音乐节的粉丝们都忽视了。这正是我们的数字化世界中缺失的关键元素，同时也是星巴克得以蓬勃发展的原因。这是社交网络永远无法提供的，它需要通过精心设计才能实现，那就是与人建立直接联系，这对所有人来说都非常重要。

音乐节变成了一个让志同道合的人彼此靠近，享受音乐的即时城市。在等待演出开始的时间段里，我们自发形成一个团体，与周围的人交谈，并相信我们之间的关系目前很友好。因为有共同的兴趣爱好，我们的谈话往往也很顺畅，就像老朋友一样。有人问："你以前见过圣文森特吗？她长什么样子？"另一个人就会搭话："今天还有其他好看的表演吗？你明天还想去看谁的演出？"

由此可见，现场音乐的蓬勃发展也就不足为奇了。在激光唱片的销量急剧下降，流媒体产业的收入无法得到保障的情况下，Live Nation Entertainment——世界上最大的现场表演娱乐公司，经营音乐会的宣传、场地租赁、门票业务代理等——在过去的10年里收入却稳步上升，从2007年的36亿美元到2017年超过100亿美元。

> 面对面交流能增强你的幸福感和目的感。

同样，星巴克的高管们也在他们遍布全球的2.4万家门店中积极地培养员工之间的亲近感。事实上，这家公司告诉投资者们："很明显我们对优质咖啡、真诚服务和团体联系的重视已经超过了语言和文化本身。"星巴克销售的不仅是咖啡，还有它的经营之道。它的成功应该归因于将舒服、安全的亲近感赋予了众多志同道合的人。

根据我的观察（也是我作为粉丝的经历），我们想从周围的世界中获取的东西，本质上就是与志同道合的人在一起。正如那些被吸引去参加现场音乐节和光顾星巴克的人一样，我们明白了近距离接触的重要性，无论我们身在何处，人与人之间的非语言沟通都是各种场合必不可少的一部分。当然，音乐会上美妙的音乐固然重要，但在一个彼此熟悉的环境中与朋友聚会的机会更为重要。动漫展的意义就在于让成千上万个喜好一致的人拥有了一天相聚的美好时光。

泥地赛跑和斯巴达勇士赛等体力竞赛往往是艰苦的，参赛者们常常会说比赛的意义在于参与其中，收获友谊。比赛中即使他们身体正承受着痛苦，但身旁其他人也在努力地攀爬绳索，这时，他们会感受到快乐。让参加读书俱乐部的人更惬意的是其他人的陪伴，也许这一点超过了他们讨论书籍本身的收获。一位友好贴心的售货员往往能给我们的购物过程带来非常愉悦的体验，这可能比我们买的衣服更令人影响深刻。

百万富翁魔术师：让观众参与表演

我坐在后排观看百万富翁魔术师史蒂夫·科恩在乐天纽约皇宫酒店里表演室内魔术。他的演出完美再现了19世纪后半叶曼哈顿商业街上娱乐中心的风貌。为了淋漓尽致地体现这一点，表演场地选在了一个华丽的19世纪风格的会客厅，屋内挂了很多仿古名画作为装饰，天花板也是流光溢彩。科恩身着燕尾服，他的客人们也都穿着考究的鸡尾酒礼装。我坐在现场，恍惚间仿佛坐在了维也纳的宫殿里，感觉好像莫扎特将要为这几十个人演奏一样。

这个室内魔术已经在周末表演了20年，科恩的大量观众是靠口口相传或是通过社交媒体知道他的表演的。例如，2017年10月的一个周末，科恩进行了第5 000场表演，纽约市长白思豪正式宣布将那一天定为纽约的"室内魔术日"，此举让那些没有听说过科恩的人对他产生了浓厚的兴趣。这间会客厅可容纳64人，每排16个座位，在每排的两端，最后四把椅子都摆成了直角，整体就像一个半六边形，这样每个人都可以直接看到科恩而不用转动身体。坐在前排的人离科恩只有2.5

英尺远，第二排也比较近，但第三排和第四排离他至少有 12 英尺。

换句话说，第三排的观众已经在科恩的公共空间里了，对于科恩来说，这个距离使他无法和观众建立直接的情感联系。然而，科恩巧妙地解决了这个问题。节目的几个节点上，他让第三排的观众也参与了进来。有一次，他走近一位男观众，他在把一副纸牌递给这位观众的同时还展示了一番自己娴熟的手法。演出期间，科恩还多次邀请我和其他坐在后排的人到前面来，围在他的身边近距离观看表演。

他演出的每一个魔术都有观众直接参与，有时候十几个人一起，甚至更多。科恩经常走近观众，有意靠近我们，请我们帮助他完成一些魔术环节，作为他的观众，我觉得自己就是这个表演的一部分，因为和其他观众一样，我有机会进入科恩的私人空间，哪怕我坐在后排。他在节目中营造亲近感，确保情感上的回应，与粉丝建立了强有力的联系，这一点为科恩带来了 20 年的成功。对我来说，能站在科恩身边并回应他的"求助"是非常美好的，这很有趣。很快，我觉得自己就是这场表演的一分子。当时我与科恩建立了深厚的联系，直到多年后的现在依然如此。

我们观看一场平常的舞台表演时，如戏剧、舞蹈、音乐或脱口秀等，往往是在演员的公共空间里，距离他们 12 英尺或更远。神经学家认为，在这样的距离下，我们的潜意识不会为了弄清楚他们是朋友还是敌人而去追踪别人。当距离很远时，我们感觉不到强烈的人际关系的存在。

"公共距离"在12英尺以上，但在大型舞台表演中，更常见的距离可能是100英尺或更多。日常生活的其他环境中，例如公园散步，我们的公共空间里可能会有很多人，但他们距离我们几百或几千英尺远，因此我们的潜意识不会密切关注他们。由此，我们应该意识到，与身边"社交距离"以内的人进行交流分享是多么重要。

不管你是公司总裁、艺术家、企业家、政治家、经理、教师、父母、配偶、朋友，还是其他需要与他人建立更亲密关系的人，要想建立粉丝圈，你就需要想办法与他人保持不到12英尺的距离，哪怕只有几分钟。科恩无疑深谙此道，但这对我们所有人来说都是一个难题。

"我需要注意哪些人一直没有参与到表演中来，"科恩告诉我们，"我让他们尽可能靠近我，直到我能感受到他们的呼吸，我要告诉这些观众此刻他们的视野是这个房间里最好的。观众近距离观看使变魔术的困难程度增加了不少，但我已经掌握了该如何应对。"

科恩会衡量魔术的每个细节，确保尽可能多地与观众近距离接触。最近，他发现他的魔术中有一个环节还不够好，没有让观众参与进来。"这是一个小把戏，我借用了三位观众的结婚戒指，并把它们串成一条链子，"他说，"我要他们确认戒指确实是连在一起的。要完成这个魔术，我可以毫不费力地将它们解开，但我没有这么做。现在，我邀请一个观众用手触碰我的拳头，让他感觉到那些戒指还是连在一起的。同时，我让他们在心里默念解开，当观众再一次试着把戒指拉开的时候，戒指就会掉到他们自己手里。我邀请身旁的人对表演做了一个小小的改动，但这就改变了整个观赏体验——他们相信是自己解开了戒指。我给了这些观众一个可以在闲聊时吹牛的机会，比如，下周一的时候他可以在办公室里跟其他同事说：'你知道吗？我就是那场表演中解开戒指的人！''猜猜是谁举起了那顶帽子，变出了一块大砖头？是我呀！'"

科恩密切关注他的观众在猫途鹰和Yelp（点评网站）等网站上的评论并总结出一些普遍性的反馈，大部分评论都用到了互动和亲近这两个词。因此，科恩确信，他吸引观众的方式是有用的。

"我不需要为营销花钱，"科恩说，"来观看我的表演的人已经超过50万了，他们是通过社交媒体知道的，不过更多还是靠口口相传。对我来说，表演技法固然重要，但更关键的是营造一种体验。"

我们可能会说，科恩的表演完全是为观众考虑。他努力确保每位观众都享受到这个接近他的特别机会。等到整场表演结束时，每位观众都以某种方式参与进来过。

那晚的表演确实让人印象深刻，看着他收起卡片示意表演已经结束时，观众全都起立鼓掌。那一刻，我和所有观众席上的人一样，变成了史蒂夫·科恩永远的粉丝。

重整房车行业

无论在社交空间还是私人空间，与志同道合的人在一起都很重要。对于你的团队来说，这是与市场沟通的基础。它意味着你要想方设法把客户聚集在一起，这样他们就有了一个独特的机会，可以与和自己有共同兴趣爱好的人互相靠近到 12 英尺以内。

> 人际交往使人区别于其他物种。
> 人文思想打造持久的粉丝效应。

努力让更多年轻的房车爱好者爱上独特的房车生活方式，是整个房车行业的一项倡议，也是共同奋斗的方向。整个事情的发展过程是这样的。

2008 年开始的全球金融危机对房车行业来说是一次毁灭性的打击。2007 年，美国售出了 38.5 万辆房车，但 2008 年，房车的销量却骤降到了 20 万辆左右，大量的房车制造商破产，情况糟糕透了。

美国房车工业协会发起了一项名为"房车游，玩起来！"的活动。这个活动极具创意，不仅能让人们了解房车生活方式，还可以增长粉丝量。每一个成为会员的房车制造商都需要花费 35~150 美元，用于购买销售房车的协会印章，具体金额取决于车辆的大小。当消费者从经销商手中购买一辆新的房车时，协会印章的费用会显示在发票和车侧身的贴纸上。

房车工业协会每年投资 1 000 万 ~1 500 万美元在专题活动广告上。它为专题活动建设了名为"GoRVing.com"的专门网站，同时还在纸媒上做广告，包括《国家地理》杂志等极有影响力的刊物。为了吸引更多的年轻消费者，房车工业协会在社交网络上投资颇多，像脸书和 Instagram 及其他新兴社交平台。2017 年，房车工业协会在数字媒体上的广告费超过了纸媒和电视的，这对它来说也是一次新的尝试。房车工业协会广告中的图片是一群年轻的露营者在快乐地度假。不管在哪种方式的广告宣传中，房车工业协会突出的主题都是房车露营给人们带来的亲密互动、乐趣以及友谊。

"我们倡议大家带着家人露营，"鲍勃·扎加米——新英格兰房车经销商协会的执行董事长告诉我们，"在当今的社会环境下，许多人甚至都不和邻居说话，也不与同事过多交流，我们往往把自己从周围的人群中孤立开来。然而，一旦你到了露营地，没人会在意你是谁。在其他露营者眼里，你只是一个喜欢户外活动，喜欢和家人、朋友在一起的人。你把车开到露营地，孩子们很快就会结交几个新朋友，他们会到处跑，荡秋千，一起玩各种游戏。他们玩累了想回营地休息时，也知道家人的具体位置，他们感觉很安全，这是因为可以一直与你保持联系。夫妻能够有空闲时间静静地坐下来聊聊天，因为你们知道孩子们很安全，而且他们在这儿玩得很开心。很快，你也会认识附近的人，因为他们会主动走过来打招呼，你们很快就熟悉起来了。"

婴儿潮一代喜欢和家人一起野营，随着年龄的增长，他们最好的目的地是一些传统的露营地。然而，千禧一代的人更喜欢 10~20 人的集体露营。扎加米说："下一代房车爱好者已经建立了他们的社交网络。他们的露营观念是自发的、有包容性的。他们用脸书或者推特分享各自的经历，然后召集好友。他们会在社交媒体上发布消息：'星期天上午去露营，大概上午9点到某个地方，有人想一起吗？'很快，20个人就齐了。他们有共同的爱好，也想一起完成爱好，而完成爱好只需一辆或几辆房车就可以做到。过去召集露营朋友的方式和如今的做法已经发生了根本的转变。"

当提到露营时，绝大多数人想到的是户外活动，比如徒步旅行或钓鱼，或是亲近动物。实际上，这正是传统露营营销理念下的关注点。房车工业协会和其他组织的研究表明，露营过程中人与人之间的社交往来才是最重要的。露营之所以会是令人愉快的经历，是因为你可以和其他露营者共处。

美国 KOA（连锁露营地经营机构）资助的《北美露营报告》是一项对露营者的年度调查，超过一半的受访者表示，他们参加露营的首要原因是想花更多的时间与家人和朋友欢聚。

与家人、亲密朋友和新认识的人一起，围坐在篝火旁讲故事是一项充满吸引力的活动。露营使人们之间的距离比以往更近了，它使人们跨越了时间的长度，它以独特的方式将人们联系在一起。其核心就是粉丝圈的形成。

因为千禧一代非常喜欢和朋友们共处，所以露营是一种理想的选择，他们也成了房车行业发展的新动力。总体而言，千禧一代占成年人口的 31%，占露营参与者的 38%，而且这些年轻的露营者的热情更为高涨。根据 2018 年的《北美露营报告》，51% 的千禧一代认为，他们计划在来年参加更多的露营活动。年轻的露营者更喜欢大规模的集体露营，通常是 10 人或更多，他们说自己"更倾向于"寻找能够容纳更多人的群体露营地。

星空下露营社交化的案例呈现

美国 KOA 公司总裁托比·奥罗克在我们对她的电话采访中说："露营地的本质就是交际的场所：你可以作为其中的一员和大家围坐在篝火旁，与来自各地的人结识并成为朋友，仅仅是因为你们刚好在同一个地方相遇。"KOA 是北美规模最大、系统最完善的连锁露营地经营机构，旗下有 500 多个露营地。奥罗克说："这和酒店不同，你一般不会和酒店大堂里的其他人攀谈，而在露营地，你可以在晚上散步时去别人那里串门。你可以和他们一起喝啤酒，谈论他们最近购入的装备，或者逗他们的小狗玩，还可以和别人讲讲自己的人生故事。我来到这里以后，就把露营地当作美国的最后几块远离喧嚣的净土来经营。这是一个非常适合彻底放松、进行社交的环境。"

除了和你的家人、朋友共处外，在露营地，你还可以放心地与一个从未谋面但有相同爱好的人成为朋友，跨越"公共距离"，很快发展到"社交距离"。露营是粉丝文化的象征，因为它让所有参与者都有了更强烈的情感联系。

奥罗克说，千禧一代喜欢在大的群体中露营，KOA正在调整资源满足他们的需求，并且已经融入了一些更能吸引他们的内容设计。现在KOA很多露营地都提供了一个特别受欢迎的安排，人数很多的团队可以把6个左右的帐篷或房车停靠点合并在一起，还会有集体用餐区和公用火炉。这对千禧一代喜欢露营的人来说是完美的选择。

KOA主要通过社交媒体宣传吸引千禧一代，这对提高预订量很有帮助。另外，KOA会用既有的照片来讲述露营时人们的故事。

奥罗克说："我们的研究显示，千禧一代喜欢规模较大的露营，所以我们有很多极棒的团体照。很多年来，我们拍摄的都是真正的露营者，从不雇用模特。在露营地，我们会四处看看，然后询问：'嘿，你们介意拍些照片吗？'我们只拍摄大家在自然环境中露营的真实照片。"

我们采访到的房车行业人员都提到了露营时与志同道合的人在一起的重要性。事实上，对人与人近距离接触的关注，还有对不同年龄的人对露营的喜好不断加深的理解和适应，对整个房车行业来说都是非凡的成就。

房车从2008年20万辆的惨淡销量，到2017年的50.4万辆，这个销量甚至比全球金融危机前的 38.5 万辆还增长了近 12 万辆。其中就包括千禧一代喜爱的小型快闪式房车，以及价格高达 100 万美元，约 4 米高的柴油动力房车。

"房车的销量增长非常惊人，"扎加米说，"我们的供货速度已经是最快的了，即使这样，旅游房车的订单依然积压了 6~9 个月，许多制造商都在继续招兵买马、扩大生产。"

通过促进人与人之间的联系来协力创建和发展粉丝群体，这对房车行业来说是个了不起的成果。

接近客户的想法是任何组织都可以实现的。建立一个粉丝圈，从而打造真正的粉丝效应。

正确对待客户

乔希·默里居住在澳大利亚维多利亚州马其顿山脉凯里小镇上的一个农场里。他饲养了 24 只不同品种的母鸡，还把这当作自己的要事。2009 年，乔希 9 岁，他妈妈发现乔希很喜欢和母鸡待在一起，于是就告诉他如果可以把鸡蛋卖出去，那么得来的钱就归他所有。乔希认为这是一个好主意，于是他开始攒鸡蛋，然后挨家挨户上门卖鸡蛋，每打鸡蛋 4 美元。

后来，乔希饲养了更多的鸡，很快就开始在周末去当地的农贸市场上卖鸡蛋。"在兰斯菲尔德的农贸市场上，我一个上午就卖了 40 打鸡蛋，太令人惊讶了，"他说，"没过几个月，妈妈买了更多的母鸡，这样我的鸡蛋就更多了。鸡蛋在当地很畅销，很快，每个星期六我都会去兰斯菲尔德、伍登德、里德尔和凯恩顿等地的农贸市场上卖鸡蛋。"

接下来的几年，乔希决定把这件事当成自己的职业。那么，他首先需要一个公司名和鸡蛋箱上的商标。乔希说自己的产品名"乔希的彩虹蛋"实际上是另外一个朋友给取的。那天，他的朋友打开了一打鸡蛋，看见里面的鸡蛋有蓝色的、绿色的、棕色的、白色的和粉红色的，便随口说了句："这是彩虹蛋啊！"

那个时候，乔希已经饲养了超过1 200只母鸡，雇了许多人帮忙。他的事业迎来了大步飞跃，他开始在拉曼纳直营市场里销售鸡蛋了，这是澳大利亚最大的本土果蔬销售市场，有1万平方米的零售空间。乔希也正式开始了与其他鸡蛋品牌的市场份额和客源的争夺战，因为他经营的已经是一家规范的企业了。那个时候，他12岁，周末他经常会去超市亲自发放产品宣传单，和客户们聊天。

乔希年纪轻轻，却已经成了一位精明的企业家。2014年，乔希14岁，他和母亲在科尔斯超市总公司的办公室里会见了全国品类采购经理。科尔斯超市在澳大利亚经营着大约800家连锁门店。"我们询问科尔斯超市能否在当地门店销售我们公司的鸡蛋时，经理非常支持，而且毫不犹豫地就答应了。"乔希说，"现在，我们的鸡蛋在7家科尔斯超市门店里销售，我们的销售商还有3家沃尔沃斯商店。几乎马其顿的每一家超市和很多墨尔本的超市都在销售我们的鸡蛋。"

2017年，乔希17岁，他每周销售的鸡蛋在10万枚以上，销售点遍布墨尔本的商店。不论怎么说，他都非常成功，尽管他可以轻而易举地把鸡蛋卖到其他地方去，但他依旧坚持每个月去一趟农贸市场。

鸡蛋对大多数人来说是一种可选择的商品，而乔希面临着一个新的挑战，因为他的鸡蛋的成本比其他供应商的要高得多。他的放养方式是每公顷容纳约1 500只母鸡，而其他农场通常可以在同样的空间里养更多的鸡。这就意味着乔希必须把鸡蛋的零售价提高到7美元一打，而其他人的售价却只有4美元。为什么客户愿意多花3美元买乔希的彩虹蛋呢？乔希是怎样吸引客户，将他的客户变成自己的忠实粉丝的呢？

从他9岁开始做生意起，乔希总是亲自和客户见面。他最开始是挨家挨户敲门卖鸡蛋。这就是说他与邻居们之间的距离只有4英尺远，这些邻居见到这位年轻的企业家都很开心。几年后，他开始在农贸市场卖鸡蛋，在这里他和客户的距离也只有4英尺，属于私人距离。如今，他每周卖出成千上万枚鸡蛋，但他依旧花时间到销售他鸡蛋的超市去，与他的粉丝们直接交流。

在粉丝圈里与人分享情感是我们与生俱来的本能。

乔希多年来坚持每周和客户直接交流的故事告诉我们，人们愿意为有情有义的商业行为多花钱，比如乔希的"良心鸡蛋"。乔希饲养的是真正自由放养的鸡，他说："我们的客户知道，我们能够善待所饲养的鸡。人们认识到，即使其他人的鸡也是在农场里自由放养的，但仍然会被限制自由，生活得非常可怜。虽然我们的成本非常高，但我们正在努力为自己、为客户、为产蛋的鸡、为买我们鸡蛋的零售商做正确的事情。"

"良心鸡蛋"不仅是乔希的彩虹蛋喊出的口号，而且是一种做生意的准则。乔希对于如何对待鸡的信息是公开透明的。他的竞争对手们仅达到了合法散养这一标准，但乔希做得更多，他分享了更多商业细节给他的客户。

乔希说："人们买鸡蛋时，他们不买4美元每打的鸡蛋，而是花7美元买我的鸡蛋，在成本方面，他们似乎吃了亏。然而，客户们对我如何照看鸡的情况很感兴趣，他们似乎也对我和我的事业很感兴趣。"

富有同情心的商业行为和保持透明度使乔希的生意非常红火。然而，他与成千上万的客户建立的直接联系才是他成功的关键。因为乔希与许多客户保持着私人距离，所以他在十几岁的时候就拥有了粉丝群，并将他的公司发展了起来。

乔希说："我在做正确的事情。"

乔希从粉丝身上学习经验并愿意听取粉丝们的意见，因此，他打造出了属于自己的粉丝效应。

镜像与粉丝们

这一章里，我们看到了人际关系在粉丝增长中的重要性，了解到人们去现场音乐会并不仅仅是为了看表演，知道了人们喜欢与志同道合的人近距离接触。史蒂夫·科恩的魔术师生涯非常成功，在他的表演中，每一位观众都与他有直接的私人联系，然后这些观众又告诉他们的朋友这样的精彩经历。因此，科恩从来都不需要做广告，就有了 5 000 多场演出。我们了解到，通过满足人们团队露营的愿望，整个房车行业在 10 年内销量就增长了两倍多。我们还采访了一位十几岁的蛋业企业家，他亲自与客户见面，并取得了巨大成功。

我们要面对这个事实——人类与生俱来就会与周围的人产生奇妙的化学反应。人类的进化过程已经让我们学会下意识地追踪我们附近的人，并很快判断他们对我们是有益的还是有害的。我们天生的直觉是强大的，每当我们靠近很多陌生人的时候，比如在地铁站台上，总是非常谨慎。我们无法控制这种反应，因为它已经深深地植根于每个人的本性中。如果有任何迹象表明危险来临，那么我们随时都会逃走或抗争。

然而，当我们与自己相信的人近距离接触时，人际关系便形成了。通过发展这种亲密关系，即把客户带入 4~12 英尺的"社交距离"或 1.5~4 英尺的"私人距离"，我们就能够创造出强烈的情感联系，然后产生粉丝。

有的企业家和歌手并没有与每个粉丝都有私人联系，他们又是如何取得成功的呢？事实证明，不管你是在上千人的面前表演，还是你的产品有数百万的客户在使用，你仍然可以利用人际关系的力量。我们的大脑会通过一种叫作镜像神经元

（mirror neurons）的东西，无意识地把我们看到的东西当作我们的真实经历，即使它只是发生在社交媒体、电影、屏幕或是距离很远的舞台上。

镜像神经元是我们大脑前运动皮层和下顶叶皮质中的一组细胞。这些神经元非常神奇，它们不仅在我们做出反应时表现得很活跃，像是咬苹果、微笑，或是靠近一个我们喜欢的人。当我们观察到其他人在做同样的动作时，它们也会异常活跃。当我们周围的人都很快乐并且在微笑时，我们的潜意识会告诉我们，我们也很快乐，所以我们往往也会微笑。在摇滚音乐会现场时，我们的镜像神经元会根据表演者所做的动作以及其他观众的一举一动而被激活。

我每年在各种会议上做几十次演讲，经常是对着一群人——上千甚至更多人。我不可能像史蒂夫·科恩那样把他们都带到台上来，让他们进入我的私人空间。但事实证明，当我们看到别人有某种体验时，就会觉得那好像也是我们自己的体验。我每次演讲都会从舞台上走到观众中间，与在座的几名观众进行几次互动。我是有目的地进入一些观众的私人空间的，但由于大脑中镜像神经元的作用，其他观众也可以感受到我的存在。

我们之前提到的尼克·摩根博士说，这就像是将一块石头丢进池塘里泛起了涟漪。"仅仅是通过和一两个人交流，你就可以与观众中的每一个人分享情感。如果你走进观众中，问一个问题让观众回答，或站在一个人旁边，抑或与几个观众握手,总之用任何一种方式与他们互动,那么你所有的观众都会觉得与你互动了,整个空间就会突然变得非常小、非常亲密。"

> 与你的客户互动,传递这种共情。

和朋友面对面一起吃饭时,你会无意识地模仿他们的动作。他们伸手去拿酒杯时,你可能会伸手去拿餐巾。如果他们向左看,你可能会不自觉地朝同一个方向看,因为大脑中控制眼球运动的镜像神经元正在工作。

由于想知道人们为什么总是对新事物感兴趣,所以我们拜访了马尔科·亚科博尼,他是精神病学和生物行为科学教授,也是加州大学洛杉矶分校大脑测绘中心的经颅磁刺激实验室主任,同时还是《天生爱学样:发现镜像神经元》的作者。他表示:"这是一种根深蒂固的观念——当我和你交流时,我们是不同个体,有一种隔阂的感觉。但事实上,我们看到的是进化选择了相反的大脑和方法,战胜了人与人之间的差异,尤其是面对面的交流。镜像神经元的真正作用是促进自我和他人之间的联系,使他们成为一枚硬币的两面,不可分离。这让我们有一种与他人紧密联系的奇妙感觉,当我们与他人交流时,它深深地埋在了我们的意识中。"

事实证明,镜像并不只在与你面对面的人之间存在。镜像的一个重要特征是,即使对方离得很远,比如看到我演讲的时候,甚至是看到屏幕上出现的虚拟人物的时候,你的大脑也会被激活。这种镜像有助于解释社交媒体的积极面和消极面。我们可以通过人们在脸书和 Instagram 上发的图片与他们建立联系。因为看到他们分享的那些照片或视频，大脑会告诉我们，我们与他们是亲近的。或许这就能解释为什么在社交网络上，附有人物照片和视频的帖子往往比那些只有纯文本的帖子更容易引起互动，也会比那些没有人物照片和视频的帖子获得更多点赞和分享。

"社交网络就涉及许多这样的镜像原理，并且它也能解释很多事物。当我看到你在社交网络上发布的一些信息时，尤其是像 Instagram 和脸书这样的视觉网络，它会触发我的各种想象。所以我能从更加人性的角度来理解你，而不仅仅是基于你所说的话。然而，当社交网络上没有了这种面对面的联系时，人们就失去了这种神奇的联系。这使我们更容易陷入一种与他人对立的联系状态。"亚科博尼说。

作为现场音乐的爱好者，我一直很好奇镜像原理会如何解释我为何热衷去听音乐会。亚科博尼的话让我想起了几年前，在一场摇滚音乐会现场，我坐在离舞台几十排座位远的地方，米克·贾格尔和一个离我很远的幸运粉丝击了掌，我的情绪似乎也瞬间被点燃了。就像亚科博尼所说的那样，我脑中的镜像神经元让我觉得米克·贾格尔像是和我击了掌一样。那是整场表演中最让我难忘的一部分。

因为镜像神经元，人们无意识地与屏幕或舞台上的演员、演讲者或歌手联系在了一起。镜像神经元也可以解释为什么我们觉得自己"了解"那些电影明星和电视人物。我们的大脑告诉我们，自己一直在他们的私人空间里，因为我们在屏幕上看到他们时，会产生一种接近他们的感觉。这也解释了为什么粉丝在看到自己最喜欢的演员的故事和杂志文章时，往往反应很强烈。

亚科博尼说："一位歌手不可能接近观众中的每个人，但仅仅是接近一些观众，就能在那些距离较近的人和坐得远的人之间建立一种在一起的感觉。观众们填补了歌手与他们之间空间上的隔阂。看一场演出时，我们可以想象歌手演唱歌曲并与其产生共鸣，镜像神经元对此非常重要。要想成为一名更成功的歌手，需要一个过程，首先要有自下而上的想象，理解你的粉丝和他们喜欢的东西；然后，将这种想象转化为一种自上而下的计划，以改变你的行为方式，从而引导你的粉丝们。"

了解镜像神经元的一个关键方面是记忆，这是我们天生的技能，是我们大脑的古老功能，可以帮助我们处理周围世界的信息。这不是我们可以选择打开或者忽略的东西，这是与生俱来的，也是我们自己无法控制的。

对于指挥舞台的音乐家、演讲者、教师、政治家或其他人来说，镜像神经元的存在意味着如果我们在整个表演过程中让几个人进入我们的私人空间，我们的联系就会更紧密。你可以多次进入观众的私人空间。你可以问大家一些问题，并通过举手等动作来估计反应的程度。你可以在观众中选出一两个积极举手的人，问几个简单的问题，走到他们跟前，请他们详细说明自己给出的答案，并给他们一个手持麦克风来回答你提出的问题。这种简单的行为会让你进入几十个人的社交空间，并在你的演讲中以一种自然的方式进入人们的私人空间。如果你有机会面对一大群观众做演讲，并且画面被投影到现场的大屏幕上，即使是与你间隔三五十排座位的人也能清楚地看到你的互动，那么他们大脑中的镜像神经元就会非常活跃，就好像你在直接跟他们对话。

深入地理解镜像神经元可以帮助建立粉丝圈。通过了解你的观众并学习他们需要和想要的东西来打造你自己的粉丝效应。

名人自拍——全新的签名方式

2014 年，在艾伦·德杰尼勒斯主持的奥斯卡颁奖典礼上，布莱德利·库珀与一群明星自拍了一张合影，随后艾伦通过自己的推特账号 @TheEllenShow 上传了这张全明星自拍照。照片中，演员们并没有像你通常看到的那样摆好姿势，也和狗仔队偷拍的照片不同，艾伦·德杰尼勒斯、布莱德利·库珀、杰瑞德·莱托、詹妮弗·劳伦斯、梅丽尔·斯特里普、查宁·塔图姆、朱莉娅·罗伯茨、布拉德·皮特、安吉丽娜·朱莉和露皮塔·尼永奥这一群人的合照，和我们平时的自拍没什么两样。那一场景增强了人与人之间的联系，平日看到的名人似乎是不可触摸的，但自拍的一瞬间突然使演员们看起来像是可以接近的、真实的、亲密的。

这张照片在粉丝中非常受欢迎，它让推特的服务器瘫痪了20多分钟。到奥斯卡颁奖典礼结束时，它成了有史以来转发量最高的推特。几年后的今天，我们写作本书的时候，那张自拍照已经有221 694条评论、3 390 679个转发，2 383 784个赞。

这张照片在这个时刻吸引了大众如此广泛的关注，是否还有更深层的原因？

和某个或某几个人自拍是一个允许别人进入1.5英尺内亲密空间的行为，这种情况并不经常发生，除非你是他们非常亲近的人，社交场合很少可以如此靠近别人。但拥挤的电梯是个例外，在电梯里，人们通常可以接受别人进入自己的亲密空间。但是大多数人都会认为，让陌生人和你一起自拍不是一件特别自然的事。（当然，可能和任何人第一次自拍都会有点不自然。）

自拍时，我们身体的姿态和方向显露了一些对我们非常有意义的信息。当两个人或更多人拍照时，大家的头往往都在彼此的亲密空间内，并且面向同一个方向。我们让彼此在亲密空间内，那是因为拍照时我们必须要把头靠近一些，我们的方向是相同的，我们排列得很整齐。即使这只是一瞬间的事情，这种整齐的状态也生动地传递了我们想要和另一个人保持一致的意愿。

有些人认为自拍是无聊又有点幼稚的事情，但这其实是一种老套的看法。自拍是一种非常有效且能即时分享情感的方式。想象一下，两个互相不信任的人，面对面站着，即使距离只有半步之遥，他们也会感到非常尴尬或者受到了威胁。但是当两个或两个以上的人面对同一个方向站着时，比如看着相机，这是完全可以接受的状态。自拍这个小小的举动打破了距离的屏障！这是一种安全的、让人愉悦的接触方式。

与名人自拍是一种比较放松也不会冒犯别人的亲近方式。几年前，很多粉丝请名人签名也是想达到同样的目的。与名人自拍让我们有一个短暂接近自己偶像的机会，他们可以是我们喜欢的运动员、演员，也可能是下一任美国总统。

邀请别人一起自拍是不需要过多考虑的，因为最糟糕的结果也不过是这个名人可能会过气。然而，即使他们真的不受大家追捧了，你也没有什么损失。能不能和名人有张自拍照，不过是你举手间的事情。

一张自拍可能成为永久的纪念。我就喜欢和我认识的人自拍，就像几年前我和宇航员尼尔·奥尔登·阿姆斯特朗自拍一样，他可是第一个登上月球表面的人类。

我想对那些经常被邀请自拍的人说一句话：享受和别人拍照的过程吧！这个举动会立即给你带来一位粉丝，他还会带动身边的人，帮你建立一个永远充满激情的粉丝群。

有一次，我有机会邀请一位总统候选人和我一起自拍，过程中我注意到她在很多人耐心地排队等着与她合影的情况下显得非常机智。她会自己手持那个人的手机，找出最佳角度，连拍好几张照片，拍完后再把手机还给那个人。她显然能娴熟地使用智能手机。她这样做使得自拍的速度出乎意料地快，一个人大概只用7秒钟的时间，这比让那些紧张的粉丝自己拿手机拍用时要短得多。

这个做事如此高效，并且掌握了自拍技巧的人是谁呢？她就是希拉里·克林顿。

我请教了她为什么要这么做，她告诉我，这些年她拍了上万张自拍。亲自拍摄，不仅能更快完成粉丝的请求，还能让她的支持者在社交网络上分享更多的信息，比如："这张照片可是希拉里·克林顿亲手拍的哦！"这是一种轻松有趣的吸引粉丝的技巧，给我留下了深刻的印象。

我们可能永远无法具体说出，和朋友在脸书这样的社交平台上交流，或者面对面坐在身边聊天之间到底有什么区别。但在如今这么巨大的社交网络体系下，尽管移动设备有它固有的局限性，但其功能是非常强大的，这一点毋庸置疑。你可以通过接近他人来发展你的粉丝群，也可以利用移动设备和其他你接近不了的人分享这种亲近。总之，祝大家乐在其中！

第 5 章 引领粉丝参与创作

玲子

在曼哈顿切尔西区附近一个经过改建的仓库里,我遇见了一片森林。眼前大雾朦胧,变幻起伏,显得有些诡异。我穿过走廊望向外面茂密的森林,在一片泛蓝的、如月光般的光影下,我注意到那边闪过一个人影。没错!有个人正站在走廊另一侧注视着我,而且我注意到这个人的脸上戴着面具。可是一瞬间,这个人就不见了踪影。森林里又只剩下我一个人了,我有些紧张,深吸了一口气,细细地体会着这个有些梦幻的地方。我一动不动地站在原地,直到听见身后响起了阵阵音乐声,那声音越来越强,我知道该继续往前走了。我转过身,继续在这个集触觉、嗅觉以及听觉于一身的奇妙迷宫里探索体验。

《不眠之夜》是一部采用全沉浸式体验理念进行呈现的作品,让观众有一种身临其境的感觉,它的故事情节改编自莎士比亚的著名悲剧《麦克白》,但时代背景切换到了 20 世纪 30

年代。英国演出公司 Punchdrunk 将旗下一座名为"麦基特里克酒店"的五层大楼改造成了立体的实景演出场地，其中有森林、墓园、卧室、商店、精神病院和歌舞厅等。表演会在整栋大楼的各层间同时进行，观众可以戴上面具，根据自己的意愿观看故事中的任何情节。整个故事会从头到尾循环演出三遍，因此任何一个听众都可以从不同的角度观看同样的场景，或者在其他楼层找到另一条故事情节。当然，也有观众可能会在一道道假门后面的密室里迷失方向，需要探索一番才能重新回到故事中。

大概半夜时分，我跟在一个剧中人的后面跟跟跄跄地走下楼梯。他的脚步非常零乱，一脚高一脚低的，突然，他又像猎犬嗅到了什么特殊气味一样，急速向前冲去，我也跟了上去。他是谁呢？班柯？麦克德夫？我飞快地在大脑中搜索着关于《麦克白》的记忆，一路跟着他往前走，直到他闯进一间灯光昏暗的房间里。

我跟了进去，停下了脚步。这个房间被装扮成一个宴会厅，房子很高，空间也大，里面已经聚集了很多人。我跟随的那个人爬上台阶，面向观众坐在了舞台上的一张桌子上。我瞬间回到了现实，意识到自己是在观看一场戏剧，而不是在做梦。舞台上的人都是演员，而我的周围全都是和我一样戴着面具的观众。

我突然想到了眼前这一幕到底是什么情节，这是《麦克白》的高潮部分，所有线索都指向了故事的大结局。但可惜的是，我第一次观看的时候错过了这一幕。我知道这一幕已经结束，因为有些场景我已经看过两次了。但不知道为什么，我自己走来走去，最后还是错过了最关键的大结局环节。我怎么会错过麦克白之死这个经典场面呢？我还错过了什么？我之前在脑海中精心描绘的故事发展过程现在又变得有些支离破碎了。

让观众独立解读《麦克白》

在那一刻，我意识到自己仍在认真地体会这部戏，就像对待在百老汇看过的其他戏剧一样——从头到尾，小心翼翼地回味着，不想错过任何一个细节。但是，《不眠之夜》这部戏剧却有很多不一样的地方，我和其他观众都完全融入了这出"纽约大戏"中，我们可以自由地走动，同戏里的角色互动，探索剧中的每一个细节。

在这部戏里，你总能领会到新的内容。更美妙的是，更多的新内容还等着人们去探索。

同时，我认识到自己过去一直都是在"看"表演，似乎找到故事的唯一结局才是我的目的，但用这样的方式观看这场表演显然是不合适的。这部戏里有太多的线索等着你去探索，有太多的新东西等着你去发现，我离开宴会厅时根本没有普通戏剧结束时那种曲终人散的感觉。相反，我此时却有一场新戏要开演了的那种激动心情。观众四散开来，故事再一次开始了，我也开始寻找另一个角色去体验了。我知道，今晚我可以用无数种角度来体验这部戏，而且不管在什么角度下，这部戏剧仍然是《麦克白》，这一点不会改变。我似乎看到了一个全新的故事，并为此欣喜不已。

《不眠之夜》能彻底激发观众的探索欲望，不断加深他们对剧情的体验——去深入探寻他们觉得最迷人、最神秘或最美好之处。观众始终沉浸在剧情中，不会有脱离感，他们在不断地体会并创建属于自己的故事，从而形成独特的观剧感受。虽然我不能面面俱到地观看到戏剧中的每个细节，但我不觉得有任何遗憾，因为欣赏这部戏剧并没有任何条条框框。作为观众，我的收获不仅是被这部戏激发了好奇心，还在于这部戏让我不断地思考，不断地解读剧中的情节，让我一直想着接下来要探究些什么。

《不眠之夜》的成功让我们意识到了一个被许多创作者忽略的独特观念——让观众从一部作品中获得不同体验，这是非常重要的。场景变换的同时，也为表演中蕴含的谜题提供了不同的线索。这样的体验本身就会让你乐此不疲地探索更多的新鲜事物。这样的体验让你思考，让你与他人交流，然后你将用全新的视角和不同的方式去探寻更多其他的体验。这样的表演方式同样打破了传统话剧那种固定的开头和结尾的演出形式，让观众身临其境，真正地参与到表演中来。

观众们非常认可《不眠之夜》这部话剧的展演形式中所蕴含的思想。通过观察观众观赏这部剧的不同体验，作者也对自己的艺术创作过程有了更深刻的理解，这种理解能够将他们的作品推向更高的高度。正如他们所说，故事情节变得越来越耐人寻味了。

刚走进麦基特里克酒店时，我曾以为这就是一部普通的戏剧，但是最终我带着诸多疑问、思考和感叹离开了剧场。与来时相比，我获得了更大的喜悦。

艺术与艺术之间摩擦出火花并非易事。我想谈谈自己的亲身经历和所见所闻。我想把以前读过的和《麦克白》相关的内容与刚看的表演进行比较，仔细思考我对这部古老戏剧的看法到底产生了什么样的变化。我渴望与人交流自己的看法，《不眠之夜》的成功在于，它能够满足观众的探索愿望，同时，它为不同知识背景的观众提供了不同的体验过程，正是这些因素吸引了观众。

不管是为了做到有创意还是够专业，抑或两者结合的任何努力，作为观众，我们都愿意接受，因为我们全身心地投入了其中。在日常生活中，当我们将花了几个小时写成的那封既彰显自信又体现谦逊的自荐信或者简历发送给求职单位的老板时，我们一定会感到非常忐忑。我们希望自己的事情进展顺利。从更高的层面上来说，公司也会举行很多次集思广益的会议来讨论客户服务和产品发布的最佳方案。迅速提升的质量，绝佳的营销策略，工作细致的一线人员——这些难得且必要的组成部分，确保了我们的产品在世界范围内抓得住市场、站得稳脚跟，但这同时也带来了一些副作用——这些工作的创作者不知道他们的劳动成果在现实生活中是如何被接受并被理解的。

企业的开发会议上常常讨论的消费者完全是"理想化"的。广告中笑容灿烂的金发女孩对新娃娃总是爱不释手,粗犷结实的工匠们总是在卖力地打造自己的家具。然而,开发者们只是坐在办公室里,他们对产品受众和使用方法一概不知,就像有些舞台上的演员或演讲者,他们既没有走进观众中聆听这些人的内心,也没有近距离观察观众的反应。

根据市场调查,大多数青年小说都是被比目标受众大很多岁的成年人买走的。游戏市场主要针对男性进行营销活动,而女性客户购买游戏产品还是件新鲜事。但在美国,男女消费者购买游戏的比例几乎是均等的,女性在购买游戏的总人数中占到了45%。或者看看那些金融公司的退休金投资营销服务广告,里面都是一些人们早已司空见惯的形象:往往是一对50多岁的夫妇,头发花白,但年老体壮的他们喜欢山地自行车骑行或者远足之类的户外活动。从这样的广告中,我们似乎能得到一个结论,那就是年轻人和单身汉是不会存退休金的,但现实并非如此。公司如果闭门造车,就永远不会发现潜在客户真正需要的东西,例如那些阅读青年小说的众多成年人或玩电子游戏的大量女性,金融公司也会完全错过许许多多的潜在客户,包括年轻人士、单身人士和LGBT群体(性少数群体),他们都会存钱并规划自己的未来。

这些被错过的客户数量往往非常庞大,有成百上千万。

即使有适当的体系可以将公司与客户连接起来,也很有可能会忽略一大部分客户。利用电话营销和回访服务,公司一次往往可以吸引一大批比较外向的消费者。消费者之间会互相交流，但公司员工并未得到他们的真实想法，也没有好好地利用这些信息来生产和出售产品。测试版产品的测试人员和第一批体验者可以为这个产品提出一些意见，但他们的想法并不能代表所有的消费者。

为什么获得消费者真正的意见这么难？条条框框让用户、消费者以及粉丝，难以反馈他们对公司产品和服务的真实感受。公司的行话、黑话以及公共部门，让这些最关心公司产品的人的真情实感消失殆尽。

Adobe：没能发现客户的真正需求

Adobe（奥多比系统公司）就犯了无视粉丝需求的错误。多年来，我一直在使用这家公司的照片编辑软件进行视觉艺术创作，也经常上网学习其他人的一些制作技巧，例如分层技术、笔刷样式以及可以与Photoshop（图像处理软件）搭配使用的电子手绘板的用法。有一天，我浏览网页时偶然发现了一位艺术家在他的博客里对Adobe的网站进行了嘲讽。打开链接后，我进入了Adobe网站上的一个页面，这个页面清楚地解释了如何使用带有其商标的Photoshop。这个对运用Adobe商标的解释是为了方便一些人将其作为商业用途，读起来非常晦涩，就像是高中语法老师在刁难他的学生一样。下面我举几个其中的例子，或许你会有自己的看法，或者可以想想，要是换作你会怎么做。

商标不是动词。

正确用法：使用 Adobe®Photoshop® 软件修改了图像。

错误用法：该图像已被 Photoshop。（把 Photoshop 用作动词是错误的。）

商标不得用作俚语。

正确用法：那些把使用 Adobe®Photoshop® 软件处理图像作为爱好的人将自己的作品视为一种艺术形式。

错误用法：Photoshopper 将自己的爱好视为一种艺术形式。（在 Photoshop 后增加 er 后缀指代"使用 Photoshop 的人"是错误用法。）

错误用法：我的爱好是 Photoshop 图片。（把 Photoshop 用作动词是错误的。）

商标绝不能以所有格形式使用。

正确用法：Adobe®Photoshop® 软件的新功能令人印象深刻。

错误用法：Photoshop's 新功能令人印象深刻。（Photoshop 后加's 表示所有格是错误用法。）

我觉得这太荒唐可笑了！这些使用指南简直是把花费了数

百美元的软件用户当高中生看，他们中间很有可能就有人写了或者读了类似内容的博文。每条错误的表达都是一个个软件的真正使用者会用到的，他们都是真正的粉丝，而那些正确的用法却像是机器人说出来的，非常生硬且充满了莫名的优越感。这种显得思想狭隘的方法根本不是软件的真正粉丝们会使用的。Adobe 为什么就不能直接与数量众多的艺术家和设计师交流，听听他们对产品问题的看法，然后用心请教他们一些问题，从而进行有效的沟通呢？

> 有些公司过度执着于告诉客户如何使用其产品，却无视蓬勃发展的粉丝文化。

给观众带来沉浸式体验的《不眠之夜》在纽约戏剧中独树一帜。它让观众可以在故事中扮演重要角色，让观众从不同角度体验故事情节。演员会对观众的一举一动做出反应，并关注每个观众理解故事情节的方式和过程。自由度加深了我对这场戏剧的体验，也让我对欣赏戏剧以及剧作家莎士比亚有了更加深刻的体会。一场好的表演是在促进和引导观众，而绝不是控制观众。

> 了解自己的作品对粉丝的意义才能加深对作品的理解。

无论是个人创作还是专业创作，如果能从他人的角度来看问题，往往可以给创作者带来最大的启发。

什么是同人小说？

身为同人小说家，我感到非常骄傲。从小到大，我对网络世界都是非常向往和迷恋的。在全美最大的同人小说网站之一——"我们自己的档案"（Archive of Our Own，简称AO3）上有超过300万个作品、2500个同人圈，在这个网站上，粉丝可以发布原创作品，也可以评论别人的作品。这家网站由粉丝运营，为粉丝提供服务，运转模式就像是一个大的同人小说图书馆，任何人都可以按粉丝圈、体裁、评分等其他数百种方法搜索自己心仪的小说。例如，我曾经非常喜欢哈利·波特，这个网站上就可以找到许许多多这个主题的故事，让我可以一直畅游在就像书中的霍格沃茨魔法学校一样的世界里。我既可以从女主人公赫敏的视角来读一本书，也可以看到哈利毕业后生活的点点滴滴。当然，我也可以自己创作故事，天马行空地想象那个神奇的魔法世界，还可以描绘主人公以各种各样的方式打败反派角色伏地魔。我把其中一个故事写成了一部长篇小说，改编了这个系列的第七本书——《哈利·波特与死亡圣器》。在我的故事里，反派角色德拉科·马尔福不再是伏地魔的手下，而是代表正义的凤凰社的间谍，与伏地魔暗中斗争。

我一落笔，故事便自然地铺展开了，灵感就像泉水般从指尖流淌，源源不断。

但是，当其他人问我整个周末待在宿舍里打字是在干什么时，我都会含糊地回答他们："写作。"因为，每次当我想多聊两句的时候，他们都只会茫然地耸耸肩，一副不以为然的样子。

一些作者可能会认为同人小说对他们的职业生涯是微不足道的，甚至是有害的。很多思想守旧的作者总想着控制粉丝们的思维，有时，他们甚至会蔑视自己的读者，以至于读者根本不敢对他们的作品评头论足。《吸血鬼编年史》(*The Vampire Chronicles*)的作者安妮·赖斯说："一想到同人小说中有我创作的角色，我就会觉得非常别扭。"她甚至还要求在线小说阅读平台 fanfiction.net 删除所有和她的作品有关的同人小说。"到目前为止，我所读过的同人小说，都是作者为了满足自己的某种怪癖而对原作做出随意的修改，"另一位奇幻小说作家罗宾·霍布说，"这种做法让人很讨厌，对原作者就是一种侮辱。"

更甚者，某些作家会对自己的作品发表批判性言论来说明一些情况，这样的做法会严重干扰读者们的独立思考。比如，哈利·波特系列小说的作者 J. K. 罗琳在该系列完结后的一次广为人知的访谈中，她的小说中霍格沃茨魔法学校的校长邓布利多是同性恋。"如果我知道这会让读者那么兴奋，那我会在几年前就说出来！"她说。然而，很有趣的是，她没有在书中清楚地指出这一点，我没有发现书中有任何线索可以让读者充分地了解邓布利多这一角色。恰恰相反，她做出的解释似乎比书上的内容更加丰富且有内涵。

多年以来，我对自己痴迷于小说中的角色这件事还是感到有些尴尬的，因为我把宝贵的时光都花在了弄明白这些虚构的人物心里到底在想些什么上。我在网络论坛上用的是化名，因为我不希望现实生活中的朋友知道我在写些什么。这很奇怪吗？尽管网络社区中有数百万人，但可以肯定的是，他们和我一样都享受着对这件事的激情。

《冰球少年》：不只是一本漫画书

2017年的纽约动漫展上，贾维茨会展中心的所有展位上都人头攒动，我挤在队伍里，等待着和我崇拜多年的一位作者见面。我是恩格兹·尤卡祖的粉丝，我不仅痴迷于她的作品，还非常崇拜她的另一个特点：能够驾轻就熟地处理好和多个层次粉丝的互动。

她的网络漫画《冰球少年》(*Check, Please!*)的主人公名叫埃里克·比特，是大学曲棍球队的运动员，喜欢烤馅饼，最不喜欢的是过安检。队友们给埃里克取了个女孩的名字——比蒂。几年下来，埃里克和球队其他队员的关系越来越好，球技也精进了不少，他还爱上了球队队长杰克。

这本漫画并没有让尤卡祖一炮而红，但该漫画第二册的实体版却在Kickstarter（众筹平台）上获得了该平台有史以来漫画书中最高的众筹额度——不到一个小时就筹集了超过10万美元，总众筹额超过25万美元。她在Patreon（艺术家众筹平台）上还有 1 500 多个活跃用户，并且美国知名漫画小说出版商 First Second Books 与她签署了《冰球少年》上下册的出版合约。她的第一本漫画于 2018 年出版。

她的粉丝数不胜数，我只是其中之一。

是什么让这部漫画如此受欢迎？尤卡祖将自己蓬勃发展的事业与在粉丝群的完美互动结合了起来。她写作的内容正是我们这一代人最喜闻乐见的那种——故事里包含 LGBT 群体、有色人种、精神疾病患者，以及轻松的爱情故事和幽默的情节，这些元素的融合让这个作品的可读性增加了不少。不仅如此，她还善于倾听并感受读者们由自己作品所激发出的那种创造力，她对此非常认同并会给予支持。

尤卡祖在创作时会采用多媒体技术与粉丝频繁互动。她在自己的网站上发布漫画，同时在博客上回复粉丝的消息，并且还时常更新在社交网络平台汤博乐（Tumblr）上的信息。她还根据漫画里的时间创建了一个由书中人物比蒂"本人"打理的推特账户。粉丝可以随心所欲地在她的漫画世界中互动，也可以随意转发或评论她发布的内容。尤卡祖在接受《娱乐周刊》的采访时说："不断发展的故事以及与读者的互动为网络漫画增添了一层叙事效果，这让人们感觉比蒂这个人物是真实存在的。"以这种互动方式建立的故事使《冰球少年》给读者留下了深刻印象，同时粉丝圈也飞速扩大了。同人小说网站 AO3 上有 6 000 多部关于《冰球少年》的作品，这个数字还在不断增加，在汤博乐和推特等其他平台上，这样的作品还有很多。

我跟着队伍终于来到了尤卡祖的面前,还有了与她交谈的机会。这时候,我近距离地感受到了作品和粉丝给她带来的发自内心的喜悦。当我拿出素描本请她为我画几笔时,她显得非常开心。作画的时候,她伏在展桌上一手拿着素描本,一手拿着笔,动作显得有些迟缓。但我后面的人都不会为此感到焦急。因为他们知道,自己很快也会有这样的机会和这位和蔼可亲、宽厚大方的人互动了,他们也可以和偶像面对面一起度过短短几分钟的时间。

"你想让我画点什么呢?"她拿着记号笔问我。

我请她画了我最喜欢的角色肯特,她一边画,还跟我一边聊天,我们聊起了在学校和东北部的生活境况。

多年来,尤卡祖始终保持着一颗好奇之心。她经常在展会上与像我这样的粉丝见面并互动,她还会在网上与我们分享自己的生活,这使她对粉丝们喜欢和不喜欢的事物都了如指掌。与粉丝们交谈时,她接触到了自己从未接触过的事情。她善于倾听,从而丰富了自己的见闻,这样,当她创作中遇到困难时,思维才能更活跃。这是她能够不断写出优秀作品的原因,她和自己的粉丝都会为给作品献出一份力而感到自豪。通过建立与粉丝共同的利益关系,尤卡祖打造了属于自己的粉丝效应。

在《冰球少年》的创作过程中,尤卡祖的表现非常出色。她鼓励粉丝对作品进行改编,这种鼓励是《冰球少年》成功的真正原因。尽管粉丝的作品改变了她的原作,但是她仍然欢迎粉丝积极融入她创造的漫画世界中，她热情地赞扬了粉丝的这种行为。她能够深刻地理解粉丝圈的运作方式，这是因为她了解粉丝们根据漫画独立创作的作品，同时，她很喜欢讨论那些关于粉丝圈的事情和一些在互联网上影响力很大的人物。

《冰球少年》粉丝数量快速增长的原因是，粉丝们可以创造属于个人的故事。

尤卡祖在 Den of Geek（全球流行文化新闻网站）上说，与粉丝建立良好的关系需要花费时间。"对于创作者来说，我的建议就是最好让粉丝们天马行空地自由发挥，要欣赏粉丝们的作品而不是试图控制他们。同样，读者应该理解，仿制品可能永远不会成为经典，故事和人物都属于原作者。这就是事实，但是如果一方试图控制另一方，这种关系就会恶化。"

任何关系都是如此，你觉得呢？

经典作品的重塑与再创作

同人小说的存在远比许多人想象中更普遍，你最近可能就接触过此类内容。以下所述的例子你可能会感到很熟悉。《埃涅阿斯纪》是维吉尔根据《荷马史诗》写的同人小说，他从《伊利亚特》摘取了一个次要角色，对自己的故事进行了补充。许多现代同人小说作品也做了同样的事情——写一个观众了解不多的角色，并利用文字和想象力扩展角色背景。就像维吉尔在他的作品中引用的《伊利亚特》和《奥德赛》的内容一样。

同样地，作者们通常都会非常用心地把自己热爱的角色融入自己的作品之中。例如，某个人想写有关电视剧《白宫风云》的同人小说，他很可能想接着写剧终后乔希·莱曼的生活是如何继续的。

当我们谈论神话时，但丁的《地狱》是将自己代入小说的一个例子。但丁是他自己故事中的一个角色，他遇到了诗人维吉尔的阴魂，后者将他带入了阴间。从斯坦·李客串漫威电影，到拉里·戴维在电视剧《抑制热情》中客串，现代作家也经常用这个创作方法。

音乐剧《西区故事》是莎士比亚的《罗密欧与朱丽叶》的现代改编版。两部剧都涉及了家庭纠纷、命运多舛的恋人，再加上些许都市特色。还有许多电视剧也是如此，例如现代版的福尔摩斯的故事，直接把阿瑟·柯南·道尔爵士原作中的维多利亚时代环境改编成了现代，其中包括英国广播公司的《神探夏洛克》、哥伦比亚广播公司的《福尔摩斯：基本演绎法》和福克斯广播公司的《豪斯医生》等。

粉丝圈里，这种类型的改编不胜枚举，从咖啡店到历史悠久的英国摄政时期再到大学，有数不胜数的平行宇宙。如果罗密欧与朱丽叶通过 Tinder（交友应用程序）相遇，会有什么不同？夏洛克·福尔摩斯坐在大学物理课的课堂上又会是什么样子？

音乐剧《汉密尔顿》描绘了美国开国元勋的传奇故事。尽管这部剧因与史实不符而饱受批评，但它还是获得了普利策戏剧奖。这部剧的演出阵容和叙事的时间线使美国人民对美国今夕矛盾与冲突的看法发生变化。亚历山大·汉密尔顿是出生在加勒比海的一个克里奥尔小混混，后来竟然成了第一位美国财政部长，他的经历反映了当时许多人的美国梦。《汉密尔顿》通过主要由有色人种组成的演员阵容来讲述亚历山大·汉密尔顿的故事。创作者林-曼努尔·米兰达为我们展现了一个基本事实，那就是美国实际上是由踏上这片土地追梦的人在漫长的过程中塑造而成的，不管这些人如何诠释美国梦，如何追逐自己的美国梦。米兰达之所以借助历史诉说自己心中的想法，是因为他是旧秩序的忠实拥护者，而现在，他需要改变这种旧秩序，因为现实是非常复杂的。

> 粉丝自由改造原著的行为，
> 将会把作品提升到一种出乎意料的境界。

米兰达是波多黎各人的后裔，这个身份决定了他对美国历史的看法，这也是他能创作出音乐剧《汉密尔顿》的原因。许多同人小说的作者都是一样的，他们利用个人的经验和信念表达自己对一些经典作品的理解，他们借此创造、评论、探索、分享他们所领会的东西——无论这些思想是从历史中还是在闲谈的时候得到的。

粉丝有这种主动权并不意味着他们会剥夺原创作者的影响力，因为它不是一场零和博弈。相反，粉丝们改变和增加了对原创作品的理解层面，这样可以扩大原作的影响范围，进一步推动它的发展，从而吸引更多的粉丝。

赛车和路虎

小时候，爸爸就带我去参观过古董车展。爸爸有一辆经过修复的产于 1973 年的 88 硬顶款路虎Ⅲ型。夏天，我们会把这辆车擦洗得锃亮，开着它到野外去参加"古董车聚会"。到了集合地，经常能看见几十辆古董车排成一排，很是壮观。我 6 岁那年，爸爸把我架在他肩膀上参观古董车，爸爸边走边给我讲这些车哪些地方是一样的，哪些地方有区别，并耐心地给我细说了每辆车的历史，他对英国路虎汽车的发展过程尤其熟悉。爸爸还告诉了我很多关于汽车的知识，比如，由于早期钢材产量不足，汽车模型的车身是用铝镁合金手工制成的，还有，最早的车辆只能喷涂军用飞机驾驶舱剩余的淡绿色涂料。大多数时候，我都听不懂他在说什么，但我很享受聆听他和其他车主讨论那些藏在汽车品牌背后的故事。要是有人打开自己的车门让爸爸仔细地欣赏车的内部状况，他往往眼睛都会发亮，眼神里也会充满渴望和激动。当然，爸爸也会邀请别人来里里外外地参观他的路虎。

我爸爸钟爱老式路虎，他可以分清路虎各个型号的细微差别，也精通路虎的维修和保养。他是一个真正的行家里手，或许用圈内人的话说，他是个"老把式"。虽然他感兴趣的方面和路虎公司市场部的工作内容天差地别，但是他们都对路虎的名称、生产日期和型号了然于胸。如果要对这些车做出单项评估，常常会从制造精良程度、原车状况和可修复状况等方面来分级评分。就像博物馆的展品或者私人的藏品一样，古董车发烧友们会将它们原模原样地精心展示出来。绝大多数人在收藏圈都会感到非常舒心，事实上，这也是这个行业营销的重点。收藏是一个知识不断累积、藏品不断增加的过程，你可以收集一些小饰物、手办、棒球卡或自传书。总之，收藏圈往往是无所不包的。

当然，一些收藏迷对其他品牌的车辆情有独钟，他们会将原车拆卸开来，在原来的构造基础上进行改装。例如，南加州的一个汽车俱乐部将操控性高的低底盘汽车拆卸开来，以雪佛兰汽车为原型，将其改装成车身流线更加流畅漂亮的车型。然而，这种车辆改装的做法不构成侵权，所以雪佛兰公司对此并不强加干预。这被我们称为改装圈。改装爱好者们从另一个改装车型中获得新的灵感，对某辆车进行改装，使其重获新生。对于汽车而言，这种行为意味着拆装和重新组装。当然，这种类型的工作不仅限于汽车，还有其他形式的"改装"，比如改编小说、模仿艺术、剪辑视频和翻唱歌曲等。

要与不同粉丝圈里的人打交道，关键在于摸透不同粉丝圈的行事风格。收藏风和改装热之间不分高低，各有各的需求。通常收藏圈是为各个企业所熟知的一类粉丝圈，同时也是它们营销的重点。但是，对这两类粉丝圈来说，双管齐下效果会更好。

一千个读者就有一千个哈姆雷特

与媒体互动的这种转变方式并不是新鲜事物。法国哲学家、语言学家和评论家罗兰·巴特于1967年写了一篇题为《作家之死》的文章。［实际上，这篇文章的法语标题 la mort de l'auteur，是另一部文学同人小说——托马斯·马洛里爵士的《亚瑟王之死》(Le morte d'Arthur) 的双关语。］在文章中，巴特强烈反对现今流行的批判写作风潮，把作家这一职业推上了舆论的风口浪尖。相反，他坚信作品的意义绝不是作家能赋予的，在书籍出版之后，作家就不能左右他人对作品的评论和看法。因为不同读者的身份背景迥异，所以，如果有一千个读者，他们对某部作品就应该有一千种解读方法。作品的现实意义也体现在不同背景的读者在阅读时所表现的真实反应上。

另一位文学理论家斯坦利·菲什的主要观点是"读者反应"批评理论，他进一步表达了写作是因为读者才存在的社会活动的思想。他认为，没有读者，就没有作品。每个读者的主观经历都会最终决定他对任何文本的理解。如果你是一位女权主义理论家，同时又对 CGI（计算机生成图像）技术感兴趣，或者你对从《亚瑟王传奇》到《指环王》的整个西方奇幻文学体系都非常了解，那么你完全可以从不同的角度观看某一集电视剧，例如《权力的游戏》。读者们可以同时参加多个粉丝圈，这取决于他们具体的生活经历，而且这些粉丝圈也会不断变化。

  作品的意义在于能激发思想的碰撞，而不是仅仅罗列出某种一成不变的观点。这种意义源于读者同时对《权力的游戏》中的 CGI 技术和女权主义理论的思考。在粉丝圈里，我们可以发表完全个人化的看法，甚至对已经有明确论点的作品进行交流，从而形成我们对正典的再阐释。我们将粉丝作品作为一种和其他粉丝交流自己思想观点的媒介，同时，我们也乐在其中。这本身就是一种文学分析的叙事形式。就像林–曼努尔·米兰达以一个移民和有色人种的视角分享他对美国历史的解读一样，一些无名的粉丝也会在同人小说网站 AO3 上讲述一些故事，以自己的视角来分享对这个世界的看法。共享的环境可以拓宽每个人的视线，对所有人都是有好处的，因为它可以让我们从旁观者的角度加深并改变对自己所喜欢的生活方式的理解。

  同人小说与早已成书的《伊利亚特》《麦克白》和《科学怪人》有什么区别呢？这种区别存在于故事本身的含义，还是作者个人呢？

  网络同人小说的作者绝大多数是女性。一次自填式调查问卷的结果显示，在采访对象中，女同性恋者的比例高于男同性恋者，前者占比 7%，而后者占比 4%。从另一个数据分析可知，职业作家绝大部分是性取向正常的白人。2016 年在南加州大学发起了一项对娱乐圈的调查研究，其中包括对电影、电视和数字化节目从业人员中不同性别和种族所占比例的分析。

研究显示，女性占电影导演的3.4%，占电影编剧的10.8%和电影演员的33.5%。在同等情况下，只有7%的电影讲述了种族或族裔平衡相关的话题，而根据美国人口总量，该比例实际应为10%左右。由于同人圈中许多人在传统媒体上找不到符合自己人物设定的故事，所以他们自己动笔创作属于自己的故事。早在英国黑人女演员诺玛·杜梅兹瓦尼出演舞台剧《哈利·波特与被诅咒的孩子》中赫敏·格兰杰这一角色之前，粉丝们就经常把这个角色描绘成黑人。由于市场对同性恋题材读物的需求不断上升等，大量同性恋类同人小说相继出现。在粉丝圈中，一些被主流媒体边缘化的人群在这个领域内可以自由表达自己，甚至能决定或改变一些事物，从而获得了愉悦而细微的创作体验。当大部分电影都是从男性角度来演绎时，在网上社区里我们通过一些渠道可以翻阅与之相对的文化读物。就像林-曼努尔·米兰达阅读自己喜爱的周刊，创作呈现自身观点的作品。

> 粉丝效应并不受原创者的意志控制，
> 而是由成员们的共同体验决定的。

所有企业和行业打造粉丝效应时应该采取顺其自然的方式，因为粉丝会自发地维护和扩大这种效应。行业专家可以从中获得有价值的反馈，这意味着他们能够从一个截然不同的视角重新审视自己的成果。

鼓励玩家不断创新

电子游戏是一类专门用于个人竞技和团体作战的游戏。多人游戏强调团队合作，角色扮演游戏则将更多的选择主动权交给玩家。在分享心得和玩法的过程中，游戏交流群不断发展壮大，某些游戏会因此更加受欢迎。在游戏行业蓬勃发展的今天，游戏开发商绞尽脑汁地开发玩法新颖、模式多变的游戏，以吸引长期玩家。随着五花八门的游戏版本如雨后春笋般发行，开发商们如何才能让玩家们成为长久的粉丝是一个关键问题。

作为育碧娱乐软件公司的编辑部副总裁，汤米·弗朗索瓦很擅长处理玩家与开发商之间的关系。1986年，育碧初创时只是法国一家名不见经传的小公司，如今发展成欧美第四大上市游戏公司。市值超过35亿美元的育碧，通过发行诸如《刺客信条》《孤岛惊魂》《波斯王子》《雷曼》等热门游戏获得了巨大成功。育碧也是首家开放了玩家社区和交流群的游戏公司。该公司坚信，这样做对公司在游戏开发领域屹立不倒有至关重要的作用。从开发商本身出发，公司需要投入巨大精力在市场营销、与客户沟通，尤其是游戏细节的完善上。只有在这些方面有不同层次的服务计划，才可以在玩家和开发商之间建立良好的互动关系。

自2006年以来，弗朗索瓦负责探索新的运营方式，开发新玩法及全新的电子游戏推广渠道。他在玩家社区的影响力，以及该公司在线上和线下的游戏体验方面做了很多思考。最后，他得出了一个结论，那就是应该让玩家介入游戏运营并成为节点运行者。

育碧目前开发的大部分游戏都是全服开放的，这就意味着玩家在虚拟游戏世界里有更多的主动性，而不是只能跟着单一的情节设定来操作游戏。弗朗索瓦认为，育碧所发行的游戏是兼容性很强的，开发者基于希腊神话等正典知识和文献历史背景，设定了多种多样的时代背景供玩家选择。程序员也给了玩家部分游戏节点的开发设计权限，弗朗索瓦认为，这样做能够极大地增强游戏的原创性，同时有利于建立强大的玩家粉丝圈。

"对于我们来说，将部分节点交给玩家运行这种独特的做法意义深远，我们会放弃对游戏设计的绝对控制权并让玩家参与游戏设计。"弗朗索瓦表示，"玩家以这样新颖独特的方式参与游戏，往往会感受到前所未有的快乐，我们作为开发商也会因此更加确定，在游戏设计中不能只让程序员说了算。玩家不会再因为程序员构思的某些无法理解的想法而摸不着头脑，并逐渐失去对这款游戏的兴趣。现在，我们的游戏故事的发展是由玩家来决定的。"弗朗索瓦表示。

玩家会因为自己参与了游戏节点运行而感到自豪，因此在线上和线下他们都会给身边的朋友推荐育碧旗下的游戏。玩家可以通过游戏系统中连接到社交媒体的共享按钮分享游戏，现在这个共享按钮已经成为游戏机的一部分，比如 PlayStation 4

（索尼推出的家用游戏机）、Xbox One（微软发售的家用游戏机）和 Switch（任天堂游戏机）。

"这种古怪的反主流文化的出现，一定程度上和胜者为王的思想有关，"弗朗索瓦说，"人们只要不断地分享一些东西，往往就会感觉自己是独一无二、创意十足的，而且会感觉自己是解决问题的能手。"

玩家在 YouTube 或者推特上发布记录自己美好瞬间的视频或照片，只是想把当时的信息传播出去，让别人感受到自己在那个时刻的满足感和成就感。这种现象不仅电子游戏领域会有，在其他行业里也是一样的。我们会把刚学着做好的三层大蛋糕拍照并上传到 Instagram，或者会把自己最好的 5 公里跑步纪录通过智能手表发给好友。每天，我们都分享自己成功完成的一些小事。当然，有时也会分享一些受到挫折的经历，比如做蛋糕时特意录视频，但蛋糕却烤煳了。通过每一次分享，我们都会扩大自己的粉丝圈，通过和一些志同道合的人互动，我们打造了属于自己的粉丝效应。

"品牌推广不是靠一件件商品或一次次服务简单堆积而成的，而是通过人与人之间的情感交流实现的。故事中的人物变了，故事本身自然也就变了。如果你能了解别人的喜好并且让其和你形成良好互动，那么就形成了品牌效应。这也是数据不能说明一切问题的原因。"弗朗索瓦说，"这种情感不是设计师强加给别人的，而是在某一件事情上投入了巨大感情所得到的回报。"

在同款游戏里一起玩了很长时间后，玩家们自然而然地就想进一步互相交流，想彼此见一面，看看对方的庐山真面目。玩家之所以想要建立联系，是因为他们想把握这种情感，想和别的玩家交流从而表达这种情感。他们似乎想说："瞧！这就是这款游戏带给我的收获。"这就是一个品牌具备真切粉丝效应后的影响力。一家能做到集思广益、众志成城的企业，必然能够在商业竞争中脱颖而出。

> 玩家的共享世界充满动力、灵感和激情。

育碧团队发现，通过建立玩家社区可以调动玩家们的积极性。就如同在虚拟游戏里一样，玩家在现实生活中的操作也不受游戏开发商的控制。"玩家和公司合作时，创意是属于玩家自己的，和在玩家社区里一样，他们有绝对的自主权。玩家要完全掌握自己能使用的工具，网站和博客等都是我们能提供给玩家，帮助其实现想法的途径，但是不能独占。"弗朗索瓦这样表示。作为节点运行者，玩家们积极投入其中，创作同人小说，录制热点视频。他们全力推动着游戏社区向积极方面发展，而这些是游戏开发商做不到的。

弗朗索瓦说："对于游戏开发商来说，这是一件非常有利的事情。我们邀请玩家们参加游戏发行周年纪念活动，让玩家们成为纪念活动不可或缺的一部分，让他们用角色扮演的形式参与其中就是典型的例子。组织这个活动可不是马马虎虎地装扮一下就能敷衍了事的，很多情况下我们都要耗费好几个月的时间在某些事情上，比如录制《刺客信条》这款游戏的玩家视频。对我们来说，这种做法本身就是市场营销的一部分，我们自然要全情投入。而且，这样的事情我们一定会鼎力相助、大力推动。"育碧会从很早之前就邀请玩家们参与游戏设计过程，公司还会邀请一些大牌代言人或者明星来参加E3[①]等游戏展览会，同粉丝们交谈，感谢粉丝们的参与。参与活动的玩家本身又可以通过他们的作品在游戏社区里接触到成千上万个其他玩家，这样一来，通过和这些认真对待并全情投入游戏的玩家进行互动交流，育碧让自己的粉丝圈紧紧地团结在了一起，形成了一个由忠实粉丝构成的整体。"公司为游戏开发指引方向远比想着全盘控制它要容易得多。"弗朗索瓦说。

汤米·弗朗索瓦的经验能给那些想要打造粉丝效应的人什么启示呢？

"全心全意去爱你的粉丝，唯有如此，粉丝才会爱你。"

粉丝圈的管理机制

原创者和粉丝之间的交流变得越来越容易了，这无形中拉近了他们的距离。我们可以通过推特和自己的偶像私聊，可以

[①] E3，即电子娱乐展览会（Electronic Entertainment Expo），是美国电子游戏界规模最大的年度商业化电子娱乐展览会。——译者注

在论坛上自由地表达自己的好恶。然而，网络骚扰就成了一个不容忽视的问题。粉丝群中的一些人会做出偏激的举动，这样又会使原创者对粉丝产生戒备之心。因此，如果我们要按照弗朗索瓦建议的那样去爱我们的粉丝，那么我们是否就要允许并理解一部分粉丝与我们的看法不一致？面对看法不一致的粉丝，我们是否还要像往常一般尊重和爱护他们？很显然，我们需要在表达自我和互动中找到一个平衡点。

比如，《星球大战》电影中的女演员凯利·玛丽·特兰因为不堪影迷的骚扰而删除了她在 Instagram 上发布的所有照片，她还因为性别和种族问题受到了部分影迷的嘲讽与威胁——因为在部分影迷眼中，特兰的形象和《星球大战》小说中已在粉丝心目中有固定认知的角色不匹配。《星球大战》电影里的另一位女星黛西·雷德利也遭遇了类似的情况，她已经许久未在网络上露面了。

由于《星球大战》部分粉丝的行为，整个粉丝社区都失去了和原创者互动的乐趣。要知道，这些原创者原本是很乐意与粉丝们建立联系的。因此，从另一个角度来说，顺其自然也是面对粉丝时需要考虑的一件事情。由于尖刻的言辞不断发酵，很多《星球大战》的粉丝不再发声，甚至有些已经脱粉，这直接导致了《星球大战》的外传电影——《游侠索罗：星球大战外传》票房惨淡。粉丝圈里不应该只有一种声音，分歧会导致原创者和粉丝双方都受到伤害。粉丝会因为在粉丝圈里没有存在感而离开，原创者则会灰心丧气，不再分享自己的点点滴滴。

于是，一些粉丝群设立了一系列的规章制度，群内每个人都要遵守，以防有人行事不端而损害大家的利益。为了保障自身权益，粉丝们自发建立了 OTW（Organization for Transformative Works，变革工程组织）这个非营利性组织，用来给所有的粉丝建档。为了保障粉丝们有良好的体验，保证在多方意见产生分歧时还能互相沟通交流，OTW 做了许多尝试。其中包括建立粉丝圈委员会成员的选举制度，明确了委员会的服务内容和职权范畴。他们甚至还创立了法律宣传委员会，用于维护原创者和粉丝之间的平衡以及保护同人作品。

网络社区展现的强大助力

粉丝们形成一个公平、公开的组织，对解决纠纷起到了很大的作用。寻找一个理想的场所让粉丝和原创者顺畅沟通不是一件简单的事情，双方需要不断地磨合才能明白两者谁也离不开谁这个道理，合则两利，斗则俱伤。

从商界的集体组织中，我们往往可以领略到自由和权力之间平衡的意义。

以下是建立强大粉丝圈的三个基本准则：

1. 了解你的受众。
2. 为粉丝圈提供合适的资源和空间。

3. 尊重你的客户。

"从受众的角度出发，让他们决定这件事怎么做、在哪里做、何时做以及为何做等。"瓦妮莎·迪玛罗说。她是一家名叫"领导者网络"（Leader Networks）的战略研究和咨询公司的首席执行官。她公司的主要业务是，帮助企业在使用数字化和社交技术方面获得竞争优势。"很多情况下，在构建粉丝圈时，人们只考虑这个集体本身的意义，对粉丝圈的所有事务都严加把控，却从未认真考虑过那些未来的圈中人是怎么想的。严加把控这种做法永远都行不通。"

迪玛罗曾经与思科、日立以及世界银行等公司和机构筹划组建一个网络社区。她的公司针对企业领导者及其用户在客户服务和沟通渠道方面的需求进行了深入研究，在这些研究的基础上来创建以产品或服务为核心的精细化网上客户社区。"领导者网络"与客户合作的目标，同育碧甚至变革工程组织相似，就是为了让粉丝可以在社区中进行开放式沟通，让人们可以心无旁骛地创作或完成专业工作。由于这些公司采纳了迪玛罗的专业意见，交互性用户和合作伙伴社区就是它们无与伦比的优势。鼓励客户多积极沟通以便公司采集信息、了解客户的好恶，然后推荐合适的产品或服务。

刚开始建立网络社区的时候，迪玛罗就认为企业应该让玩家也参与建设过程。她说："建设过程中必须有代言人或公司的合作伙伴这些核心成员的参与。他们在很大程度上决定着社区的规划方向。"内测玩家基于自己的理解，通过互相交流和通力合作来设定游戏世界的基调与文化背景。接下来，企业还不能立刻把节点运行权交给玩家，迪玛罗解释说："玩家所扮演的角色应该从毫不相关慢慢转变为引导者。刚开始，玩家由于没有学习到相关的数据和知识，还不能独自保障网上社区的正常运行。社区理想的运行模式是，企业作为赞助商来引领其顺利运行。"

迪玛罗根据不同的动机把网络社区的核心人员分为三类。首先是顾问和进行技术指导的专家，他们很乐意答疑解惑，因为这与他们的业绩息息相关。其次是超级玩家，他们具备极高的职业素质，同时愿意在社区里提供无偿帮助。最后是普通玩家，他们登录网络社区通常是想解决自己在游戏中遇到的难题。

只要准确把握这三类人在线上互动时所扮演的角色，企业就能保障网络社区平稳发展并发挥积极作用。迪玛罗说："如果一个品牌可以迎合消费者的喜好、解决他们的问题、满足他们的需求，并且让他们在体验过程中感到愉悦，那么结果必然是该品牌收获一大批铁杆粉丝。"

一旦艺术品、产品或服务被推销出去，你就很难控制它。

过去，公司的市场营销人员主要负责管控客户信息，一旦掌握了一手的市场信息，他们绝不允许代理商接近客户。随着网络社区和公共论坛的不断发展，这种现象将不复存在。如果市场营销人员还是因循守旧，那么他们将无法满足客户的真正需求。

通过合作伙伴网络和社区发展事业

卡蒂·奎格利是微软营销传播部门的高级总监，她在公司的全球合作伙伴计划中提出了类似观点。该项计划预计涉及 30 万家合作企业以及 150 万名用户，他们都将参与数字化、面对面社区建设的项目。合作伙伴社区是微软发展业务的关键方面，因为它通过强大且蓬勃发展的合作伙伴生态系统，每年能产生 950 亿美元的盈利，占微软整体业务的很大一部分。奎格利表示，虽然她试图控制合作者的消息渠道，但她深知"任何人都会质疑卖方公司提供的信息的准确度，而且只会向合作伙伴打听消息"。必须让这些合作伙伴对微软做出全面客观的评价，既可以做积极的评价，也可以做消极的评价。只有这样，那些表达肯定的意见才可能是真实可信的。这也是人们真正关心的问题。

奎格利认为，不管面对什么情形，人与生俱来就会表达自己的思想。我们所处的社会在本质上是高度联系的。不论是高兴还是沮丧，只要我们有强烈的情绪想表达时，往往会自然而然地在 Yelp 或推特上发表自己的动态。在这样的社交平台上，我们关注的对象大多是自己的伙伴。

"作为微软的合作伙伴，它们确实每天要完成大量的工作。正因为如此，微软公司对它们有极大的信任感，别人也会以微软的合作伙伴该有的样子来衡量这些公司。它们面临什么样的挑战？它们又是怎么解决这些问题，最终取得成功的呢？"奎格利告诉我们，"实际上，这只是微软合作伙伴所表现的一个方面，我们还有别的方面需要被了解。合作伙伴们的评价往往是最重要的，它们在哪些方面还需要改进？怎样才能获得进一步发展？这些都是非常有价值的意见。"

> 原创者不能控制粉丝的想法，但是可以引领他们。

顺其自然并不总是原创者和一些粉丝想要的相互关系处理方式，这种情况会牵涉到前面所提到的网络社区秩序。迪玛罗表示，企业必须妥协。"真正意义上的网络社区是指，人们可以自由发表言论的空间，"她认为，"粉丝一旦失去对企业的信任感，社区的活跃度就会随之降到冰点，人们会保持缄默。为了网络社区稳步运行，必须保障其不受外来因素的冲击。"

找到一个可以安心创作的场所是一件非常困难的事情，公司必须考虑粉丝的想法。是人都会犯错误，但是原创者和粉丝之间要相互尊重，这样做是非常有必要的，因为网络社区里的每一个粉丝都将给你最大的回报。不要辜负粉丝对你的作品和回应的热爱，同时也不要把你作品中的观点完全强加给他们。作为作品的原创者，我们应该考虑粉丝的奇思妙想会和自己的作品碰撞出什么样的绚烂火花。

一千个说书人就有一千个哈姆雷特

在曼哈顿的仓库里，身处 19 世纪 30 年代的酒店场景中，我看到了令人耳目一新的麦克白夫人的形象。我可以接受《不眠之夜》的改编形式，当回想戏里的一幕幕场景时，我发现自己被它深深地吸引了。我带着好奇走进了一间儿童房，发现了破碎的镜子，还有旁边的凶案现场。在布置成酒吧的房间里，我还拿起了摆在桌面上的纸牌，和剧中的角色玩了一会儿游戏。之后，我又回到之前的房间，从走廊望过去，我发现自己看到了一幕更宽阔的场景。

散场时，我完全融入了这部戏剧。在剧情中我时而感动，时而抽泣，时而开心。我一定会把自己的这些感受分享给我的朋友们。那天和我一起去看戏剧的是我的丈夫本，进场的时候我俩就被引领到不同的地方，整场演出中，我们就碰见过一次。他的观剧体验和我的完全不同，我们看见了不同的场景，遇到了不同的角色，还有很多完全不同的场景。有很多扑朔迷离的细节隐藏在这部戏剧中等着我们去发掘。后来，我把这次观剧体验讲给我同样热爱文学和戏剧的好友们听。

在对《不眠之夜》剧组导演菲利克斯·巴雷特和玛克辛·多伊尔的独家采访中，采访者问他们这部戏是否有最佳的观看方式。巴雷特说："根本就不存在什么最佳方式，请相信自己的直觉。每个人的感受都会不尽相同。"

确实，接触艺术、传媒以及其他产品时不会有某种具体的方式。《麦克白》的每一次演出，都是一种新的阐释。它吸引回头客的关键是，留出了足够的空间让观众自行感受，让他们有从不同角度去欣赏戏剧的意愿。

身为企业家或原创者，你要做的事是给粉丝们创建有参与意愿的空间。接下来，就让他们自寻其乐吧！

第 6 章　免费给予

戴维

该滑出白浪区了。

我第一次冲浪是在这项运动的发源地，夏威夷瓦胡岛北岸。虽然隐约间感觉到旁边的一些冲浪者从我的身边滑过时对我的冲浪技术指指点点，但无论如何，我终于成功地乘浪回到了海滩。要说风采肯定是谈不上了，实际上我可能有些笨拙，但至少没有从冲浪板上摔下来。不管怎样，我成功了！我终于实现了在北岸海域冲浪的愿望！

尽管 25 年前我就在澳大利亚学过冲浪，但我还是很担心北岸的当地居民会对我不友好。大家都知道，夏威夷人并不是很欢迎进入他们海域的外人。这也在情理之中，毕竟夏威夷一直以来都是世界上最理想的冲浪胜地，像我一样到夏威夷逗留数日的游客太多了，有些人会鲁莽地闯入当地人认为专属于他们的领地。对当地人一定要尊重，这一点很重要，毕竟是他们开发了这片海域，培育了这里的文化。他们每天都来这里冲浪。然而，对于我来说，这还是第一次。

冲浪时，我的注意力通常都集中在观察海浪上。然而这一次，我一直密切地关注着那些冲在最前面的人，他们占据着最优越的位置，或许是因为他们的冲浪技术高超，或许是因为他们在本地海域冲浪，对水势非常了解。而我却不是当地人，用夏威夷语来说，我就只是一个"老外"。

作为一个"老外"，我心里是这样盘算的：主动示弱，以退为进。

我的示弱策略似乎奏效了，没有人向我投来鄙夷的目光，或者做出更有敌意的举动。

第二次滑到等浪区的时候，我还是选择站在最外面的位置，谨慎地看着其他冲浪者如何对待我这个"地位卑微"的外乡人，我所处的位置是这里最差的。

看着这些当地人滑进了浪区，踩上了海浪，我继续等待着，希望下一个大浪能让等浪区的人都有机会冲上浪头。我俯在冲浪板上等待着下一个海浪，回想起刚才那次冲浪，我不由得笑了。然而，我对刚才那次冲浪非常满意，那种感觉我永远都会记得。

又一个大浪翻滚而来，很多冲浪者滑进了浪头，但我的位置却没有机会，我只能继续等。后来又有几个大浪冲向了等浪区，但因为好的位置都被别人占据了，所以我还是没能滑进浪头。但对我来说，挪位置绝对不是个好的主意。

这个时候，神奇的事情发生了。

一个站在绝佳的位置上等着下一个大浪的当地人突然主动往后退了很多。他要干什么？我好奇地看着他转过身来，他看着我的眼睛，还冲我点了点头。虽然这只是一个轻微的动作，别人几乎注意不到，但我却看得很清楚。他侧着头冲我摆了摆，那意思很明确。当然，要不是我一直盯着他看，肯定也注意不到他的这个举动。

他要让位置给我，他的位置！

简直难以置信！

踏上了现在属于我的海浪，我又笑了——以一种不让自己处境艰难的方式实现了自己的意图，这能让我兴奋整整一个星期。何况，其他冲浪者也看不到我在浪尖上的样子，我的技术差点也无所谓了。

在这里，我的地位本来就应该是最低的。

没有人应该给我什么。

我的位置应该在那里，其他人和我都有明确的认识。因为我从未奢望别人能把冲浪位置让给我，所以那个当地人的举动让我很意外。当然，我受到这样的礼遇，很可能因为我是个外乡人，然而，现在情况就不一样了。

这个了不起的夏威夷冲浪者把他的冲浪位置让给了我，这是因为他有这样的意愿，他心里想这么做。

这次经历改变了我对这座美丽的岛屿，对夏威夷人，以及这片冲浪胜地的看法。那个夏威夷冲浪者的行为甚至改变了我对自己在冲浪圈地位的看法——从一个无足轻重、有些冒昧的造访者变成了一个不辜负这片海域的人。

对于他来说，把冲浪位置让给别人只不过是举手之劳。那天，他可能已经享受了 10 多次在海浪上起舞的过程，多年以来，这样的体验他可能有成千上万次。那一次，对他只不过是成千上万个机会中的一个，然而，对我来说，他的一个温暖举动却让我铭记一生。

那天，我变成了瓦胡岛北岸海域的冲浪迷，这都是因为那位当地冲浪者的举动。他的做法正是一些品牌该借鉴的——要激发别人的热情，要将潜在追随者转化为忠实粉丝。

那位冲浪者将一次冲浪位置作为礼物送给我，却不求任何回报。

礼轻力量大

当今世界的生活节奏很快，每个人都会不断地接触到各种服务、机会和观点。我们不得不从所有人中筛选出那些对我们品牌有热情和帮助的粉丝，然后以特定的方式和他们建立实质性的联系。数字化时代的信息本身就转瞬即逝，我们要想给潜在的追随者留下印象，机会可能就在极短的时间内。

正是因为只有那么短短的几秒钟时间，大多数人和公司采用的方法都是提高宣传的声量，使用更醒目的色彩，或者用网站弹出式广告窗口更频繁地骚扰用户，好像这样就能引得用户驻足一样。这些人往往觉得，只要他们在吸引潜在用户方面再加把劲，再无情一些，他们就一定能"赢"。

在这种像军备竞赛一样的零和游戏中，难道不是所有人都是输家吗？

然而，我们可以从瓦胡岛北岸的那个冲浪者身上学到一些东西。那天，他让给了我一个冲浪位置。确实，人们往往很容易认为这个举动是琐碎小事，不值一提。对于那个冲浪者来说可能也确实如此。然而，对于第一次在北岸冲浪的我来说，却像是在做梦一样。同样的水域，我只在网上的视频和冲浪杂志上见过，那里的波浪宏伟而壮观！

更重要的是，那份礼物对我产生了深远的影响，因为这完全出乎我的意料。我本来可能会被那些冲在最前面的当地人吓倒，相反，他们中的一个人完全颠覆了我的这种看法。他改变了我在夏威夷冲浪的个人体验过程。在世界上最著名的冲浪胜地游玩的经历，让我从紧张变成了感激。我变成了粉丝！我会一直是这里的粉丝！

从越来越快节奏的狂轰滥炸式广告，到越来越多的媒体平台，我们与他人的联系越来越捉摸不透了。

随着我们对数字化生活挖掘得越来越深，我们与他人之间的关系也越来越疏远。结果，我们几乎都无暇顾及别人到底是来帮我们的，还是在利用我们。

你是否觉得自己好像总是需要保持警惕？你是否觉得某些非法组织正试图盗取你的个人数据？你能完全信任这个组织，并把自己的信用卡账号给它吗？社交网站上的人给了我们他的真实身份吗？他会不会是一个机器人或者诈骗犯？

我们对很多事情只是匆匆一瞥就要快速判断出它是否有价值，如果这个价值不能立即表现出来，我们就会重新选择下一件事。我们不会认为，正是别人创造了我们心心念念想要得到的东西。如果我们把它视为一种商业行为，就会尽可能快地完成这笔交易好继续下一笔。我们要给别人某样东西时，心里往往有自己的盘算，只有我们预计的回报等于或高于付出时，我们才会给予。

如果是数字化时代造成的疏远导致了这个问题，那么学学那个冲浪者对待我的方式则可以给我们一个简单而强大的解决问题的契机，即打破交易模式，反其道而行之。

> 给予而非索取，就能打造粉丝效应。

这种打造粉丝效应的方法源自我从 15 岁就有的对现场音乐的强烈迷恋，这听起来有点难以置信。

感恩而死乐队：赠送音乐以获取新粉丝

从十几岁时，我就开始意识到可以通过赠送某些有价值的东西来打造粉丝效应。我是一个现场音乐的资深粉丝，高中时期，我就常常和同学们一起去纽约观看摇滚音乐会。当时，有个乐队培养粉丝的方式非常独特。其他乐队的门票和会场标语上都写着"禁止录音"的字样,然而,与之不同的是,感恩而死乐队却鼓励观看音乐会的人录制他们现场表演的音乐。

正如我在本书开头所提到的,我是感恩而死乐队的粉丝。我之所以喜欢他们,很大程度上是因为他们对待粉丝的方式。感恩而死乐队最先意识到他们卖的是音乐,而不是唱片、不是门票,也不是T恤。是音乐!销售音乐最好的方式之一就是,尽可能让更多的人接触这种音乐。

起初,录制音乐的人会把高高的麦克风架子搭在会场内他们喜欢的任何地方。鲍勃·威尔是感恩而死乐队的创始吉他手和主唱,他说:"刚开始,这样的做法造成了一个问题。很多人抱怨这些麦克风架子挡住了他们的部分视线,使他们欣赏音乐时感到不舒服,于是,我们就设立了一个指定的录音区。"这意味着所有想录制演出的人都集中在会场的某一个地方,他们再也不会干扰其他观看演出的人了。"这些录音带被广为流传,复制了一遍又一遍。多次复制后,磁带声音已经出现了很多杂音。但那只会激发你的兴趣,使你希望去看一场现场演出或者买一张没有杂声的唱片。我们随即发行了大量现场音乐录音带,这起到了很好的宣传作用,而且效果极佳。"

感恩而死乐队允许免费录制音乐,以此作为礼物送给粉丝,从而在粉丝圈打造了粉丝效应。

感恩而死乐队允许录制音乐这一礼物吸引了很多新粉丝,这些新粉丝可以在宿舍、公寓和汽车等地方听这些音乐。紧接着,很多新粉丝也想看一场现场演出,这就给乐队带来了数亿美元的门票收入。事实上，20世纪80年代后期到90年代初是乐队巡演的巅峰期，而感恩而死乐队是美国最受欢迎的巡演乐队。2019年，距感恩而死乐队1965年在旧金山成立已过去了50多年，现存成员以"感恩而死与你相伴"为主题进行巡演，他们的门票仍然可以在全美各地的体育场和演出馆中销售一空。

其他乐队都拒绝观众录制他们的演唱会，而感恩而死乐队则说："当然可以，为什么不可以呢？"感恩而死乐队通过允许粉丝免费录制音乐来打造粉丝效应。那时马克·扎克伯格还没有出生，这种提供免费内容让粉丝录制，粉丝自发复制卡带的方式就建立起了一个粉丝的社交网络。

20世纪90年代中期，网络作为可以共享信息的平台迅速发展起来，音乐迷们马上就能够通过Napster（音乐网站）等平台免费下载网络上分享的任何乐队的音乐。唱片行业担心文件共享会影响自己的业务，就联合起来关闭了这类网站，让下载网络音乐成了非法行为。

然而，即便是1995年杰里·加西亚离世后，感恩而死乐队仍延续着允许免费现场录音的传统。1999年，感恩而死乐队是最先允许通过MP3（数据压缩格式）和其他类似文件格式免费下载由粉丝录制的现场表演的乐队之一。很快，Archive.org（互联网档案馆网站）上的"感恩而死乐队现场音乐"板块就收录了一万多首免费的演唱会录音。

感恩而死乐队把音乐送给别人，就像夏威夷的那个冲浪者把冲浪位置送给我一样，不求任何回报。粉丝圈是建立在人与人之间的联系上的，当某个人免费给你一件他本可以不给你但有价值的东西时，你往往会与其他人分享你的感激之情。数以万计的粉丝复制并分享了感恩而死乐队的大量录音，又将这些卡带或者下载链接分享给其他粉丝。这些行为都给让这一切成为可能的感恩而死乐队带来了回报。大量没有购票观看过感恩而死乐队现场演出的粉丝会通过购买门票的形式几十年如一日地支持乐队，这是真正的粉丝效应。

千真万确，完全免费

有趣的是，感恩而死乐队通过免费赠送礼物的传统影响了其他社区的很多方面，这一点甚至比他们的表演更有影响力。这让我们可以真切地感受到这种文化的力量，粉丝效应的价值可见一斑。

几年前我参加了电音节的聚会，我特别喜欢在露营区闲逛。我遇见了一些有趣的人，他们往往来自同一个群体，喜欢同样的音乐氛围。

我看见一个矮篱笆上挂着一堆扎染的T恤，我猜想是有人出售。这种T恤在电音圈非常流行，几十年来一直是感恩而死乐队演出的主题产品。我走了过去，这时，旁边有人告诉我它们都是免费的。

噢！这真是件有趣的事情！

于是，我和制作扎染T恤的人聊了起来，他叫戴夫，他还主动让我带走一件扎染T恤。戴夫说，他喜欢做这些扎染T恤，比起通过收费获得的经济收入，把这些T恤免费赠送给别人能给他带来更大的收获。

戴夫说，他通过分发免费的扎染T恤结识了很多有趣的人，与他们交流很有意义。作为回报，他也会收到很多有趣的礼物，这些礼物又被分享给其他社区成员。

这些T恤确实是免费的，哪怕你拿一件T恤转头就走，戴夫也会很开心。他还悄悄地告诉我，平时还会有不少人主动想为他做点什么呢。他一般都会建议这些人做电音节募捐食品活动。

我看见一件紫蓝色相间还带口袋的T恤非常漂亮，于是我拿起了它，对戴夫说我一会儿就回来。我返回了营地，拿了一本自己写的《感恩而死乐队的营销策略》，写上了"戴夫惠存"几个字，然后把它送给了戴夫。

他很激动。两个乐迷互赠一些有价值的东西，让彼此的生活更美好，这对我们来说都是一笔"好买卖"。

几十年前，感恩而死乐队通过允许粉丝免费录制现场音乐，为这类粉丝社区奠定了基础。这个有关T恤的故事同样说明了一个非常重要的道理，即不期待任何回报的重要性。事实上，当一个像戴夫这样的人不期待任何回报时，像我一样的人反而更有可能拿出一些东西作为回报。

当"免费"成为必然

能够在网络上创建并分享内容，意味着任何一个组织都可以使用感恩而死乐队首倡的这种方法。为你的作品赢得粉丝的有效方法便是免费提供一些内容，如博客、视频、白皮书、信息图表、电子书、照片等。在网络时代，赠送东西很容易——比赠送扎染衬衫要简单得多！

戴夫的T恤确实没有收费。尽管我后来给了他一本我的书作为回报，但他确实不要求也不期望因自己的馈赠而得到任何东西。然而，对于商务模式是B2B的公司来说，"完全免费"的理念很难实现，它们渴望用行业白皮书等内容来换一份电子邮件注册信息。

赠送礼物也可以成为企业发展粉丝的好办法，然而，大多数市场营销人员都误解了"免费"的本质含义。与戴夫不求任何回报地赠送东西不同，实际上几乎所有企业在网络上的免费赠品都是有特定目的的，在刚才的情况下则是为了获取潜在客户的信息。

白皮书在线注册是从白皮书需要用邮政包裹投递的做法中衍生出来的事物。这种技术是在直接邮寄广告成为新业务增长点的时期发展起来的。很多人相信他们可以从信息注册入口中获取有价值的信息。如果他们从下载信息的人那里获取了电子邮件地址，那么这个人就会成为销售机会和一个营销目标。

注册入口的问题在于，很多人出于保护隐私的原因不愿注册。他们不想收到销售人员的电子邮件或电话。还有另一个问题，社交网络上共享的内容很少，因为人们不想在社交网络上暴露过多个人信息，从而成为垃圾邮件的侵扰对象。

像白皮书这样的内容不用注册就完全免费，意味着这些内容会像感恩而死乐队的录音一样传播开来，越传越广。通过更多人在社交网络上接触到这些内容而创造价值。

我和数以百计的营销人员交谈过，他们大多以提供信息作为开拓新业务的主要方式。获取他们大多数人的信息需要注册，有些则不需要。这是一场没有定论的辩论，就像神创论与进化论之争，谁也不可能赢得这场辩论。双方都认为自己是对的，不可能看到对方的合理之处。在有关是否应该获取客户信息的辩论中，我坚定地站在"完全免费"的一方，但也有许多营销人员同样笃定地认可通过电子邮件注册获取信息是非常有价值的手段。

令人欣慰的是，一些营销人员已经进行了"A-B 测试"，他们把决定权交给用户，同时提供了"完全免费"和"注册电子邮件并分享数据"这两个服务选项。这些公司的信息显示，选择免费下载内容的人数是选择注册电子邮件人数的20~50 倍。

很明显，如果你想要传播你的观点，提供免费内容是最好的选择。当然，有些人只会拿走免费内容，但还有一些人则会在社交网站上发布关于你的内容或者链接给他们的朋友、同事、家人或其他感兴趣的人，以此来分享你的爱。分享你赠送的内容有助于传播你的想法，扩大你的粉丝群。

我们经常听到有人说，如果你在网上把自己的想法"免费"送给别人，人们就不需要购买你的产品或服务了。然而，事实却是很多公司都使用了这种方法，而且取得了成功。

> 有强迫感的免费难以取胜，免费赠珍品才能吸引忠粉。

在几十年来和不同公司，尤其是和许多 B2B 公司合作的经验中，我发现营销人员在寻找销售机会的过程中面临着来自管理者的巨大压力，哪怕他们愿意，也拿不出像电子书和白皮书这样的免费内容提供给客户，因为管理者要求他们通过信息注册来寻找销售机会。

混合服务应运而生。混合服务是一种把两种对立观点都考虑在内来寻找销售机会的方法。这种方法包括一个完全免费的初始服务，针对那些还不了解你个人或者公司业务的人。然后，在最初的免费内容中又包含一个需要注册的二次服务，其注册信息可用于获取潜在客户。二次服务可能是与白皮书内容相关的网络研讨会，可以更好地培训或帮助别人。

这种混合方法的另一个优点体现在可以获取较多的优质销售机会上。信息注册入口的方法只是简单地从想获取初始内容的人那里得到电子邮件地址。然而，混合方法获取的邮件地址的来源却是这样一类人：他们已经对你最初的免费内容产生了兴趣，现在想对你的公司、产品和服务信息有更多的了解，还渴望进一步深化这些了解。根据大量的销售机会评测系统的分析，混合模式下销售机会的质量要明显优于免费模式。

你可能会问，如果你经营一家销售日用品的公司，那又该怎么办呢？你的公司怎么才能打造出自己的粉丝效应呢？

目前看来，答案可能并不会让你意外，但答案的来源或许会让你大吃一惊。

金霸王"大前锋"计划：派送了数百万电池给需要的人

许多公司的产品或服务在消费者眼中与其他同类产品没什么不同。购买家庭用品和办公用品等日用品时，人们往往会选择最便宜的，这就迫使许多公司用优惠券和特价商品吸引消费者。

大多数人认为，靠特价商品无法从根本上培养品牌忠诚度。购买酸奶、厕纸、瓶装水或复印纸时，消费者常常只会看哪个商品的价格低，而不是考虑这个商品是什么品牌。

一些消费品公司选择投入高昂的广告宣传费用以形成强大的品牌影响力。然而，这种做法就像不断给商品打折一样，靠巨额广告投入开拓公司业务很难行得通，毕竟这需要不断地注入资金，会增加商品生产的间接成本。

事实上，还有一种选择。日用品可以通过赠送礼物的方式来吸引粉丝。

飓风、龙卷风和洪水等自然灾害的发生频率每年都在增加，数百万人也会因此遭遇断电的困境。金霸王公司是世界上制造和销售规格全面的高效碱性电池的知名企业，它通过"大前锋"计划帮助了很多有需要的人。金霸王派遣了大量喷涂着品牌标志的卡车分发免费的金霸王电池，提供移动设备充电服务，为没有电的人提供网络服务。通过这些方式，这家公司帮助了美国各地的受灾人群。

金霸王免费分发的正是自己生产的电池，准确地说是数以吨计的电池。从根本上说，这是一个规模宏大的品牌建设计划，令人钦佩！

"大前锋"计划的一个10人小分队帮助了波多黎各因受飓风玛利亚袭击而几乎完全失去了电力供应的340万美国公民。金霸王空运了两辆卡车和30多吨电池分发给了当地急需的人。是的，30多吨免费电池！

"出现供电中断的情况时，电池的消费需求会猛增。"金霸王营销副总裁拉蒙·贝卢蒂尼说道，"飓风、龙卷风、洪水和强风暴在美国越来越频发，在这些紧急关头，很多人都需要我们的产品。所有人都意识到需要购买电池，因此市场上的电池很快就会断货，而第一个脱销的品牌往往就是金霸王，因为人们认为金霸王是他们可以信赖的电池品牌。在遭受暴风雨等自然灾害袭击的紧急关头，这种信任显得尤为真切。可是，如果人们想买我们的电池却买不到，事情就变得有些糟糕了。"

金霸王的"大前锋"计划始于2011年，当时只有一辆卡车，而现在有一支由五辆卡车组成的车队。这些卡车是专门用于在紧急关头迅速部署到受灾地区分发免费电池的。截至目前，金霸王已经在全美超过45次自然灾害后做出了行动。

金霸王会使用脸书提供卡车所在位置的实时更新情况，那些卡车常常可以深入村一级的地方。脸书上的这类帖子会非常活跃，有人请求给他们所在的位置送去电池，有人感谢金霸王的援助。飓风刚过，我就统计了波多黎各各地的反应情况：在金霸王的脸书账号上，关于波多黎各的帖子收获了3万多个赞、11 500次分享还有成千上万条评论。这些评论大多是用西班牙语写的，下面几条评论可供大家品味：

韦利亚·戈麦斯：我三天前亲眼见到了一位金霸王的救援队队员。希望你们把这个伟大的倡议继续下去，还有，谢谢你们！

吉·马拉：谢谢，金霸王，你们太棒了！

比维安·加西亚：谢谢你，金霸王！你们本可以不这么做，但你们总是在关键时刻想尽办法给那些有需要的人供应电池，这是一件很伟大的事！

下面是受灾的人和金霸王公司之间的互动信息：

玛丽亚·佩雷斯：什么时候来乌马考呢？你们会来我们这里吗？像其他地方一样，这里也被飓风玛利亚彻底摧毁了。

金霸王公司：我们的目标是尽可能去更多的受灾地区，只要是能到的地方，我们就一定会去。

"如果你认为我们的品牌承诺传递着你可以信任的力量，那么这个品牌的基调和特点就能在人们真正需要的时候把这种力量传递下去。"贝卢蒂尼说，"这个计划之所以完美，是因为它直接传递并兑现了对消费者的品牌承诺。危难关头是传递品牌力量、与消费者建立个人情感联系的绝佳时机。"

在采访贝卢蒂尼有关"大前锋"计划的过程中，我们得出了这样的结论：灾难之后，市场对产品的需求达到了最高值，每个人都有电池需求，黑市上甚至出现了哄抬价格的情况。贝卢蒂尼却带领自己的团队免费分发电池，这真是一件伟大的事情！

我们很想知道在免费分发电池的过程中金霸王遇到了什么样的挑战。赠送价值高达数百万美元的产品，公司是否计算过投资回报率？大多数公司都是由具有商学院背景的人经营管理的，他们关注的往往是每个季度的盈利情况和短期财务目标的实现情况，在他们看来，金霸王的这种做法显然有些过于激进。

难道金霸王公司内部，尤其是财务部门就没有人提议公司应该在这些时候部署卡车去销售电池，而不是免费赠送电池吗？

"在这个问题上确实有争议，"贝卢蒂尼坦诚地说，"但是，我们把'大前锋'计划团队派出去后，看到了受助民众上传的照片，听到了他们讲述的故事，所有的争论也就结束了。事实上，这些做法是对金霸王品牌的一种投资。太多品牌只会空喊口号或者采取一些短期的临时性措施，还有一些品牌会采取捐款的方式行善举。但我们认为，最好的办法是采取实际行动给需要的人提供帮助。当人们对品牌有了直观感受的时候，公司就会长期受益。我们统计过，在社交媒体上，'大前锋'计划的网民参与度在公司所有的年度话题中一直是最高的，所以我们可以将其作为计算投资回报率的一个参考指标。"

贝卢蒂尼给我们讲了这样一个故事。有一次，一位母亲来到金霸王电池分发车前，她要了很多各种尺寸的电池。这种现象是非常少见的，因为大多数人都是只要几块相同尺寸的电池用于手电筒或小型收音机，所以我们的队员禁不住询问了她的情况。这位母亲说，她有一个3岁的孩子，目前病情严重，多器官出现了问题。"他的呼吸机需要电池供电，他的透析机也需要，你们来得真是太及时了，我和家人将永远感激你们。"她说。

"这位母亲的儿子处境危险，能在需要的时候为她的儿子提供电池，我们的产品在他生命中就起到了非常重要的作用，这样的投资回报率能拿什么来衡量呢？虽然我没有明确的答案，但是这些善良的人会永远支持我们的品牌。我们与客户之间正在打造一种伙伴意识、团队意识和合作意识，我认为这是无价的。关于投资回报率和投资成本的讨论总是会存在，但我们可以从在紧急时刻帮助的每一个人身上看到这种投资的回报。"贝卢蒂尼说。

当我们和各公司说起对赠送礼物这种做法背后的观点时，总有一些人反对，他们认为自己的公司或公司提供的产品和服务不适合以这种方式发展粉丝。举个例子，许多人认为，如果这个产品或服务是人们轻易可以获得的，就不可能打造出积极的粉丝文化。电池无疑是这样一种产品。然而，金霸王正是通过在人们需要帮助的时候分发电池而培养了无数忠实粉丝的。受到帮助后，其后几天甚至几十年的时间里，那位母亲会将她的经历告诉很多她的朋友、邻居、亲戚、医生、同事、公交车司机、药剂师等。再加上这些人转告的人，循环往复，那将是一个天文数字。这就是救了那个小男孩性命的投资回报。

举例而言，一个接受过"大前锋"计划帮助的人评论说："暴风雨还没有过去，屋内很冷，所有物资都用光了，几乎所有的商店都关门了或者只收现金。我们非常需要你们分发的电池，现在，我终于可以用手电筒了！"另一个人说："金霸王公司开着卡车来到小镇救济了我们，我们很感激。"

贝卢蒂尼说做好日用品生意的方法只有两种。"一种是降低成本，利用规模效应，仅凭价格赢得市场。"他说，"但这只是一种模式，对我们来说行不通。我们要做的恰恰相反。我们是一个创立了几十年的老品牌，规模很大，我们一直是美国最受信任的品牌之一。我们能够不断发展的唯一方法是，继续扩大品牌的影响力，深化发展与消费者之间的关系，而'大前锋'计划就是我们行动的方法之一。我们也有其他的方法，比如帮助一些社区里的听力受损人士，这也为我们的品牌赢得了好感。几年前，当沃伦·巴菲特从宝洁手中收购金霸王时，他明确指出了这一点，即品牌是企业的核心竞争力，也就是他所说的企业的'经济护城河'。他很清楚金霸王品牌对长期的可持续性有多重要。我们可以竭力加强消费者和品牌之间的紧密联系，这样人们总能第一个想到你，意味着你将在市场竞争中脱颖而出。"

我再简单地讲一个 YouTube 上有关"大前锋"计划一次电池调度的故事。一场毁灭性的风暴过后，"大前锋"卡车每天都给许许多多涌来的人免费发放电池，这样的情况持续了好几天。其中一些人连家都没有了，但面对灾难时，他们仍然能保持快乐和微笑。一个男子说："看到金霸王这个名字，我们会说，要知道，这些都是帮助过我的人，所以我将永远支持他们。帮助过你的人，陪伴过你的人，和你共渡难关的人，对你的影响往往是最大的。"

我们结束这段精彩的交谈时，贝卢蒂尼提出了一个新颖的观点。"这种做法不仅对消费者有好处，在公司内部也非常受欢迎，"他说，"我们做什么和为什么这样做都是有目的的。我认为，在诸如'大前锋'计划帮助别人的过程中，我们的代理商可以团结一心，员工们可以齐心协力，我们和消费者之间的关系也更加紧密了，这些都为我们带来了无法衡量的价值。我们必须要完成的是把 70 万块电池以最快的速度运送到波多黎各,这确实是一个艰巨的任务,除非你有一个强大的团队并且他们能竭尽全力。人们日常生活中会互相聊起来的话题之一就有我们的计划,还有人会把'大前锋'标志贴在自己的车身上。看到这些,我们内心的自豪感油然而生。当我们亲眼见证公司的计划怎样帮助数百万人解困时,那种感觉是任何回报也无法比拟的。"

查利的出租车:单枪匹马和优步一较高下

赠送礼物有利于吸引粉丝,可以让人们在社交媒体上或私底下与朋友分享。这份礼物往往让人们感到惊喜,情不自禁地和别人谈起它。

有一次,我要从悉尼奥林匹克公园旁的酒店去国际机场乘坐飞往洛杉矶的航班,酒店工作人员帮我叫了一辆出租车。这段路大概需要 45 分钟。半路上,司机转身递给我一支钢笔,笔身上写着"嘿,查利"和他的电话号码。你猜猜我当时脱口而出的是什么?没错,这似乎是必然的。我不由得笑着说:"嘿,查利!"

当时我的第一反应是自己并不需要钢笔,打算还回去。我下意识地看了看这份礼物,又转念一想,酒店工作人员把查利的出租车作为首选而不是附近的其他出租车,那么他一定有什么过人之处。可是,随着优步和其他拼车公司的相继出现,传统的出租车业务正在受到挤压。单枪匹马的出租车司机如何与之竞争呢？这支钢笔脱颖而出，给客户留下了深刻印象，这方法真是巧妙！

更没想到的是，查利还送给了我第二份礼物。

距离机场大约1英里时，查利做了一件我在世界各地的城市里坐了成百上千次出租车都没有经历过的事情。计价器上的数字刚跳到100美元时，查利关掉了它。我们并没有约定过打车费是100美元，而且我也愿意付全款。但是，他还是关掉了计价器！

下车时，我想付给查利小费，但他拒绝了。

这是一次愉快的经历，我当时就把它分享在了博客上。现在我又把它分享给你们。

几个月后，我再一次来到悉尼。这次，我没有让酒店帮我叫出租车，也没有使用优步。因为，有了上次的经历，我对怎么去机场，心里早有了主意。

第二次坐上他的出租车，我愉快地对司机打招呼："嘿，查利！"

这样打招呼的方式，不正是那支免费的钢笔教给我的吗？

第 7 章　建立身份认同

玲子

因为一件运动衫，我在医学院结识了第一个朋友。

在教室第一眼看见她那件惹眼的红黑拼色运动衫时，我就知道，这个人和我是同路人，我们可以成为好朋友。其实，在各种印着商标的 T 恤和五彩的毛衣中，那件衣服看起来并不是很特别，但我一下子就认出了它。我穿过人群走向这位女生，这时，她也看到了我。

"《质量效应》？"我指着她运动衫前面绣着的N7[1]字样说。《质量效应》是百威尔公司推出的一款角色扮演类电子射击游戏，玩家在游戏中扮演太空船的人类指挥官，对抗外星生物，拯救银河系。

"当然！"她笑着说，那种感觉就像我们已经是结识多年

---

[1] N7 表示 11 月 7 日（November 7），是《质量效应》这款游戏中的一个节日。这款游戏的粉丝可以在这一天进行庆祝，表示对游戏宇宙、人物的热爱。——编者注

的老朋友了，心有灵犀，可以互相说笑。

　　刚进医学院，我就感受到了来自各方面的压力。即将面临的各种严谨到近似刻板的学业要求，让我感到有些不知所措，甚至焦虑，完全失去了交新朋友的勇气。在新同学面前，我努力地让自己看起来沉着冷静、精明能干，但实际上，我连自我介绍、握手时打个招呼都会有些磕磕巴巴，给人的感觉就像在参加班干部竞选，太过严肃，太过拘谨。

　　和她来个正式握手？这可不是我以往交朋友的方式啊！

　　队列中，同学们有的穿上了医学院的校服，有的穿着西服套装，服装样式都差不多，这让我很难分辨出谁是谁，还有同学穿着雪白的外套，当然，过不了多久就会脏了。事实上，我们所穿的服装，更多地代表着我们的职业，而非我们的个性。在这样的氛围中，他们在我的眼中就是同事，而非朋友。

　　其实，那件《质量效应》的运动衫代表的可不只这些，它还有更多内涵。当然了，这件衣服首先说明这个女孩是一个游戏爱好者。同时，它也告诉我她所喜欢的故事类型和我喜欢的一模一样。通过它我还知道，我俩可以就我喜欢的故事人物畅快地聊一会儿了，并且她不会因为我的痴迷而嘲笑我。这一品牌标志已经超越了电子游戏本身，带有更深远的意义。这便是我们的身份认同。

　　最重要的是，我可以感觉到她的所思所想，好像我们已经认识很久了，对彼此都非常了解。我感到很开心。

　　"你也玩这个游戏？"她问我。

"我用大约两个月的时间打完了三场比赛。"我答道。

"网虫!"她不无调侃地说。不过,她这话听起来却像是在夸我。接着她说:"我叫维多利亚,我们一定能聊得来!"确实,她说得一点也没错!

长大成人与永恒不变

小时候,大概在读幼儿园和小学期间,我最喜欢做的事情总是换了又换。前一刻我可能还是个"艺术大师",用胶水粘贴大大小小的剪纸,用沙子堆成各式各样的碉堡;而下一秒,我就变成运动员了,爬上单杠,像体操运动员一样翻起了跟头。或者说,我可以随时切换身份——宇航员、兽医、消防员、美人鱼,因为那个年纪的小孩子根本不知道每个身份到底意味着什么,有什么区别。

随着年龄的增长,我们的世界发生了巨大的变化,尤其是到了青春期,来自学校和家庭的社会压力变得不再那么简单了。后来,我所做的事情,包括我爱做的事情,已然都不再是简简单单的娱乐活动了。比如,放学后我会去游泳,但那可不是单纯的游泳运动了,而是一种可能让我成为游泳运动员的体育项目。又如,我喜欢科学,就是将来想当科学家。我所做的一切似乎都成了表现自我特质的形式。这就是我一直在建立的成年人身份。

从古至今,不管是宗教仪式还是民间习俗,为青少年举办成人礼都是一件常见的事情。很多地方向来都会在一个孩子从童年向成年过渡的时候为他举办正式的成人仪式，这个过程逐渐仪式化，形成文字并代代相传，不断践行。在犹太传统中，成人礼分别在女孩的12岁和男孩的13岁时举行；在马来西亚，男孩会在11岁参加割礼仪式；天主教会的坚信礼一般是在青少年中期举行；拉丁美洲会在女孩15岁时举办社交舞会；阿米什人在15岁左右举办游历成人礼；等等。即便是美国人举办的"甜蜜16岁"成人派对和满16岁即可考取驾照的做法，也都像是一种仪式，希望在一个广泛的、非宗教的活动中让青少年感知这一段通往成人社会的旅程。

父亲和我很幸运地从古纳青年大会主席伊尼基利皮·基亚里那里了解到一种仪式。基亚里既是古纳青年大会的主席，也是巴拿马环境部的工作人员，这个部门专门负责原住民事务和保护区工作。古纳人是巴拿马和哥伦比亚的原住民，几百年来，他们都以这种传统方式生活在这个完全自治的国家里。我们在古纳的一个叫甘伊加尔的村庄里见到了基亚里，这个村庄坐落在山顶，可以俯瞰坎甘迪河汇入加勒比海的地方。

在一对猎人夫妇用竹子和干草搭建的棚舍里，我们一起吃了顿饭，围着篝火烤鱼和烤香蕉吃。基亚里边吃边告诉我们："在这里，女孩长大成人后，我们会举行一个名为伊戈因纳（Iggo Inna）的仪式，正式把她介绍给村里人。在这个仪式上，我们会按照传统给她起一个正式的名字，这表明她已经拥有结婚的权利了。"

除了为进入青春期而举办的伊戈因纳成人礼外，女孩子在4岁第一次理发时也要接受一种洗礼，这也是一次举村同庆的洗礼仪式。古纳人是母系氏族，所以只有女孩才能参加这些仪式。

基亚里说："成人仪式在村庄内最大的棚舍中举行，要持续一整天。村里所有的成年男子坐一边，成年女子坐另一边。仪式主持人带着他们一起唱歌、跳舞，还会喝村里自制的一种类似朗姆酒的老酒。仪式上，还会有专人用从一种植物种子里挤出的深蓝色液体涂抹接受洗礼女孩的身体，随后，她会被正式介绍给村庄里的所有人。"

根据基亚里的描述，这个典礼充满了喜庆和欢乐。他说："我很喜欢这个仪式，这是我们古纳人的一种文化。我希望它能以这样的方式一代又一代地传承下去，以维持我们作为古纳人的身份特征。"

然而，在美国、巴拿马和其他地方，成年仪式并不仅仅是一种结构化的、自上而下的现象。稍大一点的孩子和青少年在他们那个年纪并没有受到太多关注，他们宣示成年的方式就是围绕着自己喜欢的事物来展现他们的成年人身份。例如，他们的粉丝圈，他们穿的印有摇滚乐队图案的T恤，他们关注的化妆教程，或者加入的在线论坛，所有的这些都比从表面看起来要含义深刻。有时，成人仪式可能包含一些明显的危险成分，例如嬉皮士文化中的迷幻药初体验。这些是现代社会中一种完全自发的过渡仪式，同时也是年轻人向我们展示他们要变成哪一类成人的方式。

在本书的相关研究过程中，我们对数千个来自同一粉丝圈的人进行了调查。我们问他们是从什么时候开始对这个粉丝圈主题感兴趣的，最终研究数据表明，他们开始感兴趣的平均年龄是 12 岁。

> 我们青年时经历的成人仪式，
> 极大地影响了成年后所融入的粉丝圈。

12 岁这个年纪正是我们面临新的责任与挑战的时候，你会不会感觉有趣又熟悉？那时候的我们正在长身体，体内散发着新的荷尔蒙。那个年纪，不管是在他人还是自己的期待中，我们所遭遇到的坎坷似乎都会变得越来越多。校园霸凌事件、脆弱而敏感的友谊，还有来自同龄人的压力，这些事情带给我们的压力似乎突然变得越来越大、越来越强烈了。然而，若下意识地塑造一种身份认同感，则可以让我们解决这个问题。因为在这个本就令人生畏的世界里，获得某种身份认同感就像让我们吃了一颗定心丸。

我们通过不断了解家族传统和流行文化，一点点建立起自己的身份认同感。然而，在数十年的身份塑造过程中，我们所做的选择还是深深地受到少年时期向成年时期过渡的那个阶段的影响。我们还是在努力地实现"我要成为谁"这个过程，这些成长烙印和经验将伴随我们的一生。

哈利·波特粉丝网站

1999年，埃默森·斯帕茨在12岁时创立了麻瓜网（MuggleNet）。早期的互联网是他的创业起点，建立网站并与他人分享是他探索自己身份的一种方式。现在，麻瓜网是世界上最受关注的哈利·波特粉丝网站，但他创立这个网站的初衷，是通过访问其他哈利·波特粉丝网站收集那些只有他这样的超级粉丝才会感兴趣的新闻，比如整理书中提到的每一种动物或每一个专有名词。麻瓜网吸引了大量的受众，每月有5 000万的页面浏览量。之后，斯帕茨写了一本书，登上了《纽约时报》的畅销书排行榜，他还举办了几场有上万人参加的现场活动。2005年，哈利·波特系列书籍的第六部《哈利·波特与混血王子》出版后，J. K. 罗琳邀请斯帕茨到自己苏格兰的家中接受独家专访。由于她反感被主流媒体问到同样的问题，所以选择了斯帕茨来代表哈利·波特的粉丝发声。

斯帕茨对各种各样的粉丝圈都很感兴趣，他以一种独特的方式关注着当下的流行趋势。他研究了粉丝们在Reddit（社交新闻站点）等平台上发帖的方式。粉丝圈里的帖子一些是某些人和他们第一款产品的合照，还有一些是生活中的开心时刻或者对一些重大事件的分享，当然，也有一些是关于在某方面有着非凡表现的人，比如，某个人一年时间里一直都在就某个话题进行互动，这确实很了不起。斯帕茨还密切关注着那些反映我们成人礼文化的仪式、传统和价值观。他说："我认为，通过研究这些与宗教基础有同样背景的古老传统和仪式，我们可以发现粉丝圈的运作方式。"同时，他还补充说："这是我们拥有的一种社交技能，也是工作中相互协作的基础。"

对斯帕茨来说，创造和管理麻瓜网是他步入成人生活的工具——拥有了粉丝圈，他不仅找到了人生方向，还获得了事业方向。通过这种方式，他获得了自己喜爱的东西，就像那些他反复读过的书，最终都转化成了属于他自己的东西。"当你被动地去阅读某些内容时，你就进入了别人创造的世界。你在别人的书里以书中角色的形式重现了自己。比如你在读哈利·波特的故事时，你可能会被带入哈利这个角色，拯救了世界。"他说，"但当你参与创造世界时，你就可以思考观点，创作内容，掌握这个世界的主动权。就像在商业中一样，股东们获得公司的股票就拥有了一部分所有权，从而激励他们更加努力地工作，不断提高公司的商业价值。同样的道理，参与构建自己的小世界也会让你拥有主人的归属感和认同感。"

> 一旦你喜欢上了某个品牌，它就是你身份的一部分。

斯帕茨把麻瓜网设计成了一个可以自由地表达个人思想的粉丝世界，如今看来，这种方式在很多粉丝圈里都很常见——粉丝们掌握自己热爱的东西，并且实现了内化，使它们成为自己生活的一部分。他解释道："我们的商业模式就是从根本上让粉丝们更容易去做贡献。"这样就能让其他粉丝也觉得这是属于自己的粉丝圈。网站刚创建的时候，斯帕茨发了几个帖子，声称自己目前还没有看到什么让他感兴趣的内容，并注明："如果你有好主意，请发电子邮件给我。"这样一来，粉丝们就很乐意提供一些新内容了。很多人只是偶尔投稿，但有一部分自由投稿人已然通过为网站提供大量热点话题，找到了自己的身份认同感。这既是网站实现发展的方式，也是这部分投稿人将自己定位为忠实粉丝并参与粉丝社区建设的途径。斯帕茨让他们亲自参与网站内容的创建，使他们的内心燃起了一股巨大的热情——这个网站是即将成年的人以新的身份找到安全感的根据地。

"有时候，你会遇到不可多得的'潜力股'，他们吃苦耐劳、富有激情、思维活跃。"斯帕茨谈到麻瓜网的投稿人时说，"这部分人往往要承担越来越多的责任，这样也就获得了越来越多的机会。如此一来，他们便可以逐渐完全主动地承担起更多的责任了。"对于那些付出非常多的人来说，网站已经成了他们身份的一部分。因为这样的模式，网站设计和社区运营保持着良好的发展状态，麻瓜网的投稿人数量得以稳定增长。

创建麻瓜网之后，斯帕茨接着创立了一家名为多斯（Dose）的公司，目标是建立一个整合多家网络站点，以可传播内容为主的广播网。该公司采用与哈利·波特粉丝圈相同的方式，为该项目筹集了3 500万美元的资金。

"人们对粉丝的定义往往过于狭隘。"斯帕茨说，"当我们把粉丝看作非常愉悦的客户时，我们和粉丝之间的关系就建立了。"就像斯帕茨鼓励网站用户向其投稿一样，你为这种关系所做的一切，就是在建立并不断发展这种关系。同时，也让粉丝们感受到这种产品或体验已成为自己身份标签的一部分。

飞人乔丹：独特的身份象征

The Message 是一个通过举办系列研讨会和励志演讲帮助青少年成功向成人转变的机构。"青少年更关心的往往是某个品牌而非某家企业。"The Message 的人事主管朱马·因尼斯说，"当他们与某个品牌建立联系时，这种联系对他们的内涵和影响往往极其重要，因为正是在青少年阶段，他们的身份感才慢慢被塑造并凸显出来的。"因尼斯借助现场音乐和流行文化帮助青少年掌握最新的技术，使他们可以利用这些知识从现阶段顺利过渡到职场。

因尼斯之所以借助流行文化传递思想，是因为他知道，人们在做与自己身份相关的决定时，情感因素往往起到决定性作用。对于大多数青少年来说，从听什么乐队的歌，到穿什么样的衣服，再到社交网站上关注哪一些明星，都可以展现出他们是什么样的人。即使是关于青少年选择什么产品这类最常见的决定，也会受到其个人经历的影响。

因尼斯举了一个例子。耐克旗下的飞人乔丹（Air Jordan），是有史以来影响力最大的一个运动鞋品牌，这个品牌的运动鞋在大多数都市和相对富裕的地区都是一种身份地位的象征。大概很多成年人会说，只是一双鞋而已啊。他们无法理解为什么这个品牌的鞋价格如此昂贵，新品发布时商家为什么要大张旗鼓地宣传。然而，对于正在发育成长的青少年来说，这绝不仅仅是一双鞋那么简单。

> 当一件产品成为一种身份象征时，
> 它就不再是单纯的产品了。

"这个品牌的鞋具有标志性。"因尼斯告诉我们，"我从小就觉得，要是谁有一双飞人乔丹运动鞋，那他就酷极了。二三十年过去了，这个品牌在年轻人中间还是这么受欢迎，依然保持着与年轻人之间的联系，其文化地位也没有发生改变，它确实很出色。"一代又一代的年轻人倾心于飞人乔丹品牌，是因为他们可以与身边同样穿这种鞋的人建立联系。

最初是因为迈克尔·乔丹这个人。"在乔丹事业的巅峰时期，每个人都想成为他那样的人。"因尼斯说，"他是一个非常有抱负的人，对市场规律的敏锐掌握促使他抬高了鞋的定价，这样普通消费者就买不起了。仔细想想，这种做法是需要一定胆魄的，但这的确带来了好处。因为很多城市里的孩子认为，如果谁能买得起飞人乔丹，那他就很优越，还能引起别人的注意。当然，实际上很多孩子也确实因此受到了别人的额外关注。如今，飞人乔丹的首席品牌大使是说唱歌手哈立德，他可能是Z世代最具影响力的人之一。"在乔丹的影响下成长起来的新一代偶像，又打造出了属于自己的品牌，所以飞人乔丹鞋一直是一种身份象征。

> 孩子们透过所关注的品牌看到了自己，
> 他们成长过程中也会忠于这个品牌的粉丝圈。

因尼斯说："有些品牌象征着时髦或者非主流。无论这个品牌属于技术行业、消费行业还是零售业，都在青少年的生活中扮演着非常重要的角色，因为这个品牌传达着他们的身份信息，即他们如何看待自己，以及如何看待自己在这个世界上的地位。"

那么，在Z世代中营销成功的品牌和失败的品牌有什么区别呢？因尼斯认为，问题的关键在于要知道品牌本身就有一种力量，这种力量可以赋予品牌更多含义，让品牌能充分利用平台发展自己，尤其应多以承担社会责任的方式进行品牌营销。"尼尔森最近的一项调查显示，72%的青少年更愿意购买那些有积极社会影响或对环境保护有积极作用的产品和服务。"因尼斯说，"Z世代有一种内在的、强烈的社会意识，同时，这也是Z世代的主题。"

如何才能让粉丝效应的影响最大化呢？如果一双鞋对一个人的人生产生了产品本身之外的意义，那它就不只是一双鞋了。对青少年来说某一产品可能意味着他们眼中的时尚、他们所追求的价值，或是他们满心崇拜的明星。一双鞋承载着某个关于它主人的故事。同样的道理，许多青少年选择具有社会意识的品牌，是因为他们觉得，品牌的社会意识也会在他们身上反映出来，他们用这个品牌的东西就好像在说："我之所以选择这个品牌，是因为希望别人认为我是关注环保的人。"在做选择的时候，品牌所占的分量很重，因为它反映了两点，一是这些年轻人如何看待自己，二是希望别人如何看待他们。

《万智牌：竞技场》：在数字时代获得成功的老式卡牌游戏

品牌不仅是我们向他人展现自己的有效方式，也是我们认识自我的途径。它不仅是一种单纯的展现方式，而且可以创造出属于自己的故事。

我的丈夫本最近在他父母家的地下室里发现了满满一箱老式纸牌，他把这个箱子搬回了家。这不是常见的那种有传统图案、52张一套的纸牌，上面的图案非常独特而有趣，有精灵、龙、魔术师等，还有重重地跺着脚的恐龙和样子非常吓人的怪兽。这是本在10岁时经常玩的一种卡牌游戏——《万智牌：竞技场》，这个游戏可以有多个玩家一起参加，他们手里各持多张卡牌，每位玩家会使用"生物卡"（如吸血鬼、美人鱼或冲锋的犀牛）或"咒语"来攻击另一个玩家，减少他们的生命值，谁能"活"到最后，谁就是赢家。

我们俩是在高中校乐队里认识的，都酷爱各类图书，是一对"书虫"。但这个卡牌游戏看起来有些复杂，我有点怀疑自己能不能学会怎么玩。然而，看到本对这种卡牌那么感兴趣，我想着自己还是应该试试，至少这会是一件让本开心的事情。

我在 YouTube 上看了几个介绍这种卡牌玩法的视频，还在电脑上查了一些游戏指南，就知道怎么玩这个看似复杂的游戏了。

没过多久，我便迷上了这个游戏。

25 年以来，这种卡牌游戏之所以能够一直这么受欢迎，也许是因为这款游戏的特别之处——每个玩家都有自己独特的玩法。成千上万的卡牌可供玩家选择，再加上新卡牌不断发行，游戏玩法和技巧也会随之改变。这个游戏对每一位玩家都是不一样的，因为你可以选择任意组合的 60 张卡牌。因此，像我这样喜欢防守的玩家，会选择一些生物卡和法术来保护我的生命值以防受到攻击。然而，像本这样的玩家，则喜欢收集可以正面攻击的大型生物卡片，强行突破我可能建立的任何防御，并希望在我还没有来得及发动进攻时就能"杀死"我。这种游戏可以同时让每一位玩家都按自己的战略进行，拥有自己的游戏体验，同时，游戏中玩家的个性特征也能生动地展现给对方。

马克·罗斯沃特是威世智公司的首席游戏设计师，这家公司开发了《万智牌：竞技场》，他谈到了很多关于既让游戏变得充满对抗性，又让玩家有亲密感的技巧。之所以这个游戏可以让玩家有丰富的体验,是因为不断推出的卡牌数量庞大,每一张上面都有充满艺术感的图案,卡牌与无限的奇幻世界通过故事脉络实现了线上对接;而亲密感则来源于游戏玩家能够方便地实现游戏玩法的私人定制。

罗斯沃特在自己的播客节目中谈到《万智牌:竞技场》这款游戏的开发时说:"人们很喜欢谱写属于自己的故事。"因此,罗斯沃特会尽力确保他设计的游戏有足够的灵活性和多变性,以满足玩家创造个人故事的需求。他希望游戏玩家能够以他在设计卡牌游戏时没有想到的方式打牌,他还特意加入了一些可以混合和搭配的元素,使玩家的牌可以有更丰富的组合方式,拥有更富趣味性的玩法体验。通过不断重视玩家的个人故事谱写和个人玩法决策体验,他赋予了这款游戏得以在现实世界中长期受欢迎的特征。

设计这款游戏时,罗斯沃特发现了一些令人惊讶的事情。他了解到玩家并不总是选择那个能让他们最快获胜的策略。很多时候,他们都不出理论上最佳的那张牌以取得胜利,因为他们往往会发现一个可以更好地叙述个人故事的机会。对于很多玩家来说,用一种巧妙而新颖的方式享受游戏要比最终获胜更为重要。

还有一个例子可以证明某些时候故事比获胜更重要。2018年美国职业棒球大联盟世界大赛,波士顿红袜队对阵洛杉矶道奇队,在七场比赛中的第五场,红袜队只需要再赢一场就可以拿到冠军。但我听到许多红袜队的铁杆粉丝在讨论,他们非常希望红袜队在下一场比赛中输球，因为这样主场比赛就会回到波士顿举行，红袜队也就有可能在主场连续获得两场胜利，最终夺得世界大赛冠军。重点是，他们就可以在自己的城市看到红袜队赢得比赛了。他们想要的是这个体验，即使这意味着自己支持的队伍会输掉第五场比赛。这种感觉与我和罗斯沃特在《万智牌：竞技场》中所追求的体验是一样的。

卡牌游戏中的个人故事理念让《万智牌：竞技场》成为目前最火爆的游戏之一，自20世纪90年代我丈夫第一次玩这款游戏以来，它一直快速发展着。很明显，在这个高科技电子游戏盛行的时代，大受欢迎的实体卡牌游戏才是粉丝效应的真正体现！如今《万智牌：竞技场》在全球拥有2 000万玩家，发行了成千上万张不同的卡牌，其中许多稀有的卡牌被粉丝们视为珍宝。1999年，孩之宝公司以3.25亿美元的价格收购了《万智牌：竞技场》，现在它仍是孩之宝最重要的品牌之一，年营业额高达约2.5亿美元。

一个公司或者专业人士如何展示品牌的故事不重要，重要的是这个故事本身的价值能够得到理解。品牌商们可以从罗斯沃特的观点中得到启示：开发产品需要重视灵活性——虽然每个人用的都是批量生产的产品，但最终却能以某种方式转化为自己的独特体验，如此一来，公司就能在个人不断增加投资和对品牌的信任感的过程中获得巨大的回报。客户转变为粉丝是因为——即便该产品是批量生产的——在决定如何使用产品时，他们被赋予了情感权重。因为人们更注重个性的表达，所以让产品顺利融入消费者的个人生活是品牌获得成功所需的重要特征。

本和我重新玩起了《万智牌：竞技场》，这样我们又可以一起消磨时光了。这个游戏玩多了，我对本的了解也比以前多了，比如，他小时候珍藏的这些卡牌，成了他成年后绘画风格的灵感来源。卡牌游戏就像一扇窗，透过它，我可以了解本的过去，同时我的好奇心也得到了满足。因此，对我来说，它不仅仅是一个游戏。

*****

从小到大，我家都很少举行宗教仪式，我16岁时也没有举办隆重的成年派对。因为我上学需要自己开车，所以才去考了驾照，可实际上我并不喜欢开车。高中毕业后我就直接上了大学，升学对我来说，更像是人生中水到渠成的一个过程，而非某件能够标志着我的身份发生了变化的事。要说是哪一个瞬间让我变成了一个成年人，恐怕连我自己也说不清楚。

我只记得读小学的时候，爸爸第一次让我自己选择一场音乐会，我选了 P!nk（美国流行女歌手）。等上了初中，我喜欢的已经不仅仅是一个乐队了，我开始用自己的方式表达我对某些音乐的热爱。我喜欢听金属乐，喜欢穿各种乐队的周边 T 恤证明我的这种偏好，比如 HIM（芬兰摇滚乐队）、林肯公园还有骚动乐队。

记得我曾用最喜欢的书来定位自己,也曾带着这些书在外面到处转悠,期待能够有人跟我一起聊聊这些书。我最喜欢那些学术理论类书籍,只要看到这类图书往往就会爱不释手。25岁时,我自创了一种仪式来纪念某本书在成长过程中对我的影响——我做了一个乌洛波洛斯的双蛇图案文身,这一灵感来自电影《大魔域》中的双蛇项链吊坠。从15年前我第一次读到那本书到现在,它对我整个人的影响非常重大。

回头想想,我现在喜欢的品牌和事物与我从小受到的影响是分不开的。对我的青春期产生了重大影响的是那些摆在书架上的书、电视里的节目、衣柜里的衣服,但又远远不止这些。我对自己青春期拥有的东西具有强烈的认同感,现在我身上还保留着那些影响的痕迹,这让我感到很自豪。

我现在的交友观也受到了一些影响。我往往与那些志同道合的人交朋友。

《质量效应》是一款单人电子游戏,我以前大多是窝在沙发上一个人玩,但它却让我和维多利亚变成了好朋友。维多利亚的那件运动衫不仅仅是普通的衣服,它所代表的是我们共同的粉丝圈,是我们友谊的基础,也是我们共同的经历。因此,这款电子游戏已经超越品牌本身,融入了我们的身份当中。

第 8 章　与网红合作

戴维

2001 年，KCDC 滑板店（KCDC Skateshop）刚刚开张。那个时候，位于纽约偏僻一隅的布鲁克林滑板场就是人们追求快乐，进行一些反主流文化活动的一方乐土。那个时候，人们对"9·11"事件记忆犹新，惊魂未定，因为被摧毁的世贸中心双子塔就距离这里不远，大家对未来只有挥之不去的担忧。KCDC 滑板店让那些有共同爱好的人有了个好去处，由此，它的生意很快火爆起来。

大约 20 年过去了，如今玩滑板已经演变成一种生活方式，只要你对滑板感兴趣就可以玩。曼哈顿已经重建，布鲁克林也成了世界上最时髦的地方之一。与此同时，滑板爱好者所需的各类产品，网店慢慢地都能够满足了，所以 KCDC 滑板店这类实体商店要想继续生意兴隆，就必须像纽约这个城市一样不断发展。

"一个人到了 30 岁，就意味着可能要结婚生子了。" KCDC

滑板店的老板埃米·冈瑟说,"你的父母可能都是玩滑板长大的,他们是第一代玩滑板的人。可惜父亲不能通过网络让孩子们知道让滑板伴随他们长大是多么有意义的一件事——在玩滑板时你可以和别人分享音乐,你可以加入某个团队,你还能交到很多好朋友。在网上购买特价鞋时,你是无法见到你的好友们的,但如果父亲带着他的儿子去玩滑板,情况可就大不一样了。"

KCDC滑板店提供滑板、滑板用具、学习课程和男女滑板服。对滑板爱好者来说,KCDC滑板店给他们提供的资源不仅仅是场地,它已经发展成了一个集各类创意型活动于一体的俱乐部——举办艺术展览、音乐演出、专业滑板选手联谊会,还有专门为崭露头角的艺人或者滑板业的公司做宣传而举办的晚会。

服装和品质生活品牌推广人如何影响消费者

"我所做的工作是KCDC滑板店艺术内容的一部分。"乔希·哈莫尼告诉我们。哈莫尼是一名职业滑板手、音乐人和视觉艺术家,同时也是RVCA(加利福尼亚服装公司)推广项目的一员。RVCA是一个全球性的品质生活品牌,践行着创新发展的企业文化理念,历来以名人效应服饰为主打产品。"RVCA选择像我这样能够创造新文化艺术的人,然后把我树立为品牌推广人和代言人。在KCDC滑板店,我们参加了乐队演出活动,发放了带有滑板店标志的贴纸作为礼物,很多人在滑板店的坡道上玩滑板。这其实达到了一个双赢的效果,因为我的品牌和艺术成果通过 RVCA 得到了宣传。他们有资源来举办类似的活动,而 RVCA 又能从我所举办的艺术活动中受益。"

作为一名成功的职业滑板手,哈莫尼从 17 岁开始就在业内最大的一些滑板视频平台和杂志中亮相了,包括多次登上《摔打者》(*Thrasher*)杂志的封面。他居住在加利福尼亚,是一个自学成才的音乐人和艺术家,发行了几张个人专辑,还和他的乐队雀斑乐团一起演出,滑板视频中常常能听到他的音乐。哈莫尼的艺术作品已在世界各地的画廊展出,并被业内颇负盛名的一些滑板公司用作滑板图样。在 KCDC 滑板店,哈莫尼带来了 9 幅色彩丰富、天马行空的油画,画的都是海滩风景和一些鸟类,最大的那一幅,描绘的是加利福尼亚新港海滩码头上的一架望远镜。

"RVCA 依据人的行为、天赋或是才能,把这些人包装成一个让人亲近的品牌。"哈莫尼说,"在 KCDC 滑板店,我是年纪较大的职业滑板手之一。我今年 35 岁,所以去那里宣传滑板技艺对我来说很有意义,因为这样可以让小朋友发现不同职业的可能性。"

RVCA 中的"V"和"A"象征着对立平衡,以及艺术和商业作为天然的矛盾体是如何实现共存并有机融合的。这家公司的合伙人都是一些充满激情的人,有运动员,也有像哈莫尼一样的艺术家。

"RVCA创立之初我就在为它服务了。"哈莫尼说,"成了一名职业滑板手后,我对音乐和艺术的热情随之迸发,而RVCA通过我所创造的艺术成果,也成功实现了品牌营销。通过对这种品质生活、冲浪和滑板文化的认同,RVCA选择了真正属于这些文化的人。我在聚会上演奏音乐,把音乐带到了滑板活动中,同时也传递了公司的品牌精神。RVCA认为人们的行为有趣时髦,同时又具有市场性,因为其独特的营销方式能实现对立事物之间的平衡。"

许多像RVCA这样的公司与圈外人合作,让他们做公司的品牌推广人,以此影响客户。品牌推广人把公司、产品和服务等他们所了解的分享给别人,乐此不疲。一名热情的品牌推广人可以是员工(我们将在第12章详细讨论)、客户、业内专家,或者是知名的公众人物。

RVCA有一个推广人项目,他们一直在寻找像哈莫尼这样极具天赋的品牌推广人。他们倾向于能够吸引形形色色亚文化群体的推广人,尤其是那些不局限于一种运动、爱好或追求的人。RVCA品质生活推广人之所以不同于一般的付费明星代言人,是因为他们在类似于KCDC滑板店这样的活动中,会花很多心思与客户进行交流。投资RVCA,不单是为了经济利益,更是因为这个品牌与他们的生活方式非常契合。更有意思的一点,RVCA品质生活推广项目并不只是一次性有偿交易,而是需要全身心投入的长期合作项目。

很显然,正因为有这些优势,很多名人都愿意成为RVCA

品质生活的推广人，竞争还非常激烈。因此，这家公司有足够的能力来管理最好的团队。推广人与RVCA品质生活之间的关系是排他性的，这意味着艺术家或运动员在他们的协议期限内只能为RVCA服务。尽管他们可能与服装业务以外的其他公司合作，但是他们的合作协议期限至少是两年，而且多数情况下会延期。你可以想象，找一个合适的推广人，过程是相当漫长的。审查的时间就可能需要一年。从被选中到加入团队，也是一个自然且缓慢的过程。另外，对于新的意向推广人最后能否受邀加入团队，现有的推广人具有一定发言权。

RVCA的社交媒体主管泰勒·卡伯特森的解释是这样的："一般情况下，主打运动型生活方式的公司往往只关注冲浪、滑板或其他一些运动项目。然而，RVCA品质生活推广项目所做的一切却包含了对立平衡的元素。我们的推广人是一群才华横溢的艺术家，有世界上最优秀的冲浪者、最棒的滑板手，还有世界综合格斗冠军。"

除哈莫尼外，RVCA品质生活的推广人还有很多，包括安德鲁·雷诺兹，他被认为是有史以来最有影响力、最具传奇色彩的滑板手之一；布鲁斯·艾恩斯，世界顶级冲浪者之一；塞奇·埃里克森，世界冲浪冠军，参加过世界冲浪联盟女子锦标赛巡回赛；还有B. J. 佩恩，他是有史以来最伟大的综合格斗运动员之一。

在艺术家中，推广人包括美国街头艺术家崔大卫，脸书的首席执行官马克·扎克伯格就是他的粉丝，所以在脸书创立之初，扎克伯格曾委托崔大卫给公司办公室绘制壁画。崔大卫很明智，他选择了以脸书的股票作为报酬。该公司2012年上市时，他的股票价值约2亿美元，而写这篇文章的时候，这些股票的价值已经超过10亿美元，和他以往收到的佣金相比，这可是最高的一笔了！

"我们有一群才华横溢的艺术家、冲浪者和滑板手，他们聚集在了一起。"卡伯特森告诉我们，"一般来说，把这些不同领域的人聚合起来就像是把油与水混合一样不可想象。然而，既然RVCA品质生活推广可以把他们结合在一起，那就证明这件事情本身意义非凡。而且，我们许多推广人都拥有不同的亚文化，他们可能是职业冲浪者，同时也可能是音乐家、画家和滑冰运动员，或者摄影师、杂志制作人或各种不同类型项目的策划人。"

通过合作，RVCA深受这些卓越运动员和艺术家所创造的文化的影响。他们可能有着不同的背景——热爱不同的运动，拥有不同的亚文化，来自世界各地——但是他们的技能和经验组合产生的力量却超乎寻常的强大。

> 召集各类天赋异禀的人才，在他们之间建立有意义的联系，以此打造稳定的粉丝效应。

"有些品牌重竞争，RVCA则不然。"卡伯特森说，"我们更感兴趣的是艺术家或运动员们能够尽可能地展现自己。他们作为 RVCA 品质生活推广人的首要任务就是在社交媒体上发帖。他们在拍照和拍摄视频的时候都要带着产品入镜。我们只是想让推广人做他们擅长的事,释放他们的激情。而我们只需要站在他们身后,默默支持即可。"

这么多年来,在社交媒体出现之前,冲浪和滑板行业都是通过发布视频宣传的。卡伯特森说:"几十年前,极限运动产业在内容创建方面遥遥领先于其他领域,现在冲浪和滑冰运动都把主要注意力放在社交媒体上。因此,我们推广人的社交账号要时常保持更新,让粉丝看看他们除旅行、冲浪、滑冰或艺术家生活之外的故事,以此让粉丝发现,他们还追求着其他爱好。"

卡伯特森负责运营 RVCA 品质生活推广人项目的社交媒体账号,包括公司的 Instagram 账号(@RVCA,拥有 60 多万粉丝)。他与推广人合作密切,对他们在 RVCA 品质生活推广项目的社交媒体上分享的内容进行组合排版。推出 RVCA 粉丝们喜欢的内容,需要花很多的心思和想象力,对推广人在社交媒体账号上发布的图片和视频进行组合排版这项工作,让他自己也感受到了乐趣。

卡伯特森说:"Instagram 最适合发一些简短的快餐式内容,所以我们以团队各成员为主角,不断给粉丝圈推送新图片和视频。我每天都会更新 Instagram,因其风格独特,粉丝们很期待看到我们的专属 Instagram 内容。他们知道,在这些内容被转发到各个媒体上而变得毫无新意之前就第一时间看到,是一种全新的体验。我要保持内容的新鲜感，突出我们的产品，突出赞美我们的项目推广人。"

RVCA品质生活推广项目通过将滑板和冲浪等运动的爱好者与这些圈子里的名人联系起来，打造了自己的粉丝效应。受一部分文化的影响，可能会导致有些人对RVCA品质生活"脱粉"，但更多的粉丝却因此被吸引过来，这也是很大的惊喜。

让品牌推广人享受宣传你的品牌

当客户与你进行生意往来时，有机会与他人建立情感纽带，那么这段关系就牢固了。他们会觉得有必要再体验一次，还会把你带给他们的奇妙体验告诉别人，最终这将激发粉丝们的激情，从而打造属于你的品牌的粉丝效应。

明星代言人这个概念，已经在平面广告和电视广告中存在几十年了。例如，在20世纪50年代，演员罗纳德·里根在步入政坛、当选加利福尼亚州长和美国总统之前，担任过多年《通用电气剧场》节目的主持人。这是一个人气很高的周播电视节目，里根的名人魅力帮助通用电气的产品赢得了粉丝。人们觉得里根值得信任，所以通用电气的产品也由此取得了成功。由里根代言的产品放在了他粉丝家中的客厅里，这就打造了里根与粉丝之间的一种亲密关系，建立了一份在数百万人心中存在了几十年的信任。很多人都认为，这为里根入主白宫助了一臂之力。

因名人而扬名

目前,让名人进行推广被许多人称为"网红营销",它已经成为一种用来吸引消费者注意力的流行方式。网红营销也就是识别那些对特定产品或服务的购买者有影响力的人,或者是那些在特定人群中受欢迎的人,并制订具有吸引力的营销计划。

社交媒体宣传已经成为一种让粉丝与他们所关注的专业人才、演员、音乐家、作家、艺术家或运动员进行直接互动的常见方式。许多公司在一些名人身上投入大量资金,请他(她)成为其品牌的有偿代言人,通过在他们的社交媒体上频繁发文实现品牌宣传。名人与公司签订合同,以金融交易的方式,将自己的名气出售给公司,以获取金钱、免费餐饮、酒店套房、旅行开支、名牌服装和珠宝等形式的回报。公司希望通过名人代言,让其产品和服务能够进一步建立起积极的、影响力大的知名度。这样做能奏效吗?我认为不一定。

卡戴珊家族的一员佩戴某件首饰参加一次活动,然后在社交媒体上发布当晚的照片,这可能会引起一时的关注。然而,如果卡戴珊仅仅是戴了一次你的珠宝,这不可能给公司带来长久的销售业绩,也没有人会认为她是这个产品的真正粉丝。

再看米凯拉·苏萨,她是一位"音乐家和求变者",她的

Instagram 账号 @lilmiquela 有 160 万粉丝，她实际上是一个电脑生成的虚拟人，像她这样推广产品的网红机器人越来越多，推广的品牌包括 Calvin Klein（美国时尚品牌）、法国奢侈品品牌迪奥和韩国电子产品品牌三星等。与此相比，虽然让卡戴珊来推销你的产品不太可能带来长期收益，但至少卡戴珊家族都是实实在在的人。

> 那些最可靠的人将是你的理念或产品的最佳支持者。

一个你完全不了解或者对你的产品一无所知的网红是根本无法有效推广你的品牌的。要知道，任何与你所雇用的代言人有关的负面信息，都会对你的品牌声誉造成直接伤害。

耐克：争议中大卖，或者另有奥妙

2018 年，耐克开展的"JUST DO IT"（只管去做）活动推出了一则新广告，引发了很大的争议。广告是由美国国家橄榄球联盟的四分卫球员科林·凯普尼克主演的。2016 年，凯普尼克在赛前奏国歌环节选择单膝跪地并拒唱国歌，以此抗议种族歧视。耐克选择广受争议的凯普尼克作为品牌代言人，是一个颇显大胆的举动。

在 2016 年季前赛的一次赛后采访中，凯普尼克解释了他选择抗议的原因："在一个压迫黑人和有色人种国家的升旗仪式中，我不会向这面国旗致敬，更不会为此感到自豪。在我看来，这比橄榄球比赛本身更重要，如果我选择视而不见就太自私了。这个国家里，有的人因饥寒交迫而横死街头，有的人却能享受带薪休假，甚至杀人犯都能逍遥法外。"

这件事情没过多久，凯普尼克的球衣就登上了美国国家橄榄球联盟网站畅销榜的榜首。与此同时，许多人在社交媒体上表达自己对凯普尼克行为的强烈反对，认为这是不爱国的举动。

当耐克宣布与凯普尼克的合作关系时，社交媒体上一度出现了鼓动"抵制耐克"的帖子，还有人上传了焚烧耐克鞋的视频。与此同时，也有成千上万的人对凯普尼克的做法拍手叫好，并在社交媒体上公开支持耐克。

当一家公司选择涉足政治或站在有争议的立场上时，风险往往就会随之而来。据 Sprout Social（社交媒体管理系统）发布的题为《社交媒体时代下支持变革》的报告，67% 的消费者认为，品牌在社交媒体上就社会和政治问题发表言论时是可信的；也难免有些人会对此感到愤怒，在公共场合宣泄自己的不满。然而，耐克选择凯普尼克的决定大胆而自信。该决定在很大程度上表明了耐克的立场，也吸引了大量消费者的关注。因此，那些支持凯普尼克的人则极有可能变成耐克的支持者，成为其消费者。

一般来说，当一些社会问题存在争议立场时，建议公司谨慎参与其中。然而，当今世界两极分化越来越明显，耐克表明的立场，也是一个公司所应该具有的。它这么做，很有胆识，令人印象深刻。

建立真正的品牌伙伴关系

广告商只需要一次性支付给名人赞助费，就能让他们在Instagram或YouTube等平台上推广某种产品来吸引消费者。然而，这更像是广告商购买了一个杂志的广告版面，而不是请名人做品牌大使。这类广告会导致人们对商家及其产品持怀疑态度，因为他们一看就知道这是为了获得赞助费而发的帖子。

"只有当我真正喜欢某家公司并使用其产品时，我才会主动联系这家公司。"萨拉·贝丝告诉我们，"对我来说，关系更重要。我的粉丝能够信任我，这才有价值，所以当我说我喜欢一个产品时，粉丝不会觉得我是在向他们推销，因为那根本不是我的目的。"

萨拉·贝丝是"萨拉·贝丝瑜伽"的创始人和代言人。贝丝每周都会免费在YouTube上发布一期瑜伽视频，她在YouTube上有超过55万名订阅者，在脸书上有6万名粉丝，在Instagram上有4.5万名粉丝。她的瑜伽视频侧重于拉伸、强身、健肌和减压。此外，对于那些想要更个性化的瑜伽练习方式的人，她还提供会员计划和应用程序服务。

> 一个理想的品牌大使,必须与公司保持真切的关系,
> 同时也是其产品的忠实粉丝。

有些人具有影响他人的潜力,比如萨拉·贝丝,对这些人来说,添加好友的请求的数量就难以管理。大多数品牌营销者并不选择与潜在的品牌推广人建立关系,而是直接找几百个他们想挖掘且有一定粉丝的人,向这些人群发骚扰广告邮件,希望有人会同意推广他们的产品。

贝丝说:"我每天都会收到50多封电子邮件,他们想让我推广他们的产品。因为他们大多数都是复制和粘贴这些电子邮件请求的,就为让我查看一个产品。我不知道该怎么回复他们,我也不愿意回复。有时他们连我的名字都拼不对。我很难区分这些产品中哪些是可信的,哪些是值得我花时间关注的。"

贝丝已经和KiraGrace(服饰品牌)合作好几年了,这是一个提供高级运动服的品牌。"我与KiraGrace的合作关系很好,所以我们会继续合作。"贝丝说,"这个品牌每季都会送我一套衣服,我会在我的视频里穿,现在我会严格挑选自己要推广的产品。举个例子,如果我觉得我的粉丝会对某品牌的产品质量很满意,而这种感觉又很强烈,那么我就会和这些与我联系过的品牌合作。对于那些评价已经过时的产品,我不感兴趣。"

来自脸书、谷歌、卡夫、IBM、约翰迪尔和波音等公司的商业名人

　　TopRank 是一家 B2B 营销机构，该公司与 Adobe、领英、SAP（思爱普）、3M（明尼苏达矿务及制造业公司）、甲骨文等都有合作。TopRank 的首席执行官兼联合创始人李·奥登给我发了一封简洁明了、热情友好的电子邮件："在查看 B2BMX（B2B Marketing Exchange，B2B 营销交流）活动的演讲者名单时，我很高兴看到你被列为主讲人。我正在做一些活动的推广内容（我很喜欢这样做），你愿意接受我的采访吗？你若同意，可以看看以下内容，我对具体事项进行了说明，保证采访流程轻松方便☺。"

　　我很喜欢与奥登就营销活动进行讨论，加上我们在社交媒体上有联系，所以我很快就答应帮他了。他对我说他的公司正在制作关于 B2B 营销的交互式报告，名为《如何摆脱无聊的 B2B》，并将在 B2B 营销交流活动召开前一周发表，届时将有约 1 200 名专业人士齐聚一堂、交流意见。除了我之外，奥登还邀请了另外 12 位专家来分享关于 B2B 营销的宝贵建议，包括蒂姆·沃谢尔、帕姆·迪德内、阿尔达斯·阿尔比和布赖恩·凡佐。他们和我一样，都是此次活动的演讲者，来自诸如 3M、谷歌、Demandbase（B2B 营销平台）、PTC（美国参数技术公司）、Fuze（企业云通信公司）、Terminus（智能硬件科技

研发公司）和 CA Technologies（软件公司）这样的公司。

　　TopRank 发布的交互式报告有趣又好玩（一点也不无聊），报告的封面上还有一只可爱的卡通熊。报告的开头是这样写的："B2B 并不是指'从无聊到无聊'（boring to boring），但确实也有一些商业营销比较乏味。在这个信息过剩的世界里，买家期望从他们信任的信息源获取有实质性的内容。"我读完这篇报告后，在社交网络上进行了分享，并加上了 B2B 营销交流活动的话题标签 #B2BMX 和 TopRank 的推特账号 @TopRank。这篇报告的很多撰稿人也这么做了。最终，我们在社交媒体上发布的消息吸引了几千个感兴趣的营销商。一周后的 B2B 营销交流活动现场，又有许多人再次分享了关于 B2B 营销的想法。

> 品牌推广人一定要是热衷于宣传自己在乎的东西的人。

　　奥登和他来自 TopRank 的团队很有智慧，以一种人人都能获益的方式，吸引别人为他的公司做推广：

- 每一位像我这样的撰稿人都会把自己知道的事物分享出来、发布出来，最终得到全世界营销商的广泛关注。
- 对于如何使营销少点无聊元素、多点说服力这个问题，那些有想法的人有自己的理解，而活动参与者以及更大的 B2B 营销商群体可以领会到。

- 活动组织者已经开始享受活动开始前的推广了。
- 以上几点都有助于让更多的人了解那篇交互式报告的制作者TopRank。

"我们正努力为品牌吸引粉丝,而这样的报告,是实现这一目的必不可少的一部分。"奥登告诉我们,"我们希望能够与精通这一领域的专家合作,共同发布消息。那些缺乏特定知识和经验的人,可能需要几周甚至几个月的时间才能给公司反馈,向观众分享信息并创造出共同价值,而行家可能只需要几分钟就能把方案写出来交给公司。这样对大家都有好处。另外,举办活动非常重要,因为活动能将有影响力的人物聚集在一起。"

如何与品牌大使合作

那些有拥趸(比如作家、艺术家和运动员,同时这些人又有自己的粉丝)的品牌,必须学会如何进一步发展自己与推广人之间的关系,这也正是奥登所关注的。

奥登说:"在活动开始前,我们会把演讲者名单上传到Traackr(社交媒体网红平台)上。通过这个平台,我们可以在社交媒体上收集所有人发布的动态,它还能根据我们输入的关键词,准确算出这些演讲者与话题的相关度。根据每位演讲者的粉丝数量,我们很快就能对他们进行排名,包括在我们感兴趣的话题中谁最具影响力,然后再逐个对他们进行审查。这带有一些艺术和科学的成分。我们就是这样邀请到与我们合作完成报告的人的。"

奥登已经以这个方式与其推广人合作 7 年了,事实证明,这个方式对每一位推广人涨粉都是极有效的。奥登合作过的名人所在的公司有谷歌、PayPal(在线支付平台)、普华永道会计师事务所、前进保险、约翰迪尔、卡特彼勒、卡夫、波音、英特尔、IBM(国际商业机器公司)、万豪国际酒店、微软、汤博乐和脸书等。

他表示:"那些在我们想要了解的相关领域的专家,就是我们要与之结盟的人。我们想创造一个机会来展示他们的才华,也算是为他们做些事情。尽我们最大努力,激发每位名人的激情,帮助他们展示和宣传自己。后来,这些人当中有很多都帮助了我们。"

大约 10 年前,奥登列出了 25 位在数字营销领域颇具影响力的女性,这在市场上引起了极大的关注。他每年都会更新这份名单。现在它被称为"热衷于数字营销的女性排行榜"。

"年复一年,我们社区也向'热衷于数字营销的女性排行榜'推荐新的候选人。"奥登说,"这是我们评选'热衷于数字营销的女性排行榜'的第十个年头,我们计划在领英的纽约办事处举办一场活动,邀请那些有名气的女性,庆祝她们在数字营销领域的出色表现。这次活动对我们机构也不失为一种影响力宣传,因为我们真挚地向这些女性以及她们的贡献给予表彰。凡事都有因果，我们获得的回报却是难以置信的。我们并不是想要通过这次活动获得回报，这些女性却向我们表示了巨大的善意。许多登上'热衷于数字营销的女性排行榜'的女性，都在她们的社交媒体上对我们赞不绝口，还有几位聘请我们为她们的公司做营销。"

对于培养与推广人之间的关系，奥登有一个很高效的方法。他说："尝试着对你的推广人感同身受，这很重要，做做功课，看看他们需要什么。他们是作家还是主讲人？你可以根据他们的身份，找一个对他们有意义的个性化方式给他们加以宣传。"

他还表示："但我会以不同的方式来对待品牌代表——因为他们的影响力不是个人层面的，而是他们所服务的品牌的层面。对于每个人重视的东西，我们要做足功课，保持好奇心。"

这种建立粉丝圈的方法，是 TopRank 营销获得成功的重要推动力。奥登说："做一个真诚可靠、懂得感同身受的机构，你的成功会受到更多关注。他们先是关注到你的品牌，然后关注到品牌背后的你。那些值得信赖的行业佼佼者，向我们敞开了大门。我从商 18 年了，从来不需要请推销员，我们所有的新业务都是自己找上门的。"

奥登与我们分享了一个品牌推广人项目在 B2B 市场中运作的细节。许多理念在消费领域也同样适用。我们培养的品牌推广人是因为喜欢这家公司及其产品和服务，才真正想宣传这个品牌的，这比单纯花钱请来的代言人更有可能打造自己的粉丝效应。

利用"校友"来宣传公司

乐高公司的董事会执行主席约恩·维格·克努兹托普说："对于如何经营一家公司，我在麦肯锡有一次亲身体验。"克努兹托普曾在麦肯锡公司的哥本哈根办事处担任项目经理，这是他商业生涯的起点。他说："我对知识和学习的渴望是无穷的，作为领导的我对知识充满好奇心。而作为麦肯锡的'校友'，我又拥有知识资源这个优势。"

一个组织，除了它的现任职员（我们将在第12章中探讨）和外来品牌推广人之外，另一个非常重要的品牌大使群体就是前雇员，麦肯锡称这一群体为"校友"。这些人在公司工作了几年后就离职了，一部分回到学校，一部分开了自己的公司，还有一部分跳槽到了其他机构。虽然这些人不在原公司工作了，但仍活跃于这类文化当中。很多像克努兹托普这样的人，都对这类文化充满热情。当麦肯锡的"校友"对公司的产品和员工做出积极评价时，这也是一种对公司强有力的宣传。

麦肯锡现在是拥有最大、最久远的企业"校友"网络之一的公司，有超过3万名麦肯锡"校友"在私企、国企及社会部门担任领导级职务。这些"校友"的生活和工作遍及全球125个国家和地区，其中近2万名"校友"在北美境外。公司鼓励这些"校友"通过麦肯锡校友中心（McKinsey Alumni Center,

麦肯锡的官方平台）网站，帮助公司遍布于全球的前顾问与公司保持消息互通。每年都有成千上万的"校友"和公司员工在这个网站中进行交流与合作。麦肯锡的"校友"文化不仅能使前雇员受益，这也是麦肯锡现职员工工作热情的外在表现。

专注于毕生事业发展和维持长久关系，麦肯锡"校友"项目联合了全球商界的关键人物。许多和克努兹托普一样的麦肯锡员工在离开公司后，都进入了具有重大影响力的岗位。1/5的麦肯锡"校友"创办了自己的公司，有450位"校友"领导的企业的市场价值已经超过10亿美元。当这些"校友"宣扬麦肯锡时，麦肯锡的粉丝效应也随之显现。

试水中国网红

"大四快结束的时候，我向自己发起了一个挑战：'我能在中国成为一个网红吗？'"斯蒂芬·图尔班向我们分享道。他是我的学员，能说一口流利的中文，不久前刚从哈佛大学毕业。

"我一直对中国的网络粉丝文化很感兴趣。"图尔班说，"中国年轻人每周会用几十个小时关注他们最喜欢的名人。因此，我开始思考：'我能赶上这股浪潮吗？'我在哈佛的同学Lara[1]，在中国已经有点名气了。她和双胞胎姐姐Sara[2]是中国的网

---

[1] Lara 的中文名是孙雨彤，微博账号是"孙雨彤Lara"。——编者注
[2] Sara 的中文名是孙雨朦，微博账号是"孙雨朦Sara"。——编者注

红，她们俩在微博（相当于推特）上拥有超过100万名粉丝。因此，我问她是否愿意教教我，作为我成为网络名人的'师傅'。"

图尔班在他的"师傅"Lara的帮助下下载了微博[①]，并设置了一个微博签名，大致意思就是：一个来自哈佛大学的小伙子——斯蒂芬。

"不久，我发现自己在中国市场有三个优势：我会说中文，上过哈佛，皮肤白得和牛奶一样。所以，我带着自己的新网名和一个资料完善的微博账号，准备好开始我的探索了。我只需要发微博就好了。我的第一条微博是Lara帮我发的，内容是一个段子附上我俩的一张合照。发完之后，她登回自己的账号，随手给我的微博点了个赞。"图尔班说。

事情就算开局了。

短短几分钟内，图尔班的微博粉丝数就从10涨到了300。受Lara的名气影响，一周时间他的粉丝人数就接近700了。因为Lara给图尔班微博点的一个赞，就让人们有了想了解这个叫斯蒂芬的哈佛小伙子的好奇心。

图尔班很快发现，如果他开始定期更新视频，那么就能弥补他在营销技巧上的缺陷。他和Lara有个想法："我们以'这个老外是如何努力成为中国网红的'为主题拍一段视频，怎么样？"

---

① 图尔班的微博账号是"唐文理Stephen"。——编者注

经过几个小时的拍摄和剪辑，图尔班的视频做好了。他把视频发到微博上，接下来就是等待。这段视频一炮而红，关注他的粉丝从 700 人涨到数千人。

他开始每天发微博，经常分享一些照片。他每周至少更新一段视频，每个月都做几次直播。很快，他就拥有了上万名中国粉丝，他的视频点击量超过一千万。

"学习如何在中国成为网红很有意思，这归结于这个过程中遇到的人。"图尔班说，"最重要的当然是我的合作伙伴，Lara 和其他几个中国网红成了我大学里最亲密的朋友。第二重要的，就是我的那些'超级粉丝'，他们定期关注我的内容，我和他们成了网友。关注我的粉丝，绝大部分是那些想要去海外留学的年轻中国学生。我每隔几天就会发信息，根据他们的问题，通过私信、评论和视频更新等方式给他们提建议。"

图尔班在成为一个小有名气的网红的过程中很开心，但毕业后，他开始降低使用中国社交媒体的频率，因为他开始对自己的初心产生怀疑。"我对网红的追求对吗？"他想，"我到底想要什么：名气？还是声誉？还是说像暴躁猫一样把我的脸做成表情包？慢慢地，我发现，与学生之间的联系、帮助他们解决问题才是我喜欢做的，我不再痴迷于粉丝数量。后来我开始放慢在社交媒体上发布内容的速度，把更多的精力放在与我发展起来的粉丝以及合作者的关系上。"

毕业几年后，斯蒂芬·图尔班还会偶尔登录中国的社交媒体。与大多数有大量粉丝的人不同，他不用社交媒体来获取收益，因此，他从未打算通过从品牌赞助费来赚钱。他与中国社交媒体上的朋友还保持着联系，并且仍然不定期发布一些自己的照片和视频。

"自从在中国成为网红的挑战结束后，我试着继续做中国社交媒体上我喜欢的那些事（练习我的中文，结交真实的人，了解中国的流行文化），不喜欢的（痴迷于粉丝、点赞和评论的数量）我就不做了。"他说，"坦白说，我很感谢Lara，感谢她帮我开启了这个中国网红之旅。我亲自体验了中国网红文化，认识了新的自己，以及社交媒体这个疯狂的世界。因此，我认为这也是一项成功。"

第9章 打破壁垒

戴维

电梯门打开,我和由香里、玲子瞥见了几张桌子:桌上铺着洁白的桌布,整齐地摆放着高脚酒杯和擦得锃亮的银制餐具,每张桌子上还摆放着一个花瓶,花瓶里各插着一朵小花。柔和舒缓的音乐声交织着客人们的谈笑声传了出来。新鲜出炉的面包香味扑鼻,还有一股浓郁而香醇的味道,再仔细闻,这是什么呢?杏子味的白兰地?或者,散发着橡木味的陈酿葡萄酒?

"先生您好,请问您有预订吗?"女服务员问。长时间的排队等待后,终于轮到我们了。

我报了自己的姓名。"有的,我们订了主厨餐桌。"

她的眼睛明显亮了一下,对着我们三个人露出了不易被他人察觉的微笑:"好的,祝你们用餐愉快!"

服务员带我们穿过了一条狭窄的走廊,走廊两边摆放着许多个齐天花板高的玻璃柜,里面存放着无数瓶葡萄酒。服务员和茶水工们背靠着走廊边上的玻璃墙，分列在两边夹道欢迎我们。他们每个人都用灿烂的笑容和我们打招呼，因为我们是那天晚上的幸运儿：整个餐厅唯一的主厨餐桌正等待着我们落座呢！我们走进虽然有点嘈杂，但明亮而热闹的餐厅正堂，不同器皿里散发出来的美食味道彻底把我们吸引住了。这里的声音确实非常丰富，蒸汽的嗞嗞声此起彼伏，厨具碰撞的叮当声不绝于耳，巨大而锃亮的不锈钢台面和排气罩一起为我们展现了一场"餐前表演"。这里的一切让我们有些眼花缭乱！还好，我们可以在这里尽情地欣赏好几个小时。我们好像进入了美食天堂！

我们被安排在正对入口的高脚凳上落座，背对着墙，这样方便欣赏主厨的厨艺。不过这家店竟然没有提供菜单供客户选择，看来是对自家的所有菜式都会让客户完全满意充满了信心。

波士顿这家西班牙风味餐厅里，我们桌位的价格是最贵的，但也是最受食客欢迎的，几乎一座难求。然而，坐在这里，我们既看不到豪华的装饰，也没有私人包间里的专属侍应生为我们提供服务。

大家应该知道我们在哪儿了吧？这里是厨房！

每晚只有一拨客人，而且最多不超过四人能坐在店里的主厨餐桌就餐，主厨的一举一动都尽收眼底。客人们会品尝到由主厨亲自精选出来的、最拿手的15道菜品，他还会介绍每道菜以及它们的准备过程。我们可以了解每道菜完整的烹饪过程以及每个环节的作用。

在这家餐厅里，我们不仅是坐在主厨餐桌享用了一顿精美丰盛的晚餐，更重要的是，我们似乎融入了整个厨房的氛围当中。厨师们在烤肉时，我们感受到了从煤气烤架上散发出的阵阵热气，甚至看见了他们不小心把酱汁弄得乱七八糟的过程，还很惊讶地发现做得不够完美的食物会被扔进垃圾桶。厨师的助手们有的忙得不可开交，对一个个任务分身乏术，应接不暇；有的则重复着同样的动作，小心翼翼、有条不紊。

那天晚上，我们在西班牙风味餐厅享受到的不仅是一顿美食，还有那场永远值得铭记的厨房行为艺术。

交易之外

大部分公司在推出某种产品或服务时，通常会犯一个致命的错误，他们认为只需要提供相应的商品或者服务就可以了——生意就仅仅是一单生意。但消费者大多数情况下只会问："这个速度是最快的吗？容量是最大的吗？价格是最便宜的吗？为什么我应该买你们的产品而不是其他公司的，你们的卖点是什么？"这促使商家越来越只关注产品本身，因此也助长了价格战和劣质服务的出现。

然而，这并不能打造我们所说的粉丝效应。

> 专注于产品本身的结果是一场"逐底竞赛"。

在这个世界上，打破无序的商品竞争对各个企业而言都是一个挑战。我们看到许多人试图以独特的方式从市场竞争中脱颖而出——不是通过打折，而是通过提供额外的津贴、升级的服务或是品质提升的产品。然而，这样的方法通常只是在产品本身的基础上附加一些华而不实的东西。这样的商业模式也无法打造粉丝效应，因为普通的消费者并不认为这种附加的东西足够特殊或别致。相反，他们认为自己支付的全部费用已经包含了这类"额外的费用"。他们看透了这种圈钱的老把戏，一点新花样都没有。

在西班牙风味餐厅，主厨餐桌的特别之处在于，它向人们展示出美食背后的东西，而不仅仅是在餐厅吃饭的简单交易，它让客人就在厨房里亲眼见证他们所享用饭菜的准备过程，这般经历足以令人难忘。

几年前，网购物品包邮并非常事，这也引发了消费者对包邮服务的关注。如今可大不相同，人们对于次日到达的免费快递服务已经司空见惯了。现如今，亚马逊提供当日达服务，你若还签收隔夜送达的包裹，看起来就难免有些落伍和意外。如今消费者并不把免费的急件当作一项有偿的附加服务，因为他们知道支付的款项里包括了运费这一项，他们比以往更精明了呢！另外，他们还有 Siri（苹果智能语音助手）和 Alexa（亚马逊智能语音助手）能全天候地帮助他们呢！

我们再来看看航空公司提供信用卡这一服务。航空公司承诺，客户在申请和使用信用卡时可以获得积分，凭一定的积分可以获得两张免费的夏威夷往返机票。这种服务在现今已经很常见了。其他航空公司的信用卡提供什么服务？我能在别处得到更划算的吗？我想要两张去新西兰的头等舱机票，哪家航空公司的信用卡积分可以兑换？

北美连锁百货公司诺德斯特龙提供的典范式优质客户服务被写进了教科书中，各大商学院的学生都在学习。关于该公司的客户服务，最著名的案例是一名男子将一套四个的雪地轮胎退还给诺德斯特龙，并获得了退款。但是，你要知道，诺德斯特龙不卖雪地轮胎！那件事过去40多年了，至今仍广为流传，令人忍俊不禁。的确，诺德斯特龙在高端零售店提供的优质服务，让即便是高昂的商品价格也似乎合情合理。当人们选择在诺德斯特龙购物时，他们就明白要为优质的服务多花一些钱，这对客户来说，是交易的一部分。即便如此，人们也乐在其中。

社会上充斥着各类吸引人眼球的品牌商品广告，我们却对它们视若无睹。相关的公司若想要打破这一局面并非易事，还很容易卷入一味追求更多、更快、更便宜、更大的商业竞争之中，但这些商品化的方法只是为消费者们打开了通往另一家比自己稍微好一些的公司的大门。

此外，我们曾询问世界各地的许多消费者，是什么让他们对某个组织、个人、产品或服务如此钟爱？我们耳边反复听到的答案是：这个产品的消费过程是一段令人难忘的经历。这个答案其实正是我们在讨论的，也是我们一直坚信的，这是那些品牌能吸引消费者的根本原因。

正是在西班牙风味餐厅的那次体验，让我们成了它的忠实粉丝，不仅是品尝它的美食（虽然它确实很美味）那么简单。我们之所以成为那家餐厅的粉丝，是因为那次近距离地目睹了整个美食制作的过程。

> 消除买卖双方之间的屏障，需要引导作为粉丝的买家走进商家的内心世界。

当我们受到鼓舞去探看幕布后面的世界时，当我们在幕布升起后成了舞台上的一部分时，我们会有别样的感觉。

最终，我们变成了永远的粉丝。

建立亲密关系

IMPACT 是一家致力于帮助人们在数字化营销中抢占先机的公司，它通过制定营销策略、建立网站、创建搜索引擎优化计划，以及开展社交媒体营销活动等方式来帮助企业发展。从传统来说，像 IMPACT 这类公司都会被视为品牌设计公司。这家公司的创始人兼首席执行官鲍勃·鲁福洛意识到，要想获得真正的成功，IMPACT 不应仅是一般观念中的品牌设计公司，恰恰相反，IMPACT 需要打造显著而鲜明的粉丝效应。

"我们很早就发现，人们很希望从我们这里获得市场营销的真知灼见，"鲁福洛告诉我们，"他们想知道什么是有效的，什么是无效的。他们也想知道与其他客户合作时，他们该做什么以及需要注意什么。"

为此，鲁福洛创立了一个名为"亲临 IMPACT"（IMPACT Live）的市场营销会议，它把人们聚集在一起，分享成功案例，讨论未来营销方式。2018 年是这项活动开展的第二年，"亲临 IMPACT"邀请了 500 名参与者，还有 55 名 IMPACT 的职员和顶级演讲者。大多数参与者都是首席执行官、企业主，或者是公司的市场营销部门负责人。

鲁福洛的公司花了整整一年的时间来筹备"亲临 IMPACT"，这是该公司迄今为止最大的一个项目。"这场会议就像我们公司每年的'超级碗'[①]，"鲁福洛说，"我们的员工因为能够与不同的客户、有趣的演讲者和思想领袖站在一起而感到非常自豪。这些尽在 IMPACT。"该项目也让员工有机会接触平常涉及不到的领导工作。"亲临 IMPACT"的每一位员工都各司其职：他们有的在活动现场发言，有的办理登记手续，有的在后台工作，有的负责协调赞助商和供应商的关系。

"我们在 2017 年签下了我们最大的客户之一，这是'亲临 IMPACT'带来的成果。"鲁福洛说，"那位客户与我们团队进行了会面。虽然她之前曾与其他机构合作过，但一见面便对我们的团队印象深刻。她体验到了我们不同于一般机构的代理销售流程，进而做出了更明智的购买决定。我们面对面签约的

---

① 超级碗是美国职业橄榄球大联盟的年度冠军赛，是非常盛大的活动。——译者注

时候，她更加感觉到舒畅自如。现在差不多一年过去了，她对我们的合作非常满意。"除了签约新客户，"亲临 IMPACT"对于维护现有的客户关系也发挥了很重要的作用。事实上，2017年参加了"亲临 IMPACT"的每一位客户，2018 年都再次出席了。

"亲临 IMPACT"的意义不仅仅在于鲁福洛和他的团队每年对活动的承诺，或者享受这场活动带来的成果，比如签约新客户。我们惊讶地发现，他们竟然不限制出席人的身份！虽然大部分"亲临 IMPACT"的参会者都是 IMPACT 的客户，但也有很多人不是。任何人都可以参加这场会议，即使是在其他营销机构工作的人也可以参加。这是谁做的决定呢？

你或许参加过像 IMPACT 这样的 B2B 公司举办的客户活动，一般在这种场合下，竞争对手是不允许参加的。竞争对手及其合作方没有参加这样的客户活动的资格，这是商界的惯例，对吧？如果竞争对手也出现在那样的大型会议的观众席上，大多数高管都会感到非常不舒服。毕竟在商界，我们都要保守自己公司的秘密。

尽管"亲临 IMPACT"展示的营销策略和战术更多带有私人性质，但这家公司的运营却反其道而行之。它开放且包容，任何想参加的人都受到欢迎。IMPACT 让每一位客户都有一席之地，让他们可以在幕后分享彼此做生意的窍门以及他们独特的经营方式。

那到底什么是秘密，什么又不是秘密呢？

一个 500 人参加的内部活动，私有信息是没有可能被泄露的。但随着信息扩散达到饱和状态，便不再有秘密——信息会被发现或泄露。

"对我们的客户来说，在'亲临 IMPACT'上与我们或其他客户面对面交流是一件重要的事情，"鲁福洛说，"这比让我们的员工坐飞机到处拜访客户要好得多，我们与客户的关系也好了很多。同时，客户变成了我们的粉丝。"

很少有营销机构会举办像"亲临 IMPACT"这样的活动。在我的职业生涯中，大概与 20 家营销机构合作过，但没有一家举行过像这样的活动。然而，为客户创造一个相互交流的环境，与公司员工甚至与竞争对手的员工交流，是打造粉丝效应的好方法，对于拓展业务和维持现有客户也大有裨益。

举办这样的活动还有一个好处，那便是其他一些机构的员工参加过"亲临 IMPACT"之后，也希望在 IMPACT 工作。"在 2017 年的活动结束之后，有 10 个人来 IMPACT 工作，"鲁福洛说，"有些人几乎很快就入职了，因为他们对我们公司的做法印象深刻，想和我们一起工作。"

招到新员工当然是一个额外的收获，但"亲临 IMPACT"最重要的作用是打造了粉丝效应。"对我们的生意来说，拥有粉丝是很有价值的，"鲁福洛说，"所以我一直在想怎样才能找到让人们更喜爱我们的方法。我有责任让客户群凝聚起来，他们显然也期待我们这样做。'亲临 IMPACT'是一种让我们在融洽的环境中真正接近粉丝的方式，会议上的众多客户和著名的演讲者彰显了我们对未来客户的社会公信力。"

公司与粉丝的亲密关系由"亲临 IMPACT"的可及性决定——客户和竞争对手都看到了公司最重要的想法和方法。通过让每个人都能与 IMPACT 建立联系，IMPACT 对参会者进行了一种投资，而这种投资的回报是翻倍的。

当一个公司建立了这样的亲密关系，现有的和潜在的客户（以及竞争对手）就会享受这种关系带给他们的体验。这种体验正是粉丝效应形成的关键，而打造这种体验的办法也有很多。

邀请客户参观生产车间

冲浪是能与自然亲密接触的运动之一——它是冲浪者与海洋的较量。对于那些想跳进大海、追逐浪花的人，海洋是开放包容的。冲浪的设备很简单，一块冲浪板就可以，在天气更冷的时候，再添上一身保暖的潜水衣也就够了。

然而，对于关心环境的人来说，标准的冲浪板也有明显的缺点。第一个是生产运输过程中的碳排放问题——从制造原材料海绵，到将大块的海绵芯运往制造商，再到将成品冲浪板运往分销商和零售商店，每一个过程都产生了大量的碳排放。

21 世纪初，冲浪爱好者开始认真地寻找海绵芯的替代品。与此同时，迈克·拉韦基亚创立了格兰冲浪板（Grain Surfboards）公司，致力用可持续木材制作冲浪板。100 多年前，起源于夏威夷的冲浪板是用木头制作的，是用一块非常重的大木板做成的，为了能容纳一个人，这种冲浪板又长又宽，在水里很难操纵。拉韦基亚开创性地借助传统造船技术，用肋材和木板制成了中空的木制冲浪板。这一创新让纯木冲浪板也具有了普通海绵芯冲浪板的轻盈的材质和旋转的能力。这种定制木制冲浪板的价格为 1 900~2 500 美元，比工厂生产的海绵芯冲浪板要贵上许多。

格兰冲浪板公司在可持续技术上更进一步。它联合苏格兰的格伦莫兰吉酒厂，用其剩余的威士忌酒桶，制造了限量版的格伦莫兰吉经典冲浪板。格兰冲浪板公司的工匠利用旧威士忌酒桶的橡木板替代常用的船用胶合板，制作了 7 英尺长的冲浪板模型，这不失为一个回收利用的好办法。

"公司刚建立的那一年多，我们只是埋头制造冲浪板，我们想弄清楚怎么做、用什么技术，为此做了许多尝试。"拉韦基亚告诉我们，"很快，我们就拿定了主意：客户购买定制冲浪板的成本很高，那么生产其他材质的冲浪板的市场前景一定也会很好。"

起初，拉韦基亚为客户们提供了一套工具，人们可以在家里自己制作冲浪板。通过给人们提供制作冲浪板所需的材料、制作计划以及详细的指导，格兰冲浪板公司实际上是在邀请人们"复制"他们专有的冲浪板制作技术。而那时，绝大多数公司都保护自己的知识产权。然而，拉韦基亚认为，他的方式会帮助自己公司的冲浪板在市场上站稳脚跟。

"以往我们倾向于把成套产品制作完成后再投放市场。"拉韦基亚说,"但不管怎么做,我们的目的只有一个——在市场上,我们的冲浪板越多越好。木材可以很好地替代海绵,我们希望能让更多的人使用它。因此,不管是我们公司制作的冲浪板还是客户制作的,我们就是要把这种冲浪板宣传出去,向人们证明它是可行的。"

　　格兰冲浪板公司将其秘诀"包装"成一个带有详细说明的工具包,提供给消费者,这就同西班牙风味餐厅的主厨餐桌的开放式服务,还有IMPACT的会议允许任何想要参加的人都能参加一样。然而,当他们发现这个潜在市场时,格兰冲浪板公司是如何邀请客户参与自制冲浪板的呢?

　　拉韦基亚和格兰冲浪板团队收到了一些人的咨询,这些咨询来自那些喜欢自己制作纯木冲浪板,但没有合适的工具或木工经验的人。"对自己制作的冲浪板表示担心的人越来越多。"拉韦基亚表示,"虽然还有很多人需要一点我们的帮助,但那些有信心的人已经从我们这里买了一套套的装备并开始制作了。"因此,格兰冲浪板四天研习班就应运而生了!

　　纯木冲浪板爱好者们来到位于缅因州约克县的这家工厂,与公司的工匠们并肩工作,制作自己的冲浪板。工厂除了每月最多为8名学员安排一次定期课程外,还会根据需要增加额外的课程。公司在加利福尼亚州和俄勒冈州的冲浪点附近的西海岸开设了一个培训班,并在纽约的阿马甘塞特开设了一家分厂。

　　我在缅因州的工厂有过两次制作冲浪板的经历!第一次制

作的时候我就喜欢上了这种形式,后来我又去了一次,制作了第二块冲浪板。我很喜欢详细规划好制作冲浪板的每一个细节,比如用各种"图标"来个性化我的冲浪板——我脚踝上的红星文身图案也印在了我的两块冲浪板上。制作冲浪板收尾时,还要用刀具做大量的塑形打磨工作。在制作冲浪板的时候,需要用另一种思维去思考,这确实让我精力充沛。

我最喜欢的是与格兰冲浪板团队以及其他学员交流。每天早上我们一起围着一张公用的大桌子吃早餐,谈论我们当天需要完成的工作是什么,然后充满干劲地开始工作。格兰冲浪板的工作人员会提供你需要的帮助。他们会帮你处理项目中比较精细的部分,比如将木板的顶部与底部对齐平整(用他们的话来说就是"大功告成")。吃午饭的时候,还有每天工作结束的时候,我们都会喝一两瓶啤酒,聊聊冲浪的经历。在我的第一节课上,与我一起制作冲浪板的人有一对制作长板的父女搭档,女儿不过12岁;还有一位制作短板的年轻人,他从印度远道而来。以一种充满个性的、强有力的方式,制作冲浪板这件小事将我们这些学员和工作人员联系在了一起。

"制作冲浪板的过程中有很多小步骤,刚开始使用工具的时候也容易犯错。"拉韦基亚说,"越接近成品,你便能越发熟练地使用这些工具。这是很值得去做的一个过程,我也觉得我们的学员非常喜欢这样。整整四天,他们就像我们的工作伙伴一样。我们使用的工具也都是一样的,不分彼此。工厂工人在制作冲浪板的时候,学员们也可以观察整个过程,这样一来,每个人都能融入其中、乐在其中。"

工厂位于缅因州约克县的另一个好处是，它离长沙海滩很近，步行即可到达。碰上海浪，学员们和公司的职员可以一起出海。这里还有很多供学员尝试使用的可出借的冲浪板，而且我非常喜欢之前试过的白波冲浪板，也想自己做一个那样的，这也是我想回来再做一块冲浪板的原因。

"我总是开玩笑说，上这个课程确实不错，因为它给了我们一个停下工作的借口，还可以把工厂打扫得像模像样。"拉韦基亚说，"说实话，这里真的很有趣，我们都很喜欢，也很期待其他人来。这个工厂充满了生气。每一次开课时，我们都很期待见到这些学员。10分钟前，我们刚接到一个人的电话，他去年来参观过，想来上一节课。可作为一名消防员，他的工作太忙了，在那之后整整过了一年才来这里。今年4月，他终于开始制作自己的冲浪板了，刚刚打电话过来是在向我确认课程。我们还知道他的女儿在波士顿上学，正在搬家。他们现在像是制作冲浪板大家庭的一员。每个到这里来的人都有一种从未真正离开的感觉，不管他们是回来参观，或是打电话来确认课程，还是在社交媒体上发布一些他们的冲浪板的照片。我们打心底里重视并喜欢认识这样的人，这感觉就像我们有一个不断成长的家庭。"

反过来我也确信，我自己也是这个家庭的一员。还记得本书的开头，我给大家讲过自己电脑上的那些贴纸吗？我如何展示我所热爱的事物？如何因感恩而死乐队、日本和楠塔基特岛的贴纸而与布赖恩·哈利根建立联系？我电脑上最喜欢的贴纸之一就是格兰冲浪板公司的。我可是它忠实而狂热的粉丝！

格兰冲浪板公司已经形成了大规模的粉丝效应。不过，如果它固守传统，仅仅是销售冲浪板并将其运送给经销商和客户，那么是根本不可能形成粉丝效应的。许多人和我一样喜欢在社交媒体（尤其是 Instagram）上分享自制冲浪板的照片，这进一步激发了人们制作冲浪板的兴趣。格兰冲浪板公司在 Instagram 上通过自己的账号 @grainsurfboards 向公众介绍冲浪、冲浪板以及制作冲浪板的课程。我写作本章的时候，它的账号已经有 5 万多名粉丝了。

给人们一个机会去体验大多数人都不明白的东西是一个绝妙商机。再来看另一个例子，"冰上之星"花样滑冰世界巡回表演会在每一场表演之后安排滑冰选手进行场下互动。只要再多付 100 美元，粉丝们就可以在后台与颁奖典礼上的选手们见面，包括世界花样滑冰锦标赛冠军陈巍、奥运奖牌得主涩谷兄妹、美国花样滑冰锦标赛冠军亚当·里蓬等。粉丝们喜欢收集他们的签名，还带着相机不放过任何给选手们拍照的机会，接着他们会在社交媒体上与朋友分享自己的经历，顺势吸引其他人也这么做。

又如，德国汽车公司奥迪会邀请其北美客户到欧洲工厂参观，让他们参观奥迪博物馆，与造车工人见面，并在那里亲自取车。然后他们就有机会在新车被运回美国之前，先在欧洲试驾。奥迪的服务做得非常细致入微：到机场接机；首晚安排入住；提供有关文件和合同；加紧安排物流，以便客户结束这次旅行回国后能直接提车回家。

> 把粉丝当作自己的家人就可以打造粉丝效应。

公司为粉丝提供特别的服务，可以使一家公司的服务从简单的产品销售，转变为打造终生难忘的客户体验。

更多互动，更多粉丝

到目前为止，在这一章里，我们已经看到了诸如位于餐厅厨房的主厨餐桌、为期四天自制纯木冲浪板的经历、"冰上之星"表演赛的选手们在台下与粉丝交流互动，还有奥迪让客户在工厂提新车这样的事例。它们将粉丝与那些创造他们所喜爱的东西的公司或组织联系起来，进而打造大范围的粉丝效应。那么，为人们提供服务的表演者和公司，是如何让粉丝成为创作或生产过程的一部分的呢？要知道，这本来是不可能发生的事情。可事实证明，科技在拉近粉丝与表演者和公司之间的距离方面发挥着巨大的作用。

我们再来看看英国的摇滚乐队酷玩乐队。为了营造更美好的气氛，酷玩乐队在演出现场用上了LED（发光二极管）腕带。入场时，主办方会给每位乐迷派发一个Xylobands（可穿戴技术品牌）的腕带，腕带里面配置了由乐队制作人员控制的无线电系统。每位观众腕带上的彩灯有多种闪光模式，这些光源一起闪烁就形成了一场缤纷的大型灯光展。粉丝们都非常喜欢这个腕带，因为它让观众和演员融为一体，大家变成了一个流光溢彩的整体。

类似这种LED腕带的效果也可以在智能手机上实现，人们可以把手机高举在空中融入现场的表演氛围，美国电子音乐家丹·迪肯就使用了这种技术。虽然迪肯运用的智能手机技术的费用比酷玩乐队每场演出购买数万个腕带要低，但粉丝们必须提前下载一款应用程序，才能尽情享受其中的乐趣。

这对迪肯来说却是重大利好，正因为现场演唱会，他在粉丝圈里名声大振。几年前，我和玲子在芝加哥的罗拉帕罗扎音乐节上观赏过迪肯的表演。那时候，他会让所有的观众在指定的时间一起向空中扔空水瓶来营造氛围，粉丝成了他表演中不可缺少的角色。那个周末，虽然我们看了几十场演出，但最难忘的还是迪肯的表演，因为他让我们参与其中，为自己创造了乐趣，我们也是演出的"活跃分子"！

在酷玩乐队演唱著名歌曲《黄色》时，每个人的腕带都亮了起来，你一定知道亮起来的是什么颜色——黄色！大多数时候，腕带是不发光的，但在演出的高潮时刻，比如在演唱《查利·布朗》这首歌时，乐队主唱克里斯·马丁会在演唱中间告诉粉丝："举起你们的腕带吧！"伴随着他的歌声，各种颜色的腕带此起彼伏，汇聚成一片彩色的海洋。

成千上万个酷玩乐队的粉丝在几个小时里相聚在一起，

每个人都通过自己的腕带融入了表演当中,这与几个客户聚在一起花四天时间亲手制作纯木冲浪板的案例类似。当人们以这种方式参与进去时,这种牵绊就打造了显著的粉丝效应。

"酷玩乐队的事例证实了粉丝体验的重要性。"纳特·泰珀告诉我们。泰珀是 Harmony(手机应用程序)的首席执行官和联合创始人,这款应用程序可以让粉丝们在即将到来的演唱会中为他们想听的歌曲投票。"在 7 万人的海洋中,每个人都在同样的节奏下点亮同样的颜色,我从来没有感到我与 7 万人的联系如此紧密。与乐队和音乐融为一体是一种情感的释放,也是一种力量的生长,甚至不需要看舞台上的乐队就能感觉到。有了这些光,感觉更酷了,因为每一束光都代表现场的一个人。"

Harmony:让乐迷选择表演

泰珀和我们一样,也是一个现场音乐发烧友,而且他把自己的爱好变成了生意。2015 年,泰珀和他的朋友们花了两个小时,到旧金山附近的海岸线圆形剧场去看戴夫·马修斯乐队的演出。这是泰珀在那个星期看的第三场演唱会,前两场是特雷弗·霍尔和数乌鸦乐队的演出,但他对这三场表演都不满意。"我为了看这几场演出,从那么远的地方来到这儿,听到某首歌曲时,也很兴奋。"他说,"可他们没有表演我最爱的歌曲，所以我还是心有不甘。要是能在演出现场听最喜欢的歌曲，我就会觉得这场演唱会的体验十分值得。"

泰珀很快就下定决心要解决不同粉丝有不同偏好的问题，他设计出了 Harmony 这款手机应用程序。数以百计的歌手和乐队都用它与歌迷直接交流，包括泰勒·斯威夫特、U2 乐队、艾德·希兰、碧昂斯、缪斯乐队、蒂姆·麦格劳和火柴盒二十乐队。Harmony 还与 Ticketmaster（全球性票务公司）成了合作伙伴，在 Ticketmaster 票务网上购买演出门票的歌迷会在电子邮件里收到一个链接，在上面可以创建自己钟爱的曲目表，然后乐队可以通过脸书或 Instagram 等社交网络分享这个链接。出席演唱会的歌迷都会受邀到 Harmony 特别设计的网页，在上面投票决定乐队或歌手应该表演哪些歌曲。

歌迷们也可以花点钱为他们喜欢的歌曲投票，每一次投票的钱都将捐献给慈善机构——致力于改善无家可归人士的处境、自闭症儿童的治疗、预防自杀和癌症研究。得到粉丝投票越多的歌曲，也就越有机会在现场表演，对社会的影响也就越大。有些人会投上几十张票，还有一些人甚至会投上几百张票，但只有在歌手演奏了他们选择的歌曲时，歌迷们才会被要求付费。

歌曲投选的理念将歌迷和歌手联系在一起。当歌迷们有了影响演奏曲目的权利时，他们就会参与演出的发展中，并感受到与歌手之间的联系，这正是其他演唱会所没有的。歌迷们在演出前花时间挑选歌曲，当某位歌手真的演唱了他们选的那首歌时，会给他们带来强烈的震撼。尤其是当演奏那些歌曲的歌手感谢歌迷投票的时候，歌迷们会认为："这都是因为我，是因为我的投票推荐，那首歌才有了演出的机会！"

"演出结束后，我们对歌迷进行了调查。他们告诉我们，当歌手演奏他们最喜欢的歌曲时，他们觉得自己是创造这种体验的一部分。"泰珀说，"这对他们来说很神奇，就像你可以与歌手建立连接，你可以要求他演唱特定的歌曲，而且他也会听你的。一些粉丝告诉我们为什么一首歌对他们来说如此重要，以及他们是如何来看这场演出的。我印象中好像有一对夫妇，他们说这是他们结婚时所用的歌曲。歌手演唱他们想听的那首歌的时候，是他们纯粹快乐幸福的时刻，是歌手与粉丝之间真正交流的时刻。"

歌手们也喜欢用 Harmony，因为只要有人在这款应用程序上选择了他们的歌曲，这个人的电子邮件地址就会分享给他们，这样一来，他们就可以把这首歌列入演唱的歌单中，进而与粉丝们建立更加紧密的联系。这一点很重要，因为票务公司绝不会向艺人分享歌迷的联系方式。

就在撰写本书的时候，我收到了一封来自 Ticketmaster 的电子邮件，邮件的主题是："如果杰克·怀特演唱所有你最喜欢的歌曲，会怎么样？"我收到这封邮件是因为我购买了杰克·怀特演出的票，而邮件中的链接指向的正是 Harmony 这款应用程序。

创建杰克·怀特的最佳演唱歌单

杰克·怀特的巡回演唱会就要开始了,我们希望你和我们一样为此感到兴奋!做好准备,根据你的兴趣,创建你专属的杰克·怀特的最佳演唱歌单,请不要忘记他的新专辑《寄宿公寓》中的歌曲哦。

你只需要选出自己最喜欢的歌曲,下载到你的播放列表,还有,把它分享给你的朋友吧!

我很快选了几首歌,包括《疫》、《临时场地》和《十六块饼干》。大概一周之后,我去看了演出,怀特和他的乐队表演的第二首歌就是《疫》,后来也演奏了《十六块饼干》,这太让我激动了。虽然我不过是在 Harmony 上选择歌曲,可这让我觉得自己与怀特的联系更紧密了。我觉得自己有点像个圈内人,尽管可能有成千上万的人都选择了同样的歌曲!真好!这感觉美妙绝伦!

如今,大多数明星的社交媒体都不是自己运营的,当然,这也不是绝对的。目前的情况往往是这样的:社交媒体经常是由数字营销人员在幕后运作的,里面的内容既不是歌手自己编辑的,也没有个人魅力。这些社交媒体上通常只是公布巡演日期、推出门票促销以及商品促销活动。而有些明星,尤其是那些拥有的粉丝不多而又雄心勃勃的明星,却能独立掌控自己的社交媒体。渐渐地，他们发布的内容获得了越来越多的点赞，他们也获得了越来越多的关注。由此，这些明星的职业生涯有了美好的前景，因为他们可以依靠看自己演出的铁杆粉丝们获得进一步发展了。

"真实性非常重要，"泰珀说，"台上演唱的真的是你吗？你与粉丝们的关系非常融洽吗？还是你只不过是想一次次诱导他们买票而已？使用 Harmony 的好处就是，在明星与粉丝之间建立了一种非常真实的联系，让我这样的铁杆粉丝在列完歌单之后，能在现场真实地感受到歌手的声音。"

The Rattle：打破音乐与科技之间的壁垒

有时候，打造粉丝效应的关键是从头做起，有目的地把人们凝聚在一起，这种方式是以前从未有人采用过的。而克里斯·霍华德创办的 The Rattle（音乐与科技公司）开了先河。The Rattle 是一个全球性的科技设施公司，提供录音室业务、工作场所租赁和名师培训等服务项目，为艺术工作者、技术研发人员和文化传播者等提供更好的发展条件。在霍华德博采众长的职业生涯中，他既是音乐制作人，又是科技公司的创始人，他最卓越的观点就是把这些领域中最优秀的资源汇聚在一起。

The Rattle 聚集了两个极为不同的群体——职业音乐家与科技企业家——因此每个群体都能接触到另一个群体的内部运作过程。而在以传统的方式运作的工作室里面，通常是几个音乐家闷头讨论，这样很难通过思想交流碰撞出合作的火花。

早期典型的科技公司都是在科技孵化器或合作空间中起步的。但 The Rattle 是两者的结合，同时为音乐家和科技企业家提供相同的工作环境，最重要的是他们并肩工作、互相帮助。霍华德的公司并没有像格兰冲浪板、奥迪、西班牙风味餐厅一样，让人们深入了解其内部生产制作过程，而是把某一领域的客户与其他领域中有创造力的人联结在了一起。此举产生的效果的确令人惊喜！

The Rattle 的月会员享有特权，可以在世界各地免费参观公司最先进的音乐工作室、创客园、合作空间、工作坊，可以约见工程师与制作人，还可以受到职业辅导、参加一对一培训和大型活动等。

The Rattle 让这些来自不同背景、持有不同目标的人精诚合作，打造粉丝效应。霍华德告诉我们："科技企业家正在向音乐家表明，他们的歌曲并不是赚钱的唯一途径。初创型科技公司有很多方法可以带来资金，而为了发展壮大，这些公司需要利用多种资源。他们利用自己的方法来帮助音乐家，开拓我们所说的副业，比如在别人的家里表演，这种感觉真的很酷。他们之间每天都有新的合作项目在进行。"

> 粉丝圈把那些志同道合的人聚集在一起，
> 为共同热爱的事物建立起一种情感联盟。

The Rattle 公司的音乐产业的成员，包括需要录音、指导和业务发展协助的独立音乐人，以及拥有少数音乐人的小型唱片公司和音乐管理团队。很多人由于没有自己的一席之地，便转而投向 The Rattle。对科技公司来说，许多初创公司正在寻找它们的立足点，获得顶级的指导并建立与其他企业家的人际网络。也有一些发展中的公司，想要从顶尖的艺术家身上获得启迪。

　　"创作者与研发者应该互相尊重，因此，我们把音乐艺术家和科技企业家聚集到同一屋檐下相互合作。"霍华德说，"对于那些拥有研发技术并希望其蓬勃发展的人来说，他们有一种特定的思维模式，我们称之为创业文化。对于研发技术的人而言，这是普遍接受、自然而然的行为。而音乐艺术家永远不能真正地进入那种状态。把这两种人聚集在一起，是为了让创业者的心态深入音乐艺术家的内心，因为这些创业者的策略可以助力音乐艺术家的发展。与此同时，我们认为，对于创业精神如何在创意世界中蓬勃发展的理念，我们要明显领先一步。因为创作者和研发者之间存在互利关系。"

　　当一个音乐人、乐队或独立唱片公司加入 The Rattle 时，霍华德很快便让他们与当地的企业家们坐在一起充分交流。艺术家们通常只考虑与大品牌签约的传统方式，然而，在音乐中谋生还有很多其他方式，所以企业家们帮助他们考量各种选择。这种"异花授粉"的成果是传统音乐工作室中的音乐人永远得不到的，The Rattle 为音乐人培养了一种创业者该有的特质。

"一开始，音乐艺术家们每周花大约 10 个小时来这里排练或录音。"霍华德说，"但很快，他们就迷上了这种激励自主与创业精神的理念，也逐渐更加频繁地来到这里。他们喜欢与科技企业家坐在一起讨论、学习商业知识。这种近距离接触让他们之间建立了联系。这真的很有意思，因为在你知道这些之前，他们每天都来，说这就像度假，如果他们终止会员资格，不得不离开时，会很伤心。但目前只有两个人离开了我们的队伍。人与人之间建立意想不到的联系所带来的能量是惊人的。他们双方都认为对方很棒！这真是太奇妙了！"

我曾在几家初创科技公司任职，也担任过十多家公司的顾问，我目睹过，如果用模式化的方式去创建企业，对企业来说是相当危险的。The Rattle 的音乐人为他们的作品增添了一定程度的创造力，这是科技孵化器无法企及的。我曾想要一直在那样呆板的环境中工作，现在看来是不可能的了。如果我真的一直留在那儿，就不会撰写本书了！

"要想成为一位有创造力的企业家，你得做一些本质上就不寻常的事情，而且只有做这样的事情，才能让公司蓬勃发展。"霍华德说，"科技企业家来我们这里，就是为了发现他们所做事情的非凡之处并令其更加光彩夺目。当他们和艺术家在一起，能以一种在传统空间中永远无法做到的方式完成测试、迭代、循环和设计工作，这也让他们在企业规模变大之后仍继续选择与我们合作。"

霍华德和他的伙伴们只要在 The Rattle 附近，就会来这里走走。他特意选在星期二、星期三和星期日时在伦敦的家附近的公司工作，这样方便与这里的员工加强交流。

成员之间的联系，尤其是不同人之间发生的出人意料的"化学反应"，体现出 The Rattle 打造了一种粉丝效应。例如，当一个朋克乐队的音乐人和一群开发智能手机应用程序的创业家在一起时，所萌生的人文能量是非常强大的。同样，这样的合作每天都在 The Rattle 发生。

"最近我们在伦敦举办了一次开放日活动，成员们可以邀请朋友或同事参加。"霍华德说，"他们得意扬扬地走着，将整个空间展示给别人看，这可是他们的地盘。这种油然而生的自豪感吸引了许多新成员。人们真心觉得要是自己能早一点加入进来就好了，而且等他们年老了，这也能成为他们的谈资。在公司运营中培养成员们的自豪感，是我们团队建设中非常重要的一部分。"

*****

当我带着一块自己制作的格兰冲浪板出现在沙滩上，或者在排队等待冲浪时，其他的冲浪者很快就在满是普通的冲浪板的世界里注意到了这块不同寻常的纯木冲浪板。"哇！"他们对我说，"你这块冲浪板真酷！"

一说起我自己做的冲浪板，人们总是会停下脚步与我聊两句。"这块冲浪板是你自己做的？"这句话便是我们的开场白，我指着用滚烫的烙铁烙在木头上的公司名称，跟他们分享我在格兰冲浪板工厂上冲浪板制作课的故事。我跟他们讲这门课，从我如何选择冲浪板的类型，到如何选择木材，再到如何学习使用工具，最后自己如何动手制作，他们饶有兴致地听我说着。虽然我充满个性的冲浪板吸引了人们的注意，但真正引起他们兴趣的，是我对于制作冲浪板这一过程发自内心的热爱。这份热爱闪耀着光芒，人们也总是想要知道更多："上课的地方在哪里？""还有多少人在那儿做？""做一块这样的冲浪板需要多长时间？""难吗？""贵吗？"这多么有趣！

在楠塔基特岛一个我常去的冲浪点，人们认出我的冲浪板的次数比认出我的次数还要多。"瞧，纯木冲浪板来了！"

格兰冲浪板因为将粉丝们邀请进生产车间而获得了巨大的成功。公司发现，让客户参与制作自己的冲浪板，使他们与公司的工匠们建立起了联系。粉丝们参与格兰冲浪板的生产过程，有助于公司长远发展。渴望成为公司一分子的人会聚在一起，进而打造了全球规模的粉丝效应。这些粉丝和我一样，在社交媒体上分享他们的经历，当然了，也在海滩上共享着时光。

让其他人喜欢并支持你所做的事情的一个好办法，就是让他们进入你的世界，让他们给自己创造一番体验，或者参与到你所做的事情当中。当其他人还在按照传统的交易模式制作商品或提供服务时，要是你能把买卖双方关联在一起，便能创造出更大的粉丝群体。

第10章 倾听客户的心声

玲子

当我还是一名医学本科生的时候,导师是肿瘤学家拉扎博士,跟她学习的那段时间里,我在和一位患者的交流过程中明白了一个道理,这也彻底改变了我对医生这个职业的看法。为了讲故事方便,我姑且称呼他为亨利吧。经确诊,亨利患有骨髓增生异常综合征,这是一种难以治愈的血液疾病,也几乎耗尽了他的精力,让他总是觉得浑身乏力。我们第一次见面是在他等候主治医生叫号的候诊室里,那时候,亨利边等边在平板电脑上给我翻看他的摄影成果,一张张照片里散发着生命律动的光彩,色调鲜艳极了!

只要说起他的作品,亨利就好像全然忘记了病魔正在不断地蚕食他的健康、击垮他的身体。我一问他是如何完成这些作品的,他立刻就变得兴奋起来,兴致勃勃地说:"我找了一些样式别致的木片,还有一些别人丢弃了的小物件,把它们在我的工作室里按照我的想法摆成了这样的造型。"我看着他的一张作品入了迷——那些木头、金属和动物骨头的摆放看似随意，却构成了一个人的轮廓，而这个人正尝试着去抓一个他怎么也碰不到的东西。在说明了每种材料的来源后他才承认，生病后，外出寻找新的摄影素材对他来说成了一件难事，要把它们切割并定型就更费劲了。经过一段时间的有效治疗后，亨利得以回到阔别许久的工作室。"我总算又有了当年的感觉。"他边说边爽朗地大笑着，我一时很难相信眼前这个消瘦的病人竟然有这么大的精神力量。

望着他的背影，我不由得也说起了自己的情况。事实上我也喜欢艺术创作，只是我的爱好是写作而不是雕塑。我还说起我喜欢用电脑写下我的想法和灵感，而不是用木片和骨头。听完，他露出会意的微笑说："噢，太好了，那你一定知道那种内心热切的渴望。只有热爱艺术的人才明白那种感觉，而那正是艺术创作所需要的。"

当时，依靠着缓解贫血症的药物，亨利已经能够继续在工作室里创作了，他说，如果下一阶段的化疗会让他失去艺术创作的能力，那么他会选择放弃治疗。这么看来，亨利是否愿意接受进一步治疗只有一个决定性因素，那就是他能否自由地挥洒那些天马行空的想象力。

亨利认为自己能够重拾信心、重获创作自由，是因为他能够开诚布公地对他的主治医生谈自己的人生目标和内心的恐惧。实际上，作为一名医生，我的导师和我一样，很清楚地知道对于一个艺术家来说什么才是最重要的，知道能够待在自己的工作室里继续创作对亨利来说意味着什么。

当得知自己目前所患的骨髓增生异常综合征有病变为急性髓细胞白血病的可能时,他明确告诉我:"我不害怕死亡。我宁愿过得自在、充实,也不愿在痛苦中生活。我不愿在病床上了此一生。"

在此之前,我像许多医学生一样,认为人有没有生命是由心脏是否跳动来决定的,我们关注的仅仅是患者的生理特征。现在大家对死亡和疾病的态度同样影响着我们的看法,认为要成功拯救患者就是要保留生命本身,而不是幸福、爱、创造力或独立性。此外,如科学界常说的:"这个问题,我们能解决。"这一态度也决定了我们治疗患者的首要条件是保证他们的生理机能正常运转或是身体健康,保证他们还活着。这些观念让我们觉得使患者恢复细胞、血液流动和正常呼吸就是成功治愈了患者,让我们觉得自己离成功近在咫尺,已经全然掌握了事情的本质。

然而,在亨利身上,我意识到这些观念还不足以让我成为理想的那种能真正满足患者精神需要的医生。

亨利所做的决定重要无比,因为这关系到他选择活着还是死亡,选择痛苦还是快乐。当然,亨利也让我认识到医生需要敏锐地掌握患者的真正需求,因为医生所要达到的目的和患者所需要的并不总是一致的。

离开他的房间前,亨利叫住我说:"当你成为一名医生时,一定要记住,医生对患者一定要有人文情怀,而不是像机器人一样只懂治疗疾病。"

错误理解客户需求必然导致疏远

作为一名患者，亨利是带着信任感来寻求主治医生的专业建议的，他会借此对自己的下一步生活做出决策，甚至改变整个人生规划。他和拉扎博士，甚至和我这样一个学生之间的互动交流过程，让我们之间建立了一种情感联系，毕竟我们在医院的病房里一起谈论过他的未来、他的追求。然而，除了谈论治疗方案和病情，我们还能认真倾听他的心声、了解他的生活和精神世界，正因如此，我们给了他希望。这一切也拉近了我们之间的距离。

我们同亨利展开了一次深谈，换言之，我们是在深度交流，而不是对他进行简单的问询。但是换个医生的话，他可能会主张让亨利接受需要承受更大苦痛的化疗过程。而医生在没有认真倾听患者心中所想的情况下，他们可能就会问："难道你不想活久一点吗？"诚然，医生对患者的病例研究数据了如指掌，但是单单依据临床数据做出的判断并不适合亨利的情况。因为一旦被告知他能再活两年的概率只有30%时，他会觉得自己的真实需求被忽视以及不被理解。

作为一名医科学生，我曾多次见证患者身上发生这类矛盾。比如说，我同亨利之间那种诚挚的对话方式与许多医学专家竭力治愈患者身体疾病所采用的方法之间就存在巨大差异。

因为在多数情况下，我们都只是在电脑前等待诊断报告，抑或是通过手机应用程序计算患者会遇到的潜在风险和利好因素。

我时常觉得自己生活在那些从小看的科幻小说所描绘的未来世界里，尤其是在我目睹了外科机器人对患者的腹部深处做手术的过程后，还有医生将射波刀发出的辐射光波直接照向患者的大脑时，这种感觉尤为强烈。在手术台上，医生很容易忘记这个已然毫无意识的患者也有正常的生活。他有自己的个性和好恶，有个人追求、兴趣和工作，有家庭和爱人——或许他家里还有个刚出生的小家伙。总之，手术室外有一个完整的人生道路等着他继续走完。

法国哲学家、社会理论家米歇尔·福柯在1963年出版的《临床医学的诞生》一书中介绍了"医学凝视"这个概念，指出了医生总是将患者的身体和思想割裂开来看待这个事实。福柯说，随着医学技术精细化程度不断提高，医生关注更多的是实验数据以及患者的生命体征和症状表现，而不是饱受病痛之苦的患者本身。这也就让患者从社会学意义上的复杂人类，变成了一个单一的受诊案例。

我们都有过类似的经历，习惯性地仔细分析判断初识之人，然后给他贴上某类标签。就这样，我们学会把人分成几部分来看待，然后用这些割裂的部分来代表某个人。

病历记录是最常见的病情文本呈现方式，可以让医生在最短时间内了解患者的病情并采取妥当方式对患者进行治疗。病历记录是患者日常护理过程中必需的有效工具，但在使用这种工具的同时我们需要认识到，每个患者都有各自的内在需求，并且各不相同。对于患者，医生会使用更直接的语言称他们为"糖尿病患者"或"外伤患者"。这并不是因为医生不在乎，相反，是因为他们需要处理的病例或者事务太多了，所以必须用一些技巧或者捷径来帮助自己更方便地完成它们。但是，医生的全部时间都用来诊断患者的身体疾病，和患者有真正的交流就变得更加困难了。甚至在没有技术手段辅助的情况下，医生也会综合既有的经验对遇到的问题进行分类、甄别、提出假设。至于因这套消极的格式塔疗法而可能会发生的与患者真实需求的冲突，他们选择了无视。

然而问题是，一旦我们受到这种逻辑框架的影响，就无法摆脱。一旦我们忽略了患者的个体特征，仅仅把他们当作我们需要完成的任务项目或处理对象时，我们就会对一些关键问题视而不见。因而我们会对患者的真实需求产生错误认识，随即和患者变得疏远，进而失去患者对我们的信任，最终会不可避免地影响治疗过程和效果。我们自以为更了解患者的处境，所以会选择无视他们的需求，甚至无视彼此之间的分歧。

我在大学学医期间，习惯了回答那些单选题。每题只有一个正确答案，而答案往往也是最佳方案。但是，亨利拒绝了这个所谓的正确选择，因为他绝不会放弃自己的创造力。

对于亨利而言，他没有做错。他的选择让我更仔细地观察、了解周围的世界。我常常想，我们怎么才能避免自己变成冷冰冰的机器人？我们如何才能像亨利那样清楚地了解自己，做出只有我们自己才能理解的大胆决定呢？

自动化和数字化时代：你的客户更需要人文关怀

医疗保健行业走向自动化时代的同时，大多数行业也朝着数字化模式发展。如今，企业的高管们意识到，世界范围内的自动化进程为企业提供了无数发展机遇，但有时，企业要发展似乎只有融入这个进程一条路可以选择。从银行业到运动品牌再到航空公司，它们都在挖掘与客户有关的数据信息。例如，我们在网络上搜索某个内容时，都会有相应的历史记录，这个过程中也会弹出相关的广告，这些广告是基于用户以往的浏览习惯，计算机运用统计计算结果选择性推送的。脸书和其他社交平台会根据用户近期的点击历史提供观看内容，用户在Netflix（网飞）搜索新节目的时候，它也会根据用户的观看习惯，给用户推荐各自可能喜欢的电影或电视剧。

> 不限于数字产品，只要了解客户，
> 他们的忠诚度就能被激发。

作为消费者，我们每天都要对使用什么产品、购买什么服务、体验什么创意内容做出决定。无论你要购买某款衣服或汽车，还是选择某个医疗和人寿保险产品，哪怕是在水果店挑水果、雇用一个工人、购买某件艺术品、看场电影、看场戏剧或是买本书，我们每天要做的决定成百上千，它们或多或少都会影响你和你周围的人。甚至有时你会冲动地做出决定，而那仅仅是为了满足一些一时之需，但在一些意义重大的事情上做出决定时，你还是得再三考量。

我们已经谈论过数字时代里日益严重的混乱状态，正因为如此，我们看到许多消费者逐渐远离了那些完全依赖自动化生产的品牌。

像亨利这样的人，像你这样的人，以及像我这样的人，都会根据数据以外的因素做出一些重要的感性决策。只要用某些方式促使消费者做出更具意义的决策，他们就将成为企业最忠实的粉丝。

那么，当今世界里，如何将这一理念付诸实践呢？

数据出错时，就有了去人性化的行为

人类一旦迈入依靠机器人和数字化模式来解决问题的时代，我们自身和客户的个性化特征往往就会被忽略。这种现象在"服务数据出错时"显得尤为突出。比如下面的例子。

医疗事故：一个从印度移民到美国的女性因为长期咳嗽，肺结核抗体检测结果显示为阳性。这在结核病流行的国家是常见现象，于是她的临床医生就采用了强力抗生素为她治疗，但他们并没有发现她的肺部已经癌变。这样，悲剧自然无法避免了。

客户流失：一位新泽西的客户想要给他钟爱的户外烧烤架更换一个零部件，但每次向客服中心求助时收到的都是平台发送的自动服务菜单和机器人客服毫无意义的回复，他的需求得不到满足，十分苦恼。但他已经邀请家人一周后在家里举办"独立日"庆祝活动，这个时候，他别无选择，只能放弃这款非常喜欢的烧烤架，转而购买另一个品牌的产品。"这么好的烧烤架就这样被扔掉了。"他不无遗憾地对妻子说。

销售陷阱：某位外派人员为了节省通信开支，决定在出国前一周改变自己的手机套餐。可无论她怎么操作，网络运营商的网站最终总是切换到升级整年套餐或其他应用的页面，她根本无法完成短期提高套餐额度的操作。失望之余，她只能放弃更改套餐的想法，可几个月后，高达数百美元的国际漫游费账单让她非常惊讶。

作为一个消费者，你是否偶尔也会觉得通信自动化给我们的生活带来了不小的麻烦呢？你的往来邮件有没有被自动认定为营销广告而放入垃圾信箱呢？在许多产品体验满意度调查中，即使你可以表达自己的诉求，但你觉得对方会接受建议吗？如果没有，那作为消费者的你会怎么办呢？

你可能会像那位新泽西的烧烤架消费者一样，虽然自己很喜欢现有的户外烧烤架，但还是不得不更换另一个品牌，无奈却又是必然。

你对这些数字、案例和清单有什么看法呢？你是否觉得卖家把你和你的家人看成了一个抽象概念？他们是否把自己提供的产品或服务与你的真实需求割裂开来了呢？这是一个去人性化的过程，而这一过程剥夺了你表达自己想法和感受的权利。

简单来说，所谓买卖就是客户向产品或服务的提供者传达自己的真实需求，进而根据卖家的产品或服务做出相应抉择的过程。纵使科学技术的发展提高了买卖双方的交易效率，但它始终无法影响消费者所做决定背后的情感因素。

若是以用户信息取代用户体验，那么他们的情感因素总是会被忽视。唯一能够扭转这一趋势的方法便是，通过理解客户的真正需求激发客户做出感性决策。

叙事的作用就表现在这里！

叙事医学

拉扎博士是亨利的肿瘤主治医生，正因为她，亨利才能按照自己的意愿做出是否继续接受治疗的决定，而这个决定并不受其病情的影响。的确，拉扎博士是一个非常热爱诗歌的医生，这点我在本书的开头就介绍过了。如我提到的，拉扎博士表达了她自己的观点：一个人既可以成为科学家，也可以成为艺术家。在为她工作的整个过程中，我发现她尊重每个患者的个性特征，并给予他们尽可能多的人文关怀，她倾听他们内心的恐惧，给予他们希望。

她教给了作为实习生的我一种在现代医学发展中令人耳目一新的方法，而这种方法明确反对医生越来越单纯依赖现代科技手段。

21世纪初，众多来自哥伦比亚大学的临床医生和其他领域的学者齐聚一堂。他们所涉猎的领域各不相同，其中有从事文学创作的，有精于医道的，更有钻研伦理学的。他们共同开启了一项研究计划，以此来反对仅仅靠表征数据来诊疗，而忽略与患者沟通交流的医疗手段。这项研究的目的在于，呼吁医护人员把每个患者都视作鲜活的个体，用文学知识和语言艺术武装头脑，以便通过与患者的交谈而产生共情。这样做是因为他们相信，如果医生能真正理解患者的真实需求，患者就能得到更好的治疗。

他们称这种方法为叙事医学。

2009年，哥伦比亚大学这个全新的硕士研究生项目迎来了它的首批学生，致力于帮助医疗从业者将叙事医学这一理念付诸实践。

举例来说，一个患者在进行常规检查时，发现了他体内有甲状腺结节，于是他可能遇见一名外科肿瘤学家，根据超声波和活组织切片检查的结果，这名专家会提出治疗方案，但这只是就事论事，是毫无感情的回复而已，医生这个时候并没有了解患者的真实需求。在这种情况下，患者可能会觉得他们必须要做手术，因为医生会告诉患者这是他们的必要选择。

然而，一个精通叙事医学原理的医生会在患者谈论自己时发现一些潜在信息和语言表达上的细微差别。接受过叙事医学培训的外科医生能够问一些具体的问题，以便让患者吐露出那些一直不愿意提及的心理恐惧或者内心的期待。通过这些问题，患者可以和自己的主治医生分享一些对他们来说最重要的事情。如果这位患者是一个歌手，她害怕在手术中失去声音怎么办？或者他是一个年轻的爸爸，他的父亲就死于癌症，他很担心医生对自己的诊断结果会存在问题，又该怎么办呢？他们得明确自己可以信任医生，并且相信医生所给的治疗方案能够满足自己的切身需求。如果患者变得沉默或焦躁不安，医生应该暂停现行治疗方案，并询问患者是否应该与一位值得信任的朋友或家人一起讨论后再做出决定。这意味着医生不仅对患者的症状和体征有深度认识，而且对患者的真实需求也有更深入的了解。

叙事医学并不仅仅是教会我们倾听，因为我们都知道，作为医生并没有太多时间去倾听。叙事医学的关键在于练习如何透过现象看本质，如何切实了解患者的真实意图。而基于对患者的话语中的潜在信息，以及患者本身的仔细观察后才有的深度理解，身为医生的我们得以突破传统诊疗方案的束缚和不足，进而给患者提供他们一直需要的优质服务。

让青少年自己发声

临床医生发现，如果成年人和青少年之间无法顺畅沟通，往往会导致医疗质量不佳。尽管青少年在许多问题的决策上还需要经过其父母的同意，但随着年龄的增长，他们总会有自己的想法。他们的父母、祖父母或其他监护人本意当然是对孩子好，但很多时候，孩子的想法却往往被忽视，被认为无关紧要，因此根本没有人关注他们的想法。

希拉·卡恩－李普曼是马萨诸塞州计划生育联盟的负责人，主管青少年专业教育。她致力实现一项以患者为中心的护理计划。"青年之友理事会"（The Get Real Teen Council，简称GRTC）是波士顿和马萨诸塞州中部的一个针对同龄高中生性教育的组织，它对青少年进行贴合现实、准确的性教育。通过对学生进行培训，为他们的同龄人和社区举办有关生殖健康的宣传班，让他们为自己的身体负责。他们甚至与医疗专业人员合作，如执业医生、护士或像我这样的医学生，学习如何与年轻的患者沟通并获得有用的信息，毕竟有些年轻患者不太相信成年人说的话。

卡恩－李普曼告诉我们："在这个计划里最重要的一件事是，年轻人有能力和权利对自己的生活，尤其是自己的性健康负责，拥有自己的决定权。并且，我们一直以来都尊重这种权利。"GRTC为他们提供了可以践行自己主张的研究对象和实践途径，而青少年则能决定以何种方式表达自己。"事实永远都是事实。我们该做的就是用一种对他们来说可以理解和有意义的方式，来呈现这些事实。"卡恩－李普曼说。

简言之，这些青少年希望能在各个方面展现自己的价值。这意味着GRTC需要更多的包容性，毕竟该计划里的青少年从性别认同、性取向、社会经济地位到种族和民族背景都千差万别。卡恩-李普曼说:"很重要的一点是,人们可以在消费的产品和生活的世界中看到自己的存在。"比如,将非裔美国人或亚裔青少年作为大片的主角,或者在以女性科学家为主的大学里做宣传,又或是医生在与青少年谈论和性有关的话题时直接问:"你是否对男人、女人或两者都感兴趣?"这就是他们能够敞开心扉的原因——或暗示或鼓励,让他们有足够的空间能够表达自己。"当人们在这些事物里看清楚自我时,他们就会觉得自己很重要,并开始珍视自己。"卡恩-李普曼说。

我在医学院读大二时,有幸参加了 GRTC 在校园里为医学专业学生举办的培训活动。那次培训活动主要是为了了解青少年的想法。哪些问题是青少年不敢向医生咨询的?哪些问题是青少年觉得难为情而不愿意向父母或朋友倾诉的?我意识到,面对青少年,不应该把资源一股脑地全抛给他们让其自由成长,而是要多和他们交流,学会如何与他们共同解决问题。

研讨会上,那些年轻人讲了很多自己的故事,我也从他们身上学到了很多。

一个年轻人分享了一位朋友发现自己意外怀孕的故事。"她完全不知道该怎么办,也不愿意告诉任何人,"她说,"但是后来,她想起了我是这个组织的一员,而且认为我应该有办法帮助她。"GRTC 的成员能够成为她朋友的知己,并且站在朋友的立场上为她提供相关的信息和在线资源来解决困难,还一步步告诉她该怎么做。当她描述她为朋友提供建议和帮助的感受时,我可以感受到她的镇静和丰富的知识储备,而这一切都得益于 GRTC。当她微笑时露出了牙套，我才意识到她也才 16 岁而已。

站在教室最前面的一个男生微笑着举手发言，他带我们走进了自己的故事。他像其他正在发育期的男孩子一样高高瘦瘦的，却极力让自己表现得像一个专业人士。"以前，我十分害怕在众人面前发表自己的看法，"他坦诚地说，"但是我加入这个组织已经 3 年了，其间学到了很多东西。"他告诉我们，成为 GRTC 的一员让他获得了自信。他不仅组织了这些研讨会，还成了他们学校新俱乐部的负责人。现在，同学们都十分崇拜他。"我从来没想过我也能成功。"他说。

众多的信息显示，所有的青少年都需要一个倾诉的平台，想要得到认同和认真对待，一旦他们得到了安全感，他们就愿意向成年人寻求建议和帮助。这些十几岁的孩子让我获益良多。我了解到在治疗过程中，有这么一群人，他们的想法和建议往往被认为是无关紧要的，因为他们还太小，没有权力对有些事情发表言论。同样地，如果他们还没有到投票的年龄，他们根本就不应该参加社区组织。可这些事情却没有哪个成年人可以教给我。

"'授权'这个词有时让我很纠结，因为它意味着我们在给他们权力，但问题是，他们已经很强大了，"卡恩 – 李普曼说，"他们可以发出自己的声音，他们想说什么就说什么，我们能做的就是给他们一个舞台。"

讲故事并不是哪个职业所特有的技能，因此，商业叙事方式的概念可以延展到任何一个行业。通过一些特定职业叙事的实践，我们要始终记住与客户进行面对面的沟通，毕竟每个人都拥有自己的故事，而不是一串冰冷枯燥的客户编号。有了体贴和谦逊的态度，我们可以和更多不同行业的人进行坦诚、互信的交流，从而获得更加准确的信息，赢得彼此的尊重。

倾听，为沉默者发声

我们经常在公司网站或广告中看到一些没有人情味儿的案例。"某某公司是全球领先的业务流程升级技术供应商，为下一代低成本、高性能、世界级增值产品提供一套全新的方案。"你完全不能理解这句话想表达什么。这种用行业术语表达的毫无生气的文案是没有任何意义的。这种文案的广告会被负责收发公司电子邮件、管理宣传工作或是运营公司博客的人直接忽略。

为什么？因为那看起来像是机器写出来的话，一点人性化特征都没有。

对比一下汽车用户手册和诗歌作品。用户手册是面向大众的，由"公司"作为一个群体撰写的文字，目的是能够给广大用户提供一些容易理解的操作指示。然而，诗歌是非常个人化的情感表达，你可以听到某人用一种独一无二的声音，抑扬顿挫地朗读一首诗歌。诗歌可以让我们感受到某种情感，而一本用户手册却永远无法做到。

流行词、废话和胡言乱语是一套新出现的、枯燥无味的语言，而各种专业术语一旦被滥用，也将失去它们的意义。这些语言无处不在：广告文案、公司网站、政府公文等。我们使用这些语言是因为我们想让客户觉得我们是客观的，所以我们愿意成为一本毫无个人情感的指导手册，而不是一件可以传递丰富情感的艺术品，但多数情况下，客户想要的恰恰是后者。

问题在于，我们看到的公司文件都不再是由感性的人，而是由冷冰冰的机器编写的。因为，很多公司和文案起草者变得不再有人情味儿，最终这也导致了与我们的原本意图完全相反。我们不再相信那些冷漠的字符，因为我们在面对这些自动化服务和非人性化产品所引发的问题时会感到十分厌烦。

作为消费者，你会不会觉得自己有时只是一串数字代码？

"尖端，同类最佳，重要使命。"这些正是因为公司没有花时间了解它所服务的客户而杜撰出的文字。这种公司根本不了解买家本人的喜好或者根本需求，也不知道如何运用自己的产品和服务来解决这些问题和需求，它甚至连自己的产品都不了解。并非只有客户才有自己的故事，一家公司也应该有想要倾诉的故事，你的客户也会愿意听。这些故事不需要是像诗歌一样的艺术品，只要它们能展现公司的人文情怀就足够了。客户真正想知道的是你的生产动机是什么，并且更想知道你们彼此之间有什么共同点。

世界冠军成为关注人性的教练

"激情战胜一切。"世界冠军运动员西丽·林德利在讲述自己如何指导铁人三项运动员取得成功时说,"你若想达成一个宏伟的目标,而这个目标需要严格的纪律来约束你,那么就需要有一个非常有力的动机来鞭策你。在那些容易放弃的时刻,你就必须让激情成为你的动力,推动你继续前进。"

她说,真正的冠军并不只是为了取得金牌或打破纪录,而是由自己内心独特的渴望驱动着,不断争取更高的成就。

林德利给我们介绍了她是如何在退休后成为一名教练的。她说:"我很想与别人分享这些年自己的宝贵经历,因为我觉得这些经历会像改变我的人生那样,改变他人的生活。我相信这会点燃他们的激情并使他们充满自信。"她对铁人三项运动无与伦比的激情让她在2000—2002年赢得了13场世界杯比赛,在国际铁人三项联盟的世界排名中独占鳌头。在她以铁人三项比赛世界第一的身份退役后,她还学习了该如何成为一名优秀的教练,如何激励运动员忽略所谓排名,去理解人性,而不是把人性当作其他程式化的公务去对待。她说:"我意识到自己在这段运动员生涯中有很大的收获,因此,我要把自己所学尽可能分享给别人。"

林德利从2003年开始在科罗拉多州博尔德担任教练,从那以后,她帮助自己培训的运动员获得了9次世界锦标赛冠军和多枚奥运奖牌。伊冯娜·范弗勒肯就是这样一位顶级运动员。她遇到林德利时已经站在了这项运动的世界之巅,但正是因为这个原因,她失去了对这项运动的热情。她不能坚持每天充满激情地从床上爬起来进行那些艰苦的训练、不断参加比赛,因此,她陷入了极度困惑之中。林德利遇见她时就说:"忘掉那些烦恼吧,我们一起努力,你会重新享受这项运动的。"

与许多其他教练不一样的是,林德利并没有把工作重点放在运动员身体的各项数据分析上,而是引导运动员发掘自己内心的想法。范弗勒肯在这些数据中迷失了自己,电子表和心率监测器让她对自己产生了怀疑,通过那些数据,她的心境也不断发生变化。"我也非常厌恶这样的状态,因为在训练和比赛时,一个运动员应该有发自内心的,从灵魂深处表达出来的激情和勇气。"林德利说。

在考虑比赛之前,林德利帮助范弗勒肯重拾了对这项运动的热爱,她们共同努力激发了刚开始参加比赛的激情。如今,重拾对这项运动的激情后,比起其他铁人三项运动员,范弗勒肯极大地缩短了完成铁人三项比赛的时间,这也使她成了世界上最成功的铁人三项运动员。她激励自己每天超越自己,而不是做那些过分依赖数字参数的事。日复一日,这使她重新从运动中获得了快乐。

另一个成功例子是米林达·卡弗莱,她获得过四次世界冠军，分别是三次铁人三项比赛和一次 70.3 赛事[①]。卡弗莱在训练或比赛时，会用自行车上的功率计测量输出功率。只要某一次的表现没有达到自己的预期目标，她就会变得十分气馁，还会大大影响她下一次训练的发挥。她已经感觉不到自己如此辛苦付出是为了追求什么了。"这对她的运动生涯来说简直是致命的打击，"林德利说，"如果一名运动员太过专注于某个目标，而且是独自承担这种压力，那么这个目标可能会变成她的极限。"

于是，林德利让她忘掉那些测试仪器，她训练卡弗莱认知自己的身体，以此变得更强壮——让她明白 80% 的努力和 100% 的努力之间的区别。不久，效果就显现了。

2014 年，卡弗莱在科纳赢得了她的第二个世界铁人三项冠军。比赛时，她的自行车上依然挂着一个功率计，但她一次都没有看过。之后，其他运动员和教练要求查看她的数据。林德利说："他们回信说，这是他们见过的最完美的数据。他们还问她在训练中是如何使用测试仪器的，但实际上，我们根本就没用过。"

在我们写作本章的时候，在那些参加铁人三项系列比赛的数百家俱乐部中，天狼星俱乐部已经成了美国排名第一、世界排名第三的俱乐部。所有这些成绩都不是来源于对各项训练数

[①] 70.3 赛事的竞赛距离为 70.3 英里，包括游泳 1.2 英里、骑自行车 56 英里、跑步 13.1 英里。——编者注

据的极度重视,而是因为对运动员个人需求的了解。

你可能会问自己:"这些运动员的成功与我的生意有什么关系呢?"

> 粉丝圈事业是以人为中心的,而非数据至上。

林德利曾说过,建立教练与运动员之间的良好关系,是为了更好地为运动员服务,这与我对医患关系的看法很相似:通过观察个体来产生思想灵感,而不是依据冷冰冰的数字;通过鼓励运动员,来找到他们每个人继续前进的理由。每个人的故事都是不同的,那么他们需要他人倾听的动机和理由也不尽相同。而医生和教练正是通过发掘他们的动机,来与那些寻求帮助的人们建立联系的。正是基于这种深刻的理解,运动员和患者才能获得切实可行的帮助。林德利正是发现了这个成功的基本要素,她抛开了那些测试仪器,深入每个运动员的内心。

她告诉我们:"我们每个人的内心都有激情,但点燃这种激情的方式因人而异。因此,企业需要知道如何吸引每一种类型的客户,同时也要知道,并不是每个人都会被同一种事物吸引。然而,这并不意味着你不能通过产品吸引所有人。企业应该去了解市场上存在的各种不同的需求,并针对这些不同类型的需求进行营销。"

*****

在医学院读三年级的时候，我为能在护理团队中争取一席之地而奋斗着，然而我有时依然有些迷惘，但一位患者却让我感受到了倾听这一简单行动所带来的力量。

我在成人住院部工作时，遇到过一位患者——我们都叫他杰里米——他是在某个夜里住进医院的，我打算在医疗团队会诊之前了解一下他。然而，我去找他的时候，他却不在房间里。于是我就在病房里等着，翻看他所有的报告单来了解他的情况。从他的报告中我得知，杰里米几年以来多次住进了流浪汉收容所，10年前的枪伤导致他下肢瘫痪，这次来医院是为了治疗他反复发作的尿路感染。

我第二次去找他时，他仍然不在房间里。护士告诉我他刚离开，但她不确定他去了哪里。说实话，我觉得他不会再回来了。我看了一下急诊科的记录，心想也许医院外面还有更重要的事情在等着他。在波士顿医疗中心，我们的治疗结合生理和心理两方面因素，所以我知道，可能还有其他因素导致接受治疗对他来说不那么简单，而尿路感染的治疗可能并不是他目前需要优先考虑的事。

然而，出乎意料的是，杰里米还是回来了。下午三四点的时候，我在医院遇到他，我强忍着自己的好奇心，和他打了招呼。他到底去哪儿了？如果他想接受治疗，为什么又要随便离开呢？我接着问了他几个简短的问题：有哪里不舒服吗？背会痛吗？但在我准备去给他做体检时，他却拒绝了我。

"告诉我，"他说，"我到底得了什么病？我按照医生说的按时服药，可为什么我没有好转呢？"

我下意识地晃着手中的听诊器，心里反复地提醒自己，要仔细倾听患者的话，而不是简单地走过场，但我还是有点控制不住自己。不过，我立刻意识到自己只是简单地了解了一下他的症状，而没有花时间去关注其他事情——他是怎么和我说话的？他不在的时候去做了些什么？他有哪些话没有说出口？我只是走了捷径。我不是非要注意那些问题，我现在这样做也没有任何不妥，对吧？我知道他得了肾盂肾炎，这也是我对他最清楚的地方。我仿佛能听到亨利的声音，提醒我不要做一个没有感情的机器人，最重要的是，要倾听患者的故事。

我尽力清楚地回答杰里米的问题。我告诉了他什么是细菌、什么是药物，以及它们之间的作用过程，还告诉了他接下来会发生什么。我就这样详细地从头给他说了病情，他也安静地听我娓娓道来。能看得出来，他逐渐开始理解了我说的话，看着我的眼睛，慢慢地点着头。那一瞬间，我看到了一些我没有预料到的东西——耐心，其中包含着一种真正想要了解我的愿望。

"从来没有人告诉过我这些。"他皱起了眉头说，"我能再问一个问题吗？"

我感觉到自己的态度在那一刻起发生了变化。我的时间很充裕，当时我不用上课，而指导我的住院医生们也都知道我在照顾这个患者。"是的，杰里米，"我回答，"你想知道什么都可以问我。"

> 与客户的关系始于你对他们的好奇。

杰里米向我倾诉了自己遇到的一些挫折，以及什么对他来说是最重要的。接着，他给我讲了他的故事。

杰里米最终决定留下来接受治疗，并不是因为出院后需要支付高昂的费用，如自行购买诊断设备和一些强效药，而是他清楚了自己第一步应该做什么，所以他选择留在医院。

之后在他接受治疗的那个星期里，我们给他换了三次药，因为他体内细菌的侵袭强度已经超出了我们的预料。在那段时间，他一直待在医院，因为我们明确地告诉了他必须住在医院里，由于抗生素必须通过静脉注射，留院治疗才能确保抗生素按时注射。

他留了下来，治疗结束，他请我帮他从静脉血管中取出注射导管。他没有选择给自己开处方的主治医生，或是帮他在出院手续上签字盖章的实习生。仅仅是因为我花时间和他谈了话，帮他明确了对自己更重要的事情，他就选择了我。

杰里米坐着电动轮椅离开医院时，停下来和我道别。"谢谢你为我做的一切，"他说，"我真的很感激。"

而我所做的只是从他本人那里，而不是从图表或文字中，面对面地了解他的故事。

我学会倾听他人，也从他们身上了解了很多。

对杰里米来说，这种倾听意义非凡。

第 11 章　建立并保持信任关系

戴维

邮递员总会在每周固定的某一天送来 10 多封信，我们也总是把它们拿进屋里，在餐桌上摊开分类处理。这些信件大都是商家的直邮广告，有床上用品宣传册，还有房屋中介宣传单，想看看谁会委托他们卖房子。这样的信件我们都不感兴趣，往往都是直接扔进垃圾桶里的。

还有一类广告信件和前面的不同，它们的宣传册上会印刷一些从图库中搜集的人物照片。这些人的形象往往看起来和我、我的妻子由香里，还有我的邻居们，甚至任何我认识的人都不一样。比如，某个牙科诊所的广告册上就印刷着一张"顾客"的全家福，他们打扮得就像好莱坞影星，仿佛全家刚刚旅行回来，要去美容院一样。照片上的这家人正从诊所往外走，每个人的牙齿都洁白闪亮、非常惹眼。就连他们的纯种拉布拉多猎犬都打扮得光鲜亮丽，满口白牙。还有一个例子，一家金融服务公司寄给我一张明信片，想争取为我做退休金规划的业务。明信片上一对打扮整洁的老夫妻身着白色套装，在一片银色的沙滩上漫步，远处还点缀着随风摇曳的棕榈树。我心想："这些人怎么看都不像你们的顾客啊！"当然，这类信件也被我扔进了垃圾桶。

很多广告邮件都充斥着消费陷阱，他们往往夸大事实来哄骗某些轻信的人，甚至有时那些信息就是彻头彻尾的谎言。我上周收到的广告邮件便是最好的例子。其中一个信封是透明窗口式的，里面的材料看起来和支票一模一样，但打开一看，却是一张免费办理信用卡的广告单。还有一个信封的样式和公函几乎一样，上面还印有"重要文件，立刻亲启"的字样，但里面装着的还是一张办理信用卡的广告单。即使一些和我有业务往来的公司，也会玩这种糊弄客户的伎俩，全然不顾及我们20年来的交情。比方说，银行寄给我的月结单上会标着"重要文件，请勿撕毁"的字样，但我还是随手撕了它，因为这些内容我已经在网上看过了。

除此之外，有些骗局是通过打电话的方式实现的，比如电话里会说"你获得了加勒比免费一周游大奖"，或者"我们可以帮你偿还美国国家税务局的欠款"等不着边际的话。

我们遇到过太多这样的电话、电子邮件和信件，直到我们逐渐习惯了这类谎言。难怪现在总是有人说："这些公司说的是真的吗？"

我们已经被有业务往来的公司欺骗太多次了，也已经对这些谎言司空见惯了。然而，直觉告诉我们，要远离这些信息。

愚弄粉丝的后果

很多公司的推销员都用邮件和电话与客户交流，但是他们的措辞会让客户感到不真实、不可信。

下面是我们经常看到或听到的话，和平常收到的邮件一样，我们压根儿就不相信。（括号里面的是我们在看见这类虚假消息时，脑海里浮现的真实想法。）

- "您的电话对我们很重要。"（哦，是吗？那我为什么不是你所说的大人物呢？）
- "对不起，由于热线电话较忙，需要您耐心等待。"（为什么你们的电话总是忙线？难道就不能多雇些人吗？）
- "我们爱我们的客户。"（我怎么没有感受到这种爱？）
- "清仓大甩卖！"（你的意思是不是："这些过时的产品我们巴不得早点丢掉呢！"）
- "这是我能给出的最优惠价格了。"（当然，你已经决意不再给我任何优惠了！）
- "我丈夫是一个非洲国家的石油部长，他最近去世了。我想找一个值得信赖的人帮我从他的账户转1 500万美元，事成之后，我会给你一大笔费用作为回报。"（哦，是吗？那你为什么在东欧？）

如今似乎也没有多少人会相信某些政客所说的话了，因为政治已然如同儿戏。政客们竞选公职时，会做出一些选民们清楚地知道根本无法兑现的承诺，他们自己也深知这一点。当选后，他们仍然我行我素，想说什么就说什么，完全不在乎公众的反响。接受采访时，其幕后扶持者会告诉他们，作为政客，最紧要的事情就是设法阻止支持者转而支持其他竞争对手。

如今，愚弄大众的现象非常普遍，一些营销者甚至觉得用欺骗手段作为营销策略吸引人们的注意无可厚非。假新闻泛滥成灾，而他们最后的推托之词就是"只是开个玩笑而已"。

例如，2018年6月4日，某社交媒体爆料称，IHOP[①]几天后将更名为IHOb。同样，该公司在新注册的推特账号@IHOb上发布了一条消息：

60年来，我们一直为客户提供早餐煎饼，IHOP一直与你们相伴。但现在，我们要更名为IHOb。字母b究竟代表什么呢？想获取更多资讯请点击以下网址：6.11.18.#IHOb。

同时IHOb还在推特上转发了一张图片，图片上用IHOb替代了IHOP的标志，这让人们相信IHOP真的要改名字了。

许多IHOP的粉丝开始在社交媒体上密切关注这件事，他

[①] IHOP是美国知名的连锁餐厅，全称为"International House of Pancakes"，意为"国际煎饼之家"。——编者注

们想知道："我们喜欢的品牌发生了什么？"自然，许多粉丝并不希望 IHOP 改名字，他们在社交媒体上说出了自己的看法：

- "IHOP 改名为 IHOb，当有人觉得 b 代表 breakfast（早餐）的时候，我却觉得我对它的支持换来的是它的 betrayal（背叛）。"
- "刚得知 IHOP 要改名为 IHOb，我感觉自己的很多合法权益受到了侵犯。"
- "IHOP 刚刚把它的名字改成了 IHOb？！它们可是以煎饼闻名的啊，伙计。煎饼！"

另一些人则在社交媒体上讽刺相关的市场营销人员：

- "这就是世界上最差的营销方案，没有之一。"
- "真想变成一只苍蝇，落在他们决定这个市场营销方案的会议室里的墙上，听听他们究竟在讨论什么样的奇葩事。"
- "亲爱的 @IHOb，改变一个成熟的经营模式，转而开启新的模式并调整发展方向，这确实是个伟大的转折。但请想一想可口可乐当年的失败案例吧！"

许多主流媒体对 IHOP 即将改名这件事也非常关注，做了

第 11 章 建立并保持信任关系

许多相应报道，包括《华盛顿邮报》、佛罗里达州的《太阳哨兵报》、雅虎网站、美国有线电视新闻网，以及美国广播公司和哥伦比亚广播公司旗下的多个网络电视台。

似乎修改名字这件事大局已定，人们都开始猜 IHOb 是什么意思。很多人都猜是"国际培根之家"（bacon），有些人猜得更俏皮一些，说成了"国际比特币之家"（bitcoin）。金吉达公司也借机调侃，在推特上说这个名字应该理解为"国际香蕉之家"（banana）。音乐家布赖恩·伊诺则发了一条推特，戏称这个名字的意思应该是"国际布赖恩之家"（brain）。

一些汉堡连锁店也加入恶搞中，乘机推销自己的品牌。汉堡王甚至在社交媒体上临时改名为"煎饼王"，大有借东风之势。

快餐连锁集团温迪发了一条意味深长的推特，内容是：

还记得 7 岁左右的时候，你会觉得把自己的名字改成"雷霆熊剑"才更显得别具一格。但你会发现，无论怎么改，还是我们的芝士汉堡做得更美味一些。

快餐店 Whataburger 也在推特中说：

虽然我们的煎饼确实很棒，但我们永远不会改名为 Whatapancake！

事情不断发酵，直到 2018 年 6 月 11 日，IHOb，呃，应该是 IHOP，才正式公开了改名原因。

原来这只是一个玩笑！

IHOP 承认自己并没有真正改名，这只是个广告噱头，为的是引起社交媒体的热议，让人们知道 IHOP 不止卖早餐。噢，对了，它们现在也卖汉堡。

IHOP 把欺骗公众当作一种营销策略，结果适得其反。这种策略招致了它的粉丝们，也就是它最稳定的客户群的厌恶。

当然，改名为 IHOb 只是一个营销噱头。你可能会说，别这么小题大做，戴维。

毕竟这种做法的确引起了公众的关注。

然而，用欺骗的方式与公司的忠实粉丝沟通——这不是一个好的营销方法，并不能帮助公司打造粉丝效应。这个事例彰显了信任的重要性，阐明了客户是否会把企业的信誉度和它生产的商品联系在一起这个问题。

我把自己的看法分享到社交媒体上后，收到了以下评论：

- "IHOP 玩弄客户的信任，以取得宣传效果，但没过多久，宣传热度就基本消失了。事实上客户对企业的信任会消失得更快，而且很难挽回。"
- "感觉就像在喊'狼来了'。希望下次不要再这样了。"
- "为什么不选在 4 月 1 日呢？是不是他们以为这个想法太妙了，得意忘形，连愚人节都等不到了。"

- "嗯，覆水难收，被谎言弄丢的信任还能回来吗？"

在买卖双方长达数月或数年的交流过程中，消费者逐渐明白品牌的意义所在。一家餐馆里，卫生状况、员工的举止、食物的质量等都是品牌价值的表现。对于不同年龄段的人来说，每一代人对自己所享受的服务都有不同的期待。品牌和客户之间的关系是很复杂的，建立信任关系是需要很长时间的。

所有行业都是如此，无论是餐厅、酒店、航空公司、软件产品、车辆，还是演员、歌手、推销员、顾问、银行家、股票经纪人、评论家、医生，包括电视节目、电影或百老汇演出等，我们必须想方设法与客户建立信任。

> 建立信任是打造粉丝效应的基本要素。

随着互联网不断普及，人们能够在网络上快捷地查找到可供选择的所有商品，如某种产品、服务或体验，这让整个市场的竞争越发激烈。如果好不容易才从客户那里获得的信任被破坏掉了，那么客户立马会选择另一个产品。然而，品牌方也不会花太多的时间去抱怨，或许就花几秒钟的精力发条推特而已。

像 IHOP/IHOb 这样戏弄社交媒体的行为便存在很多问题。一旦你说了谎，就将身陷信任危机，而且你的社交平台也不太可能帮助你脱离困境。以 IHOP 为例，如果有人在这家餐馆进餐后身体不适，那么下一次当有其他问题出现时，IHOP 就很难再利用社交媒体挽回大众的信任了。

还会有人相信它吗?

公司从业者不应该信口开河,而应该努力经营自己的粉丝圈,保持对客户的忠诚度。IHOP与粉丝沟通的方式实在不可取,对比下面这家受欢迎的连锁餐厅的做法,区别很简单,那就是对客户坦诚相告。

肯德基:一家没有了鸡肉的鸡肉餐厅

这绝对是肯德基的危机!一家鸡肉餐厅竟然没有鸡肉了!

2018年阳光明媚的一天,英国肯德基餐厅的鸡肉竟然断供了。相关工作人员立即联系了多家物流公司,但最终,还是没有一家公司可以如期供货。

肯德基原本可以用一些官方文字来回避鸡肉断供的问题,或者干脆把责任推给物流公司,这些方法也是通常我们能想到的。但恰恰相反,肯德基在沟通协调方面做得非常出色,它利用社交网络和广告,以幽默诙谐的方式吸引了人们的关注,并给那些肯德基的老顾客发布了明确的信息,告诉他们发生了什么。

该公司在英国多家报纸上买下了整版的广告页面,把一个炸鸡桶上面肯德基的英文品牌标识KFC改成了FCK[①]。广告内

---

① FCK代指一句美国俚语,可以理解为"真倒霉",是肯德基的自嘲之语。——编者注

容是这样的：

作为一家以烹饪鸡肉为主的餐厅，鸡肉却断供了，我们感到非常抱歉，尤其是特意光顾餐厅却发现我们没有营业的客户。非常感谢肯德基总部成员和各个加盟店的伙伴，感谢他们为了摆脱目前的困境孜孜不倦地工作。这一周的情况极其糟糕，但我们正在努力，我们会逐日调配越来越多的新鲜鸡肉送到我们的餐厅。

再次向亲爱的顾客表达诚挚的歉意，谢谢您的支持。

肯德基还很快创建了一个网站，里面列出了所有英国肯德基餐厅的名单和每一家餐厅的鸡肉供应状况。公司还通过专属智能手机应用程序给那些受到断供影响的顾客给予补偿。

在各个社交媒体上，肯德基持续更新消息，其中还有很多有趣的广告。

从顾客在社交媒体上的反应来看，肯德基在应对这场危机的过程中做得很出色。它能够及时顺畅地与客户沟通，让顾客明白发生了什么，并且采用了一种轻松幽默的方式和人们交流。所以，当肯德基开始重新销售鸡肉时，之前造成的一切不便都得到了顾客的谅解。

> 与粉丝交流，要坦诚相待。

粉丝有权利知道发生了什么事情，你没有别的选择，只有说出真相，不应该掩饰事情的消极面，而应该正视它；你需要保持头脑冷静，清楚自己具体该做什么。对此，有很多可行的办法，其中就包括我们已然熟知的肯德基惯常使用的"幽默法"。

区块链构建信任

保证企业信息公开透明，开诚布公地对待粉丝，都是打造粉丝效应的关键因素。如果你的诚恳获得了粉丝的极大信任，那么即使你犯了错误（特别是你单方面犯下错误时），他们仍会尊重你，并愿意继续与你做生意。

渐渐地，许多公司在做生意的过程中，开始敢于说真话，将信息公开透明化，把"诚信"奉为经商之道。同时，客户也注意到了这些情况，很多都成了回头客，有些甚至还成了忠实的粉丝，这样，公司的粉丝效应就形成了。

橄榄油作为人类很早就开始食用的"超级食品"，其流传过程丰富多彩。公元前 3500 年，古克里特岛上就种植了可食用的橄榄，直到公元前 600 年，罗马人才开始种植橄榄树并榨取橄榄油。然而，现在很多橄榄油厂家在橄榄油的产地和生产日期方面大肆宣传各类误导性信息，发布一些让消费者一知半解的说法或不良信息，甚至是赤裸裸的谎言。很多时候，橄榄油的原材料并非全都是橄榄。有些商家为了蒙混过关，甚至把大豆或者葵花籽作为原料提炼食用油当作橄榄油出售；有些是将优劣两种品质的橄榄油混在一起以次充好进行销售；还有一些公司编造原产地，比方说，卖家从某个国家购进一批劣质橄榄油，但销售时产地标签上却写着象征优质橄榄油的意大利。

这些现象严重影响了朱莉·哈尼什的生意，她是 Veritat 橄榄油公司的创始人兼首席执行官。"Veritat"一词在加泰罗尼亚语中的意思是"真实"。哈尼什的橄榄油是直接从西班牙普里奥拉托地区进口的。几年前，哈尼什和家人住在巴塞罗那，她非常重视四个孩子的饮食品质，是当地一个橄榄油品牌的忠实粉丝。她非常喜欢这款橄榄油的味道，因此便开始查询这款橄榄油的产地，还亲自去拜访了生产商，学习了橄榄油的制作方法。等孩子们都长大后，哈尼什决定全身心投入橄榄油产业中。事业刚开始时，她会做些橄榄油给巴塞罗那的朋友们品尝。

了解了人们的口味喜好后，她备受启发，不久便开始销售瓶装橄榄油，她和先前的客户的私下交情更深了。在朋友的帮助之下，她最终决定创办一家橄榄油公司。搬到美国后，她成立了公司，进口西班牙橄榄油，创立了自己的品牌，通过零售和邮购两种方式销售橄榄油。

哈尼什告诉我们："橄榄油非常容易变质，如何让橄榄油保持新鲜很重要。一般情况下，橄榄油可以储藏 18 个月到 2 年，但实际上保质期取决于存储方式。变质的橄榄油并不会致命或是造成身体不适，只是味道不怎么好。就是因为这样，问题出现了。因为不是必需的，所以为了获利，有些无良商家就非常不在意橄榄油的新鲜程度。也许是作为一个母亲的缘故，我很关心每个人吃的东西是否健康。我觉得自己应该对瓶子里的橄榄油负责任，让客户知道它的真正来源，并且能够放心食用。"

对哈尼什来说，与客户建立信任很重要。Veritat卖的是由单一品种的橄榄榨取的橄榄油。然而，就像用不同品种的葡萄酿制的葡萄酒一样，大多数商业橄榄油都是多个品种的橄榄混在一起榨成的。不同品种的葡萄会生产出不同风味的葡萄酒，不同品种的橄榄也会生产出不同味道的橄榄油。"我发现单一品种的橄榄榨出的橄榄油味道更棒，口感更醇厚。"哈尼什说。哈尼什销售的橄榄油不管是安全性还是口味都让她的客户非常满意。因此，她和这个品种的橄榄供应商、橄榄油制造商、包装商之间的业务往来就更多了。他们之间也建立了牢固的友谊，互帮互助。然而，高质量的橄榄油自然不会很便宜。她说："和那些10美元的橄榄油在市场上竞争是很难的，因为把纯正的由单一品种的橄榄榨取的橄榄油进口到美国的成本是它们的3倍。"

现在，哈尼什把她对"真实"的追求做到了极致，她依靠区块链（一种加密技术）来追踪橄榄油从橄榄树到消费者餐桌上的整个过程。每个瓶子都有一个二维码，通过扫描二维码，用户们会看到一个页面，页面上会显示这瓶橄榄油的所有信息，包括采摘橄榄的日期和时间，橄榄树的位置，装橄榄的是哪个篮子，橄榄是什么时候在磨坊被加工成糊的，橄榄油是什么时候被分离出来、什么时候装瓶、什么时候到达巴塞罗那的港口、什么时候到达美国的港口的。通过零售发货人跟踪系统，哈尼什也可以知道橄榄油到达客户手上的确切日期和时间。

这是橄榄油行业首次通过区块链来追踪橄榄油"从树到餐桌"的整个过程。尽管哈尼什的橄榄油比其他品牌的橄榄油售价更高，但她的生意还是蒸蒸日上。

她成功的关键是什么呢？她又是如何向她的客户传达出如她公司名字所言的"真实"的呢？

答案就是信息的透明度。

区块链和她采用的商业模式确保消费者知道从她那里购买的商品的一切信息。哈尼什发现，对客户开诚布公有利于生意的发展。她将这种开放性作为她的一种商业模式，在充斥着虚假与欺骗的市场中，这无疑可以让她圈粉。

哈尼什和她创办的 Veritat 品牌证明了坦诚相待不可思议的力量。她关注的是一家企业首先能为其粉丝做些什么，而不是像那些销售假冒伪劣油的厂商一样，只关注短期利益。

当然，并不是所有的产品或服务都要做到完全透明，也不是都得像哈尼什那样用区块链将橄榄油从树上到消费者手上的整个过程分享给客户。但是，重视信息透明度可以使任何企业受益。正如我们之前所说的，只要你赢得了粉丝的信任，在你有困难的时候，人们仍然会支持你。

与粉丝建立并保持信任

当人们评估一个他们正在考虑是否合作的公司时（或者，类似地，决定上哪所学校，把钱捐给哪家慈善机构，去哪个娱乐场所玩儿，或者把票投给哪位候选人），他们必须对这家公司或者这个人有信任感。如今，人们考虑要购买哪家公司的产品或想投资哪家企业、想去哪家公司上班时，他们通常会通过浏览公司的网站、社交媒体、在线评论，或是参观实体店、公司办公室或仓库进行评估，也有可能根据他们所遇到的公司人员的待人态度做出判断。

> 言行一致就能赢得客户的信任。

新旧实体店或品牌要通过什么方式才能让它们即将投放到市场的产品赢得客户的信任呢？这很简单，就是将粉丝放在第一位，对你的商业行为要开诚布公。

你是否像我和玲子一样是现场音乐爱好者？你是否也像我们一样会因为买不到想看的演出的好座位而感到沮丧呢？我们发现很多演出的票务运作都没有特定的模式，但一些很受欢迎的艺人却努力想让最好的座位落入最忠实的粉丝手中。

某种意义上，这意味着举行这些演出的艺人的短期收入会减少。然而，乐队尽力让普通歌迷以合理的价格买到一张票，这刺激着他们的粉丝一年又一年、一场又一场地继续看他们的巡演。因此，与一开始就向粉丝收取高票价相比，这样做他们最终能从粉丝那里获得更多收益。

美国的票务公司的运作模式很值得借鉴，同样，一些乐队利用这一流程打造粉丝效应的方法也值得借鉴。这些模式和方法可以帮助我们在自己的企业中建立透明度，增强客户信任度。

大多数乐队将演出的票放在 Ticketmaster 或其他电子售票平台上出售，他们知道最好的座位会被票务经纪人用自动购票软件抢去，然后在 StubHub（门票交易平台）等第三方网站上加价出售，这已成为行业惯例。然而，作为一名粉丝，哪怕你在一些热门演出开始售票的第一时间就登录了售票系统，还是会发现已经只剩下剧场第二层看台或顶层的座位了，这样的结果会让你感到沮丧吗？这时候，你还会想继续买票吗？更令人沮丧的是，当你登录到第三方网站的时候，会看到成百上千张你没能买到的、位置更好的票的信息，但它的价格是原价的两三倍，有时候还更高。这样你会有何感想？

可悲的是，许多乐队串通一气，把自己的门票留在二手市场转售。他们从中获利，而他们最忠实的粉丝只剩下愤怒和不解。乐队管理人员也常常抱着一种短视的、省事的态度，对他们来说，让中间商承包数千个座位的方法获利更便捷，风险也小得多，因为如果演出不受欢迎，中间商也能承担部分风险。演出日期临近时，他们就会亏本抛售卖得不好的票，这样的情况也是很常见的。毋庸置疑，乐队和他们的管理者这样做并不能打造自己的粉丝效应。

一些乐队抱怨他们的经纪人、自动购票软件还有电子售票平台，说自己受到了很大的束缚，他们没法阻止那些位置很好的票流到中间商手中。然而，他们可以选择摆脱这些束缚，如果他们能把正确对待粉丝当作自己的责任，那么打造可以维持数年甚至数十年的粉丝效应绝非难事。

在许多乐队、乐队管理层以及票务行业的共同努力下，哄抬票价的糟糕局面有了明显的好转。

2016年，Ticketmaster推出了一项名为"粉丝验证"的服务，该服务利用运算法则来确定用户中谁是真正的粉丝，谁是倒卖门票的人。我使用粉丝验证服务购买过很多次票，效果很好。当超级受欢迎的百老汇音乐剧《汉密尔顿》来波士顿演出时，我可以用Ticketmaster的粉丝验证服务获得紧俏门票。通过分析我这几年的买票记录，这个平台知道我是一个真正的音乐迷，我也因此能得到特殊优待。

然而，在我写这篇文章时，只有几百位歌手在使用这个系统。因为是否选择签订这个协议，取决于歌手本人是否热爱自己的粉丝。例如，布鲁斯·斯普林斯汀就曾用粉丝验证服务来出售他出演的百老汇音乐剧的紧俏门票。根据《滚石》杂志的报道，斯普林斯汀的演出门票只有3%在二手市场中转售，这表明斯普林斯汀的歌迷们都直接买到了票。选择用粉丝验证服务，而不用通过获利数十亿美元的第三方售票平台售票，这样做的明星还有珍珠酱乐队、汤姆·威兹、杰克·怀特、艾德·希兰、哈里·斯泰尔斯等。

一些艺人正尝试用其他方法取代当前不完善的售票系统，并且公开他们的售票方式。

一些紧跟潮流的艺人纷纷开始使用无纸化门票，粉丝只需要在入场时出示身份证明（通常是身份证或买票时使用的信用卡）就可以了。这种方法意味着购买门票的粉丝是唯一可以使用门票入场的人。但缺点是，因为每个人都要在门口接受检票，所以入场要排很长的队。

很多艺人也成立了粉丝俱乐部，为会员提供门票。例如，国民乐队的樱桃树俱乐部，戴夫·马修斯乐队的仓库俱乐部，杰克·怀特的穹顶俱乐部，粉丝们每年需要交会费，但同时可以优先获得门票。

另一种方式是使用动态定价，类似于航空公司对座位的定价。随着演出的临近，票价会发生变化，粉丝可以选择何时付款。就像乘飞机时，坐在你旁边的人可能支付的票价和你不同。但是通过这种购票方式，在初级市场的售票所得就会归艺人所有。滚石乐队在最近的巡演中一直使用动态定价，他们的定价方式公开透明。当演出开始售票时，粉丝俱乐部的成员首先得到票，然后就是其他公众。但即使是粉丝，最好位置的票价在刚开售时也是非常贵的，就像开售的六个月内的国际航班上的商务舱座位一样，如果你想要好的座位，没问题，你只需付更高的价钱。对那些靠近舞台的座位，滚石乐队想以二手市场上能接受的价格定价,一些最好的座位定价超过1 000美元。就像常见的机票打折促销一样,在离演出开始还有几周的时候,乐队会把没有卖出去的票降价卖给粉丝。上次巡演时,乐队使用了"幸运售票"系统,人们能以实惠的价格买到两张票,但只有等他们到了现场才能知道自己将会坐在哪里,这两个人必须一起出现,购买者出示身份证,现场随机提供两张票给他们,持票人需立即进入会场,防止在门外兜售入场券。

当然,票务代理行业有办法赢回粉丝的信任与尊重。

它们很快就会意识到,把最好的座位卖给忠实的粉丝,是一种双赢。真正地为粉丝服务,在于理解粉丝的难处,让粉丝知道他们很重要,这是一个帮助你打造粉丝效应的好办法。

信任的价值

你是否到了对你的合作公司失去信心的时候?你有没有把邮箱里的公司声明连同垃圾邮件一起删除?你能接受被利用吗?你是否想过你的合作公司根本不会及时回复你的邮件,即使回复了,也是要么不诚实,要么虚与委蛇?

现在每天都有大量的丑闻曝光,某些机构玩弄真相,人们越来越频繁地看到被标记为"假新闻"的信息。尽管如此,要帮助公司或其他机构维持它们可能花费几十年时间才建立起来的信任,还是有一个非常简单的方法的。

那就是坦白出现的错误,直接说出碰到的问题或其他突发状况，这是你的粉丝应该知道的。

  与其拖延回应，寻找一些蹩脚的说辞，或者用一些打马虎眼的方式愚弄消费者，倒不如直接将事情公开。提供透明的信息，反而可以获得成功。社交媒体或其他渠道是很好的与粉丝保持联系的方法，能增强你的存在感，哪怕你身陷丑闻。

  遇到对你坦诚相待、不偏不倚的人或者机构时，你会不激动吗？在得知真相时，即使一开始无法接受，但你会感到不被尊重吗？当你遇到这样的公司，你会不乐意一直与它做生意吗？你也会更乐意把它介绍给你的朋友吧！

*****

  最近我整理邮件的时候，偶然发现了一个产品目录，它并没有被我扔到垃圾桶里。产品目录由一家信誉度很高的公司寄来，我很愉悦地浏览了里面的内容。

  Deutsche Optik 是一个主要销售来自世界各地的军用剩余装备的公司，其产品目录是由公司创始人尤斯图斯·鲍申格亲自撰写的。他在目录首页上公布了自己的照片和邮箱地址，以便客户联系他。我很喜欢他这种坦诚的沟通方式。他附在 2018 年产品目录中的公开信写道：

  我将在这本产品目录中为你推荐我精选的几款产品，它们大多来自瑞士、捷克、南斯拉夫或者美国。虽然老式显微镜和打字机已经过时了，但我们相信，有你的喜爱，它们永远不会消失。虽然说我们的产品数量非常有限，但你总能找到自己喜欢的商品，我会在 1 月底去欧洲，认真地为你们搜寻一些珍品回来。

根据以往的经验，我知道 Deutsche Optik 是一个诚信度很高的公司。鲍申格说供货量在减少，那么就一定减少了，而不是为了诱导我去购买的说辞。

鲍申格写的产品描述经常让我捧腹大笑，他写的文字特别真诚，有时候甚至让人读起来有一丝尴尬。例如，以下是该公司对意大利海军风衣的描述（我删掉了原文中的几句话）：

哇……你看到了，因为尺码的原因，我们很少在产品目录里介绍服装产品，但是偶尔有一些很惊艳的东西出现在我们面前，我们也无法抗拒……这种意大利海军风衣穿起来显得庄重大气，就像两年前法国阿尔卑斯军队的羊毛披肩一样。意大利军队的制服设计就像出自乔治·阿玛尼或埃尔梅内吉尔多·杰尼亚这样的服装设计大师之手，我们的这款海军风衣可比其他华丽的时装风衣更值得你拥有。

请注意：这种海军风衣只适合身材匀称的人穿，如果你有大肚腩，那么最好不要轻易尝试。

Deutsche Optik 的创始人不仅使用"庄重大气"来描述他

公司的风衣，还提醒那些有大肚腩的人，这件风衣并不适合他们，这种方法太巧妙了！这种营销方式适合谁呢？我想大家应该都可以采用，因为这种风格既清新又吸引人。

几十年来，我一直是 Deutsche Optik 的忠实粉丝。

鲍申格以一种毫无保留的诚实和恰到好处的透明度与人沟通交流（也许有人认为这有些粗鲁），但这正是让人无法抗拒他的原因。

第 12 章　让员工成为粉丝

戴维

2018 年初,我在罗马做了一次演讲,恰巧有一天闲暇时间可以逛逛这座城市。我之前就了解到罗马有许多老式餐厅,所以午餐时间特意在街上边走边找找有没有心仪的餐厅,透过一个个玻璃橱窗,我能大致看到里面的菜单。最后,我走到了有"时尚之都"美誉的特拉斯提弗列区,在这里的圣卡利斯托广场我发现一家叫"恰约和加约"(Cajo & Gajo)的餐厅,这里的用餐环境怡人,价格也公道合理。

这家餐厅所在的位置是游客很集中的地区,餐厅里的标识都是英文的,我想着这里的饭菜只要还像样就不错了,特色可能就谈不上了。这一类餐厅我之前可是遇到了不少,它们可不指望通过回头客赚钱,因此,我对这家餐厅的服务水平也没有太大的期待,很可能也就是马马虎虎而已。但这又有什么关系,我心想,自己只不过是一个游客而已,后面好吃的还多得很呢,也不必苛求那么多。

首先映入眼帘的是餐厅外的一块老式木框黑板，上面画着一些彩色粉笔画。黑板上写着"欢乐时光（一升葡萄酒低至十欧元喽！）""免费无线网络"等字样，除此之外，还画了一些音符、一个玻璃瓶、一张笑脸。看到黑板上的内容，我觉得棒极了，禁不住快步笑着走进了餐厅大门。

　　我刚迈进餐厅，就有服务员上前打招呼："你好！我是加埃塔诺，你是想坐在外面还是里面呢？"

　　我说："你好，我从波士顿来，现在波士顿很冷，但这里天气很好，所以我还是坐在外面吧，多谢了。"

　　"罗马的天气向来都这么好！"加埃塔诺抬手指着鹅卵石铺成的人行道上那几张露天的桌子笑着说。那些餐桌旁摆着很多盆绿植，挂着一排雨伞，还放着一个作为装饰品的大箱子，里面装满了空酒瓶。加埃塔诺看起来30岁出头的样子，身材很壮实，脸上的胡茬儿看起来有一周没有刮了。他穿着黑色裤子，上身是带有餐厅"恰约和加约"标识的黑色高领套头衫，围着鲜红色的围裙，围裙前面印有一个葡萄酒品牌的名字。他说："大多数游客都和你一样喜欢坐在外面，大家都爱欣赏露天广场的美景。"之后他又指着餐厅的门对我说："但是，如果你不想坐外面了，也没有关系，我们可以帮你把桌子搬进去。这位女士是玛丽亚。今天下午我们俩专门为你服务！"

　　在恰约和加约的用餐体验完全出乎我的意料。加埃塔诺、玛丽亚和他们的同事，这些非常有趣的人让这次用餐过程无比愉悦，使我久久不能忘怀。很显然他们热爱这份工作，工作时他们也都一直保持着微笑！他们空闲的时候，嘴里哼着歌，还会随着音乐漫步起舞。他们有说有笑，和我邻桌的三对夫妇互相逗乐，他们热情洋溢，这让那一桌的顾客禁不住又多点了一瓶酒。他们与顾客开的玩笑和逗趣的做法没有一点生硬或不情愿，就像是在和自己的家人、朋友一起吃饭时那样自然、亲切。

用完餐后，我又收到了一份意外的惊喜：一杯免费的柠檬酒和一份饼干。对我来说，真的是意外之喜了！

我问那些员工能不能给他们拍几张照，他们很快就微笑着答应了，还灵机一动想到一个特别的拍照姿势：三个人在餐厅的台阶上彼此靠近，所有人都微笑着用手比画成心形。我意识到，在罗马的这段美妙的用餐经历就是粉丝效应在现实生活中的一个缩影。

这家餐厅的食物还不错，但说实话，罗马的很多餐厅的食物都很美味，这一点它并没有特别之处。我用餐的那个广场虽然风景如画，但是我也看到过许多比那儿更有趣、更美丽的地方。

真正吸引我、让我念念不忘的，是我与这样一群真正充满工作激情的人共处的这段经历，这也让我变成了恰约和加约这家餐厅的粉丝。

那天晚上回到酒店后，我就立马打开了猫途鹰查看其他食客对这家餐厅的评论。果然，我看到恰约和加约在罗马的10 578家餐厅中排名第52，这就难怪了，因为这个排名意味着它在罗马所有餐厅中受欢迎的程度属于前1%的行列！更有趣的是，我发现那1万多条评论的前几页中，几乎每一页都有用"友好"和"善良"等词语来形容餐厅员工还有服务的评论，而且对员工和服务的评论都在对食物的描述之前。

恰约和加约餐厅主要依靠员工与客户的互动来打造自己的粉丝效应。热情洋溢的员工在给餐厅带来粉丝的同时也带来了更多的营业额。尽管这家餐厅并没有明星厨师，也不在高档繁华的地段，但它的员工却给像我一样的客户带来了身心愉悦的体验。这真的是一个做生意的妙招！让客户能从心底感受到员工的热情，这就能给他们带去满心欢喜。

正如猫途鹰的数据所显示的，员工工作中热情的态度对于品牌形象以及企业发展非常重要。

让员工感受到自己的重要性

在所谓"集体文化"上投入大量资金已经是各个公司的常态。它们想要打造一种能够把员工变为自己公司忠实粉丝的文化，然后将员工的这种热爱传递到客户身上。然而，有时候人们会觉得这种文化很虚伪，因为很多行为，包括用金钱吸引员工参与公司的团建活动，或者强制要求员工穿印有公司标识的运动衫，要求员工参加公司夏日烧烤活动等，都不能带来那种我在恰约和加约餐厅所享受到的来自员工内心真正的喜悦和热情。

从长远来看，这种人为刻意打造某种文化的方法行不通，反而会适得其反。这种强制性的让人强颜欢笑的方法，会让那些原本就对工作热情积极的员工产生厌恶情绪。因为他们渴望真实，客户也渴望真实。

我再次声明，我之所以成为恰约和加约餐厅的忠实粉丝，是因为其员工与我的互动，而不是因为那里的美食或者用餐环境。我在那家餐厅用餐时，我与其员工建立了某种人际关系。激情满满的餐厅工作人员只是在做自己而已，他们自由自在地唱着歌、跳着舞，亲手绘制菜单，拍照时比画心形手势，对顾客讲些让人忍俊不禁的笑话，这些做法让顾客感觉像回到了家里，像和家人在一起那样自在，这种感觉是非同寻常的。恰约和加约餐厅的工作人员可能从未将自己视为"粉丝效应的打造者"，但实际上正是他们缔造了这种粉丝效应，同时我自己也感到很幸运能与其他顾客在这儿一同见证粉丝效应巨大的影响力。

> 追求真实将激发公司员工的兴趣、
> 快乐和打造粉丝效应的激情。

员工做好本职工作并不为奇。然而，当员工对自己的工作表现出高度热情时，就能产生强大的感染力，这种感染力可以改变员工对工作的态度以及他们的状态，对打造粉丝效应起到至关重要的作用。

创建一支制胜的团队

皮特·西波隆是一名赛艇运动员，他曾担任1996年亚特兰大奥运会美国赛艇队的教练，参加过2000年悉尼奥运会，在2004年雅典奥运会获得金牌并创造了赛会纪录，总共获得过四次世界赛艇冠军。他说过："当在比赛中落后时，你似乎会感觉到自己的身体在咆哮着说：'兄弟，你在干吗？要加油！'慢慢加速时，你会感觉每划一次桨都让自己离终点线更近一步。在比赛中，你往往会身体在往前冲，但心里却浮现出要放弃的声音。比赛中身体的痛苦会让自己产生放弃的念头：'放弃吧，别拼了。'可内心另一个声音却在不断提醒自己：'别放弃，我可以划得更远！我可以超越自己！我可以挑战自己的极限！'这种奇怪的情绪会一直在心头交织萦绕。整场比赛中，那一刻我觉得自己的作用最大化了。我可以全身心地投入赛艇运动中，在生理与心理陷入拉锯战时，潜意识也在问自己：'我到底能坚持多远呢？'"

1997年的查尔斯河赛艇大赛是西波隆最难忘的比赛之一，那时候他担任美国男子赛艇队八人组的舵手。在比赛之前西波隆同意了一位记者在赛艇里面放置一个录音机，用来记录西波隆在划桨时喊的号子：

兄弟们，听着，我想你们可以打破纪录！

准备好！

现在出发！

蹬腿！

蹬腿！

蹬腿！

就是这样，非常好！

蹬腿，划！

蹬腿，划！

蹬腿，划！

终点要到了，冲刺吧！

用力划啊！

用力划啊！

用力划啊！

继续划啊！向前冲啊！

"我们以极大的优势取胜，还打破了世界纪录，我们是第一支可以在14分钟内完成比赛的队伍。"西波隆说，"虽然我扯着嗓子喊出的号子并不像歌手的声音那么悦耳，甚至有点声嘶力竭，但我想，所有的队员都需要我的鼓励，哪怕是这样的'盗版音乐'，他们也一样很喜欢。后来，这份录音就在互联网上流行了起来。许多赛艇运动员和舵手都对我说：'我一边训练一边听这个录音，这可以让我保持兴奋状态。'也有人说：'你的录音我听了无数遍，也阅读了你写的关于如何当好一名舵手的文章，我是你的忠实粉丝。'"（在 YouTube 上搜索"皮特·西波隆 1997 查尔斯河赛艇大赛"，你可以听到西波隆在划桨时喊的号子。我本人已经听了 10 多遍；并且请注意听，西波隆用的语言真是妙趣横生。）

保持激情是一种习惯

使员工成为团队不可分割的一部分是建立成功组织的关键。但可悲的是，大多数经理和人力资源部门的管理人员都没有为人力资源工作贡献足够的创造力和鲜明的趣味性。他们还是那套老路子，按部就班地完成人事招聘工作。根据候选人的学历、工作履历和以前的工资等各项指标招聘人员。他们会浏览应聘者的简历，对他们的工作技能做出评估。面试的时候会提一些如"你最大的优点和缺点是什么""你对五年后自己的职业期待是什么"等类似的问题。这种问题的回答也往往很无聊，没有什么实际意义。确实很无趣，我们还是聊下一个话题吧！

西波隆雇用员工的方法与众不同。他是 InstaViser（一家创建在线平台以支持社团活动的技术公司）的创始人兼首席执行官，他对赛艇运动的热情使他成了一个更好的领导者。这两件事看似无关，实则却息息相关。

西波隆聘请了许多优秀的运动员，包括像他一样的奥运会运动员来 InstaViser 工作。有些运动员已经退役，但还是坚持参加规律的运动训练，他们在InstaViser做兼职工作。西波隆非常相信一句话：保持激情是一种习惯。

西波隆在聘用员工时非常重视一个关键，那就是对工作充满激情。他希望员工可以带着激情和热情工作。

> 员工的激情会在公司工作中释放，而且能影响他人。

西波隆聘用员工的做法告诉我们，培养有激情的员工是多么重要。只要这些员工对生活充满激情，能对某件事投入极大的积极性，他们就会是前途无量的员工，而这种激情到底是什么其实并不重要。

对生活的激情能给一个人的其他方面也带来激情，这没有错吧？充满激情的员工就是我们的最佳员工，因为只有这样的人才会真心热爱他们的工作。

西波隆的公司负责市场营销和客户成功业务的副总裁梅根·奥利里是一名奥运会运动员。公司的客户成功业务经理埃拉娜·迈耶斯·泰勒也是一名奥运会运动员，她因在2018年平昌冬季奥运会期间参演了康卡斯特的广告作品而闻名。她在全美雪橇车手中排名第一，获得过四次世界冠军，在2010年温哥华冬季奥运会上获得了铜牌，在2014年索契冬季奥运会和2018年平昌冬季奥运会上两次获得银牌。同时该公司的主要研发人员凯尔·特雷斯也是一名奥运会俯式冰橇运动员。

"我们正在形成的非常特殊的企业文化和我们很多人的运

动员生涯是完全一致的。"西波隆说,"我们聘任那些期待每天在这里可以铆足劲大干一场的运动员,他们具有以下三个共同特征:做事目的性非常强,专业水平过硬,具有卓越的团队合作精神。我们明白终点线意味着什么,我们明白里程碑就是指引我们不断向前,直至达到终点的力量。我们非常想做到'各尽其职',但最重要的是,只要我们在公司,就能给周围的人带来更大助益,而且效果立竿见影。如果你到我们的那些客户中去了解一下,他们会说,我们公司是他们合作过的最优秀的公司之一,因为我们清楚他们想要达到的目标。"

对于西波隆而言,事实已经证明了他聘用这些精英运动员是一种成功的策略。他说:"毫无疑问,如我们一开始做的那样,在高质量客户成功方面投入大量财力和精力是我们能够获得100%续签率并在续签时拓展了大量客户的原因。客户们愿意相信我们的专业程度和卓越成果而继续和我们合作,这一点毋庸置疑。"

其他首席执行官会在公司出现职位空缺时寻求在不同方面充满激情的人选。

也许他们不会使用"激情"一词,但他们也一样想感受到面试者那种由内而外散发出的热情和真诚。

有许多面试者根本不了解一家公司就去参加面试,这真是让我匪夷所思。如今,每家公司都会有一个官网,上面会讲述公司的创立背景,以及工作职责范围。你对这家公司市场和历史的了解,能帮你认清自己到底适不适合这个岗位。知道这一点会让你的面试变得容易得多，因为面试者可以直接谈论自己的工作经历和个人价值观，并阐述自己能为这份工作带来什么样的好处。面试者越了解一家公司，面试的进展就会越顺利，面试者也越容易获得这个工作机会。面试者可以在第一次面试中就表现出他们对任何事物的狂热程度，借此展现自己的那种激情。

公司和企业领导人需要寻找有思想，可以清晰代表公司的员工。CircleUp 是一家旧金山的金融科技公司，它的联合创始人兼首席执行官瑞安·卡尔德贝克就是这样一位领导人。CircleUp 致力帮助一个品牌在创建的早期寻找投资人，并帮助他们达成合作。

整个风险投资界发展的本质就是广泛建立连接。投资者和公司主管团队相互团结吗？公司员工们是如何促进公司凝聚力的？因此，粉丝圈就是一种可以巩固人与人之间关联的重要方式。

"寻找新的合作伙伴或投资人的时候，我最渴望的是能够看到他们的激情。"卡尔德贝克说，"我坚信，尽管完全没有什么科学研究，但充满激情一定是获得成功最重要的因素。"卡尔德贝克在面试员工时总会考虑以下三个问题：

1. 面试者有激情吗？
2. 面试者清楚自己的爱好是什么吗？
3. 面试者的这种激情和其他事物结合能否促进新的事业发展？

他解释说，上面每一点都很重要，如果能同时具备这三个条件，那么面试一定会成功。"我并不是只在招聘时才考虑这些问题。"他说，"并不是每个公司的首席执行官都像我这样重视激情，但只要他们能注意到你充满激情，知道你对什么充满激情，并且你的这种激情可以与公司文化相契合，那么他们就会非常高兴。"

风险投资业务中，卡尔德贝克也了解到许多其他公司的运行细节。他说："我注意到，有些人看似资质并不高，但也会被最好的公司雇用，进入一个全新的行业并获得蓬勃发展的事业。因为他们清楚地表明了自己的激情，并且这种激情与公司相契合。"

在合适的岗位聘请合适的人，这个策略在 CircleUp 的效果非常明显。该公司已经从投资者那里融资近 4 亿美元，为超过 250 多家公司提供了资金支持。

在卡尔德贝克看来，每个人都应该深思如何组建最佳团队。这一点至关重要。一个充满朝气的员工对这一点的清晰认知会让他的生活充满乐趣。

"能意识到激情的意义，并拥有将其传递给他人的能力，会给我们带来成功和幸福。"他说，"我逐渐发现，自己的激情从来不是表现在具体的某件事情上的，比如体育、投资和技术。我的激情让我和别人建立了牢固的关系，为我提供了帮助大家的机会，也为我提供了一个机会借此影响周围的人。"

确实，谈及以上观点的时候，几十位企业家均赞同拥有充满激情的品质是面试官在招聘过程中会考虑的一项重要指标。NimblyWise（教育机构合作商）的首席执行官迈克·斯威特说："考虑应聘人员是否符合公司要求时，我所做的就是不断发掘他们到底有多少激情。"在知识经济的框架下，NimblyWise 为学生和毕业生提供服务，引导和敦促他们终身学习并取得成就。同时斯威特还表示："应聘者身上热情好学的品质对我来说意味着他们积极进取、乐于努力学习新事物，这对我们公司的发展有很大助益。如果他们身上不存在这种活力和热情，我这样的领导层就不得不付出加倍的艰辛来经营公司。鉴于如今业务发展的日新月异，我将独木难支。"

同卡尔德贝克一样，斯威特发现了一条通往成功的道路。

"根据以往经验，有的员工对自己的工作充满好奇，这样的员工往往能提出一些新颖的想法，同时他们不畏挑战。"斯威特说，"他们在工作中会不断努力向前，毕竟这是他们主动选择的道路。开展业务时，他们与生俱来的热情洋溢其中，会感染客户及合作伙伴，使客户及合作伙伴对于和 NimblyWise 往后的商业往来信心倍增。因为与外界保持联系，他们往往可以给公司带来产品革新的新思路。公司遇到一些困难的时候，这部分人因为和外部有广泛的牢固关系，所以能发挥最大的优势，让一些非常艰难的交往变得容易很多。"

> 保持激情是一种习惯。

很多员工并没有把全部身心都投入工作中。他们工作是为了维持生计，对他们来说，工作不过是养家糊口的手段而已。工作中没什么热情的员工往往抱着一种得过且过的态度，根本不会对公司打造粉丝效应起到什么作用。

根据盖洛普咨询公司的《全球职场环境调研报告》，在一家提供分析和建议以帮助领导者与组织解决最紧迫问题的公司中，只有15%的员工会全力以赴地工作，同时对他们的工作和职场环境充满热情。在美国，人数会更多一些，但相应比例还是极低，只有33%的雇员对自己的工作以及工作场所感到满意。

盖洛普提出，敬业的员工在公司雇员中占比过低严重影响了全球范围内很多想要创造高绩效的企业文化的企业。这些数据揭示出，大量工作态度消极的员工给企业造成了巨大损失。根据盖洛普的全球员工企业敬业度分析数据库，敬业程度排在首位和末尾的公司，部门生产率相差17%，利润率相差21%。

过去5年，NimblyWise一直使用一款名为"Quantum Workplace"的评估软件对员工敬业度进行匿名调查并做出分析评估，以此来考核员工的表现。分析结果显示，NimblyWise员工的敬业度在盖洛普的职场环境满意度榜单上持续名列前茅。2017年的调查显示，97%的NimblyWise员工高度敬业，3%的员工一般敬业，没有员工消极怠工。

事实证明，对于NimblyWise而言，雇用认真负责的员工使整个团队更加投入地工作，并且可以直接激发消极分子的工作热情。"由于公司高管的敬业爱岗，客户也十分满意，"斯威特说,"同时,这也使我们大客户的续签率始终高达90%以上。"

在招聘员工时,许多成功的企业家都认识到,如果应聘者在面试期间是热情高涨的,那么他们很可能在以后工作时也会很敬业。

用企业文化影响员工

我们研究了公司招聘积极向上员工的渠道。许多企业家发现,应聘者对工作越是充满激情,他们成功的概率就越大。然而,招聘只是与员工建立长久雇佣关系的一环。如何才能将员工转化为粉丝呢?

> 得到公司信任、有自主选择权的员工会爱岗敬业。

建立企业文化最重要的方式就是要重视每一个员工的决定,了解他们是怎么构想出这个决定的,以及这个决定又能带来什么影响。如果能允许员工以自己觉得最有效率的方式工作,他们就更有可能享受工作,成为公司利益的坚决捍卫者。

这项举措在一家仅有几十名员工的罗马餐厅实施起来很容易,但是在一个全球性的大企业中实施却十分困难。

这就是接下来我会重提HubSpot案例的原因。在本书开头我就提过,HubSpot是一家集市场调研、销售和客服于一身的大型平台型公司。从我和这家公司管理团队的历史性会面算起，已经过去十几年了。如今这家公司已经发展成员工超过2 000名的大型企业（让我无法忘怀的是在这家公司初创时仅仅10人的团队里，每个人都读过我的书）。毫无疑问，HubSpot取得了巨大成绩，超过6 000位客户每人每年平均要支付近1万美元的服务费给这家公司。

为了延续这种辉煌成就，该公司专注于创造独特的企业文化。实际上，HubSpot的企业文化表现在其内部的工作方式和企业宗旨两方面。同时HubSpot的企业文化被整理成幻灯片在SlideShare（专业的幻灯片存储与展示网站）上发布，目前浏览量已经超过400万次，这128张幻灯片提供了非常详细的细节介绍，公司还总结了几点关于自身独特企业文化的要素：

1. 文化之于招聘，犹如产品之于营销。
2. 无论喜欢与否，企业都要有一种文化，何不描绘成自己喜欢的模样？
3. 为客户解决问题——不仅仅从客户的幸福考虑，还有他们的成功。
4. 成功是通过集百家之长，而不是故步自封。
5. 只有积极乐观的态度才能消除积弊。
6. 不应该因为少数人的错误而惩罚多数人。
7. 英雄不问出处。
8. 个人的号召力不应该由职位高低决定。

9. 优秀的人应该注重结果而不注重方式。

10. 追求本质，不流于表面。

11. 纸上得来终觉浅，绝知此事要躬行。

HubSpot 的首席人力资源官凯蒂·伯克告诉我们："我们正在创建一个能让员工真心拥护的企业。首先，我们深信自己的员工能够且愿意热爱自己的工作，为此，我们尽力让公司的价值定位成为员工的卓越价值追求，正如我们对待客户那样。"

HubSpot 的企业文化的两个基本点是，重视自主性和透明度。伯克表示："我希望每一位进入 HubSpot 的员工的目的不只是成为一名更优秀的工程师或者营销人员，其应该从根本上出发，变成理想中的自己，成为专家，甚至是企业家。为了实现这个目标，员工应该将对本职工作以外的知识学习作为工作的一部分。我为团队中的实习生能够读懂维基百科上联合创始人布赖恩和达尔梅什发布的关于商业战略的文章感到骄傲，同时这反映了他们非常强的学习能力。"

许多高管都习惯传统的公司职位制度以及一把手管控的管理制度，他们很难接受这种程度的公开性和透明度。"即使管理层感到行事不便，他们也必须保持透明度。"伯克说，"无论他们内心是否情愿，他们的所作所为都必须在企业内部公布，这是每位管理者必须承担的责任。"

值得注意的是，HubSpot 的企业文化中包含了一项"假期时长不受限"政策。员工可以根据具体所需时间来调整休假的长短，还有哪家公司会这样做呢？"员工有时会长时间工作，"伯克表示，"公司雇用的是优秀的应聘者，同时公司强调员工工作的自主性，所以公司没有必要签署休假批准手续，因为员工都是心智健全、身体健康的成年人，这样做并没有什么依据。合伙人对这些看似荒谬的政策显得有些紧张，但还是期待它们能融入企业文化中。我们希望员工能够掌控自己的生活和事业，所以最终的目标是让员工围绕自己的生活来开展工作，而并不是让工作控制住员工的生活。"

事实证明，这一做法行之有效。公司员工的评价使HubSpot被评为2018年美国十大最佳雇主之一，同样公司也赢得了大型公司类别的Glassdoor（一家做企业点评与职位搜索的职场社区）员工选择奖，该奖项根据Glassdoor上的员工评论和反馈来评出最佳的工作场所和企业文化，Glassdoor是规模最大、发展最快的求职网站之一。其他排名前十的雇主包括脸书、谷歌和网飞等。在公告发布之时，HubSpot收到了547条员工评论，总体评分为4.7分，满分为5分。

在Glassdoor平台上，全球任何一家公司的现任和前任雇员都可以撰写有关的公司评论，并分享对这些公司工作环境的见解。该平台上的评论旨在让人们深入了解某项具体工作和公司的工作情况。人们想去HubSpot求职时会看这些评论，同样许多潜在的客户和投资商也是如此。以下选取了几条HubSpot员工在Glassdoor上对公司的评价：

我每天都和一些聪明、有思想、有抱负的人共处。职场底层员工的合作和想法不仅能被接受，而且受到极大的鼓励。我一直觉得HubSpot能真正重视并坚决支持我的想法。每天我都会克服困难学习新技能，和公司携手不断共同进步。

——客户成功团队的员工

我刚在HubSpot时，只有一点点销售经验，但后来我爱上了销售业务，这促使我尽自己所能为公司做贡献。我的日常工作完成得很好，每天都面临新的挑战，在此期间，没有一个人对我的工作做出否定的评价或者让我放慢脚步。相对而言，同事们教会了我很多，督促我不断完善自身。差不多5年后，我在销售领域担任重要职位。目前为止，我在职业生涯中所取得的成就已经超越了当时认为是不切实际的目标。我爱HubSpot。随着公司规模不断扩大，企业文化也蓬勃发展，而且我每天都有机会向优秀的前辈学习和挑战。

——销售团队的员工

这里有非常棒的企业文化——福利也很棒（现场咖啡师服务、室内健身房、免费小吃、没有期限的带薪休假等）。但是人们喜欢在这里工作的主要原因却是以下几点：公司一视同仁，实行信息透明制度，尊重员工的价值，培养团队合作的意识，激励员工，助力员工获得成功。在此之前，我在很多家公司工作过，但那些公司从未像现在这家公司这样真正重视我和我的贡献。

——匿名员工

显而易见，从数百条类似的评论中可以看出，HubSpot 早已在员工中打造出了粉丝效应，而且这些员工乐于和全世界分享他们的热情。

"一些公司的首席执行官会问我有关 Glassdoor 职场满意度排名的问题，我觉得他们关注的方向不太对。"伯克说，"他们想知道你是怎样得到这个排名的，他们觉得这应该就是组织一些员工，要求他们在网站底下评论这么简单。但是我告诉他们，要达到这个排名，首先要把员工的从业体验当作一件产品来对待，质量一定要有保障。相对于我们目前正在做的事情而言，这个排名只是一些后期的、没有什么决定性意义的指标而已。因此，如果一味关注排名和评论，那就大错特错了。我整天都在考虑的问题是：公司要如何创新才能不辜负员工对我们的期望？我们如何回应他们的反馈？我们如何确保公司每年都能向前迈进一个台阶？要是哪天我们获得某奖项后，我第二天早上就在想明年该怎么办。这就是所谓'逆水行舟，不进则退'。"

公司拥有一群热情洋溢的员工，是他们对自己在公司的工作状况做出的积极评价让公司赢得了这个荣誉。那么，这些员工作为公司的粉丝是如何让公司获得经济利益的呢？又是如何形成粉丝效应的呢？

"我们公司文化秘诀的核心之一就是'急消费者所急,想消费者所想',这个道理其实大家都知道。"伯克说,"然而,你要是根本不关心这个问题,或者仅仅是为了打造企业文化而打造企业文化并从中获利,你应该不会与我们公司合作。如果你选择与我们合作,我们的产品团队首先就会与你的客户取得联系,他们最在意的就是客户的反馈,他们会花大量的时间听取你的客户和合作伙伴的意见,听听他们认为哪些可行、哪些不可行。你完全可以自主决断并解决问题,我们公司有很多产品管理团队,在定期解决客户的实际困难方面,他们有绝对的自行决断权。"

伯克还表示:"在目前的营商环境下,人们会觉得只要是家公司就会想方设法通过质量糟糕的客服或者无礼冒犯的营销方式来获取利益。但是 HubSpot 的经营理念就是,致力给客户提供解决问题的最佳方案。它不像前面所说的那些公司只知道盘算着怎么才能更快赚钱或是更加省钱。我们公司的员工在帮助客户解决实际问题时有充分的自主权,我们的客户非常青睐这一点。与此形成强烈反差的是,一些公司的客服人员则是在解决问题时能拖就拖,甚至层层设防,阻止客户达到自己想达到的目的。"

HubSpot 举办的年度集客大会吸引了世界各地数十万粉丝云集波士顿,他们想通过这次大会更好地了解有关高效营销、销售和客户服务策略等方面的发展信息。与此同时,大多数参会者都会同 HubSpot 的职员和他们的老客户充分交谈互动。

米歇尔·奥巴马、约翰·塞纳、塞思·戈丁、布勒内·布朗还有马莎·斯图尔特都在往届大会上做过主题演讲。这次活动为期一周,开设了约 300 个小组会场,热闹非凡。

参会的人从这次活动中获益匪浅,在这一周左右的时间里,包括活动门票、机票,还有酒店住宿等开销都是自费的,但是他们非常愿意花时间和精力参与其中。他们表示,能有机会与 HubSpot 的人互动交流非常值得。

"我迄今为止还没有见过哪个人和 HubSpot 的工作人员见面交流后没有对我们的产品动心,或不愿意参加 HubSpot 的用户小组会议或者我们的集客大会的,"伯克说,"这证实了我们所做的事情是正确的。我们经常听见很多客户说,他们会选择我们公司是因为公司的员工。他们相信,帮助他们处理销售流程、做生意的专业团队是值得依赖的,也是能够切实帮他们解决问题的。HubSpot 是我唯一工作过的软件公司。在这家公司里,你能听到有客户说:'我太喜欢这些销售员了,我想一直和他们做生意。'听到这些话,我的内心充满了骄傲。"

*****

我在前文提到过的皮特·西波隆,是创造 2004 年雅典奥运会上美国男子八人赛艇队世界纪录的金牌获奖队伍的舵手,同时也是 InstaViser 的首席执行官。作为运动员和首席执行官,西波隆在鼓舞团队士气方面很有一套。1997 年查尔斯河赛艇大赛上，西波隆的团队打破了当时的赛事纪录。在最后的冲刺环节，他是这样喊号子的：

兄弟们，还有350米，现在发力！

你们的腿，一起用力，蹬起来！

加大马力，抬起头，挺起胸！

兄弟们，保持体力！

终点要到了，准备冲刺！

直起腰！

向前冲！

还有250米，还有250米，向前冲啊！

用力划啊！

用力划啊！

用力划啊！

最后200米，向前冲啊！

蹬腿！

蹬腿！

蹬腿！

干得漂亮，向前冲啊！

（终点线上的人群也在呐喊）向前冲啊！

蹬腿，划！

蹬腿，划！

蹬腿，划！

蹬起来啊，再冲5米！

一！

二！

三！

四！

我们赢定了！

干得漂亮，向前冲啊！

第三部分
享受粉丝效应

第13章　拥抱激情

玲子

早上6点，我们三个人挤在纽约青年旅行社一个狭小的房间里。黑裙子、网纱衬衫、卷发棒和首饰胡乱地丢在两张单人床上。我们挤在一面镜子前，轮流给对方化妆。我闭着眼睛，让朋友给我的眼睑和脸颊画了浓浓的几道黑色线条。画好后我禁不住皱了皱鼻子，脸上的化妆品让我很不舒服。

"克莱尔，我漂亮吗？"我的手有些发痒，总想去摸脸上慢慢变干的化妆品。克莱尔回头望了望我，她的双眼在黑色眼线的衬托下显得很有神。

"很好，"她边说话边把我的手从脸上挪开，"再别碰了，你会把它弄得一团糟的。"

我缩回手，咧开红嘴唇大笑着说："那你可得一直提醒我。"

我一边瞄着镜子里的自己，一边举起手机看凯罗恩·吉伦和杰米·麦凯尔维画的连环漫画《邪恶与神圣》中的图片。作者完美地抓住了人物的线条特征，从鼻头到鼻梁的棱角非常分明，这正是我曾试图绘制的人物形象。我瞥了一眼镜子里的自己，皱了皱眉，试着做了个与漫画人物一样阴冷愤怒的表情。哇！连我都快认不出自己了，自己完全变样了！

"你臭美够了吧，"珍妮说，"快帮我穿上塑身衣。"

我和珍妮、克莱尔三个人都喜欢书籍和漫画，我们常常互相推荐或者借彼此的书或漫画看，这样我们还可以在晚饭的时候一起聊聊这些事。《邪恶与神圣》是我们三人传看的系列漫画之一。我们喜欢它漂亮的画面和层次多样的故事情节。这个漫画讲的是古代众神转世为当代歌手并成名的故事。那天，我们装扮成其中的一个人物，凯尔特战争女神——茉莉安。她有三种造型，我们每人选了一种扮演：玛查是黑头发，穿着黑色衣服，是三种造型中最稳重的，由克莱尔扮演；温柔的安妮，虽然头发光秃秃的，但很和蔼，是最古怪的造型，由珍妮扮演；巴德布是火红色的头发，透着狂野，是茉莉安愤怒时的造型，由我扮演。

我们三个人穿着黑色带羽毛的披肩，又做了个发型，看上去很恐怖——手臂上精心绘制了一圈小鸟图案，还穿上了像女巫一样的黑裙子，我还把头发藏在一顶从后背一直垂到臀部的亮红色假发的后面。我们很早就离开房间去搭乘优步快车，那时候街上还没有什么游客和购物的人。尽管如此，车还没有开来的时候，我们还是显得有些着急。

不一会儿，我们就坐上了车，看到我们的装扮，司机挑了挑眉毛，显得有些好奇。

"去参加化装舞会？"他问。

化装舞会？如果是参加一场简单的化装舞会，我们就不用花好几个月的时间策划准备了，我这段时间也不至于承受这么大的压力，不仅要完成繁重的医学院课业，还要挤出时间老往另一个城市跑。

"去参加动漫展。"珍妮告诉司机。

动漫展：享受粉丝的高光时刻

这是我连续第五年参加在贾维茨会展中心举办的纽约动漫展了。几年前，同样是在这个展厅，我遇到了作家恩格兹·尤卡祖，还有许多我崇拜的作家、艺术家和演员。这是我几个月来翘首以盼的事情，不管是坐在课堂上，还是在实验室里工作时，我都会不时畅想10月初的到来。

我和珍妮、克莱尔都在纽约上大学，毕业后又一起搬到了波士顿。我们一直保持着联系，由于我们对书籍和漫画有着共同的热爱，我们的关系也比在学校时更亲密了。不过，虽然搬到了波士顿，但我们也没有和纽约还有纽约的粉丝圈断了联系。我们每年都会去纽约参加动漫展。

我们越来越靠近贾维茨会展中心，人行道上穿着奇装异服的人也越来越多，人群中的色彩更是越来越鲜艳。从美国各地赶来参加动漫真人秀、座谈会和粉丝见面会的人足有20万之多，而我们，只是其中的三个。

"祝你们好运。"司机在我们下车时说。

"我确实需要点好运庇护。"我把长裙卷到了身后，一边钻出车外一边回应着司机。我心想："我今天要是没有点运气，说不定还真会绊倒。"

车开走了，我回想起和朋友们这几个月来计划这个活动的过程，不禁有些感慨。我们确实是乐此不疲，虽然那天早上我们只花了几个小时做准备，但真正的准备工作其实早在我们坐车进纽约时就开始了。我们互相发送面料或缝纫方法的链接，有任何进展时都会拍照记录。然而，当走进那个人山人海的参展队伍中时，我还是有些担心。我们的服装如果不够完美，别人会不会认不出来？喝水的时候，我们脸上的妆会不会花了？见到《邪恶与神圣》的作者时，我们该对他们说些什么？他们会回应我们吗？又会回应些什么呢？哎呀！我们是不是把宝贵的时间都浪费在幻想和担心上了呢？

我们完全被淹没在人群中了，很快，我们的周围就乱成了一团，足有6英尺长的泡沫剑、尖尖的帽子，还有锃亮的盔甲。我的左边有人在大声问："我喜欢你的斗篷，你是怎么制作的？""你看到今天的动漫海报赠品了吗？"另一个声音说："我要先去黑马漫画公司的展位，想去看看他们的海报有没有派发完。"我能从周围人群的服装中辨认出一些我喜欢的作品中的角色，但有些还是认不出来。有人在向经过他们身边的洛基、科拉或塞尔达挥手高喊，但没有人像那样喊出我们扮演的角色的名字，我有点淡淡的失落。

我和朋友们一直往贾维茨会展中心地下的艺术街走去，因为我们知道《邪恶与神圣》的创作者会在那里，我激动得心都快从嗓子眼儿里跳出来了。我们手里拿着漫画书排着队等他们签名，终于走到了他们面前。然而，还没等我们开口，他们就先热情地鼓起掌来，还笑着大声说："太棒了！"

更令人意外的是，我们还没来得及主动提出要求时，他们就先邀请我们一起拍照了。

"这张照片可得上传到 Instagram 上，"杰米·麦凯尔维欢呼道，"你们的服装看起来棒极了！"

我开心地笑了。我从来没有想到这些创作者见到我们会像我们见到他们一样兴奋。那一刻，我记起了我喜欢漫画的初衷：我再次变成了一名少年，心情激动，近似狂热。我们对漫画的热情受到了极大的鼓舞。我不记得我们对自己喜欢的这种艺术倾注了多少爱，我们的兴奋和激情的火花在不断迸发。

在纽约市的那个周末上午，我一点儿也没有觉得是在浪费时间。和朋友们在一起，和我崇拜的有创造力的人一起交流，我度过了人生中快乐的一段时光。

创造通用的沟通语言

你是否注意到我们很容易在电脑前一坐就是几个小时或几天，但你却没有花时间与朋友进行真正交心的沟通。我们是否自欺欺人地认为,在推特上看到所爱的人更新的动态,就等于和他们保持着联系?在脸书上发表评论和跟朋友坐在一起喝咖啡是一样的吗?你是否注意到,最近你可能会突然说"我听说保罗结婚了",但并没有人告诉过你这件事,你转而意识到,其实是你在 Instagram 上看到了保罗在哥斯达黎加度蜜月的照片才有了这样的印象。

我们已经如此习惯于只需轻轻点击一下鼠标就可以发送邮件,这样下去,连最好的朋友都会变成泛泛之交。我们忘记了最初是什么让自己和朋友结交的。我们是否已经在孤独的洞穴中陷得越来越深?我们通过社交平台这类技术手段,以虚拟的方式替代了现实中的交流。我们发送一些消息给朋友,迫切地查看对方是否回复了消息,但我们想得到的却不仅仅是及时的回复。

难道你见到老朋友时,只是仓促聊两句就足够了吗?当我们担心自己不够"专业"的时候,难道生活中就没有比肤浅的办公室闲聊更有意义的事了吗?什么时候成为专业人士的追求取代了我们要坚持做自己的态度?

生活中常常有这样的情况:两个仅仅打过照面的人,陷入了苦于找不到一个时机互相进一步认识的僵局,但很快,他们就每周都会聚在一起看共同喜欢的情景喜剧了。当同事们发现他们在为同一个大学的橄榄球队加油时,或者他们意识到自己是在为对手球队加油时会发一连串调侃短信时,他们就迈出了建立真正联系的第一步。

这是一种方式，向世界宣告："这就是我！这就是我所热爱的东西！请和我一起分享这份喜悦！"

> 粉丝文化始于创造沟通的共同语言。

我们很多人担心全身心投入自己喜欢的活动会影响别人对自己的看法。这种担心会在某种程度上影响我们的判断力，误把自己当作那种愚蠢的狂热分子——那些躲在地下室里的游戏玩家，或者那些没有头脑、只会尖叫的体育迷。对某些人来说，粉丝文化被贬斥为逃避现实、幼稚或浪费时间，不适合"职业人士"。很长一段时间里，我都不愿和别人分享我喜欢的东西，因为我很在意别人的看法。

我和朋友们鼓起勇气，也付出了很多努力打扮成茉莉安。当这样做的时候，我们发现自己并非只是扮演了一个动漫角色，恰恰相反，我们表现的是自己真实生活的一部分，而这无法用其他方式表现出来。对于我来说，这是一种让自己变得真实的方式，比我在网上精心包装的自己，要更加真实。我更喜欢自己的生活状态了，而且我觉得自己可以激发别人的热情。杰米·麦凯尔维看到了我们在角色扮演中付出的努力，迫不及待地想在社交媒体上和他的粉丝们分享自己的兴奋。我们散发出的热情并没有被忽视。

更重要的或许是，虽然我之前做过角色扮演，但那是我第一次穿上团体服装。我和朋友们一起共享的粉丝文化让我们凝聚在一起，就如同我们对粉丝生活的热爱让我们和其他装扮成各自喜爱的角色的参展者联系在了一起。

这些就构成了粉丝文化的共同语言。这是你作为个体或集体中的一部分时，对于你自身的理解和认识。

那不正是你和朋友、同事、客户以及那些愿意在同一个组织中一起工作或合作的人想要的吗？难道能够与别人分享各种各样的经历——人们投入大量时间和精力的活动与爱好——不是一件非常积极的事情吗？这难道不是你自己想要的吗？

如果你把让自己深入挖掘喜欢的事物的驱动力——那个火花——藏在心里并独自一人享受，就没有人会看到你最真实的一面。此外，当我们全身心地投入我们迷恋的事物中的时候，那个火花会在我们的内心点燃，并照亮他人。

粉丝文化不是为了满足愿望或逃避现实而存在的，它与工作和生活的平衡，或者只是为了放松而不需要动脑筋的活动无关。相反，这是一种越来越多的人可以用来解决基本的孤立问题的方法，是最忙碌、最充实的人提升生活质量的方法。你可以从他们的行为中看到：他们似乎会常常露出笑容了，会拿自己的错误自嘲了，会轻松地对待生活、享受生活了。

> 用激情点燃激情就是成功之道。

我们采访了上千名粉丝，他们的爱好五花八门——滑雪、铁人三项、编织、绘画、弗拉门戈吉他、无伴奏合唱、古董车，还有房车。我们很清楚，将个人激情融入生活的人能够从不同的视角来看世界。他们通过自己的粉丝文化来表达自己，过着比普通人更真实的生活。他们与志同道合的人相互鼓励，交流新思想，建立深厚宽广的人际关系网。他们从自己热爱的事物中学到很多其他地方学不到的东西，或是幽默，或是同情心，或是创造力。

粉丝效应不仅适用于我们的客户或商业范围，它还是一种让我们可以认知自我价值的思想状态。一位建筑学家变成了商界女精英，一位音乐会的常客变成了社会活动家，这样的故事告诉我们，围绕所爱的事物重新定义自己的身份，是吸引其他人加入我们事业的关键。

弗拉门戈音乐会上吉米·亨德里克斯的粉丝

音乐是我们在成长过程中学着表达自我的一种方式——起初是听爸爸妈妈唱的歌，后来或是听广播、看电视，或是独自寻找能引起我们强烈共鸣的艺术家和流派。正因如此，听到一首熟悉的歌曲可能会引起我们强烈的怀旧情怀，它在感情上把我们和某个时期、某个地点或者某些我们认识的人联系了起来。

弗拉门戈吉他手、作曲家以及音乐制作人华尼托·帕斯夸尔对此深有体会。12岁那年，当我们还在培养个人性格的时候，帕斯夸尔已经开始正式上吉他课了，也是从那一年起，他开始听一些乐队演奏了，这些音乐让他把自己的职业生涯完美地融入了兴趣爱好。他很快意识到，要想和听众建立联系，就必须让他们以不同的方式参与进来。

"刚 20 岁出头的时候，我认识到自己的爱好虽然形式上多种多样，但内容上却很统一，我喜欢感恩而死乐队、弗拉门戈音乐会，当然，还有爵士乐和拉丁音乐。"帕斯夸尔告诉我们，"如果过去我只是每一阶段专注一件事，那么所有其他爱好的粉丝群体根本感受不到我的存在。如果我在演奏弗拉门戈民歌，普通的感恩而死乐队粉丝根本不会了解这个。"作为一个音乐迷，帕斯夸尔很清楚地知道，自己广泛的爱好对他的音乐事业有多大的影响。尽管把主要精力放在了弗拉门戈民歌上，但他发现在与世界各地的听众互动的时候，有一种能力必不可少，即以音乐的方式跨越国界，在自己的演奏中融入最喜欢的那些艺术家的音乐元素，这些音乐家的音乐都是他在成长过程中听过的。

演出时，他可能会拿起吉他，用弗拉门戈风格翻唱吉米·亨德里克斯的歌曲，这让他收获了很多新粉丝。当他用即兴创作方式在台上表演时——在弗拉门戈表演中不常见——其实就是在向他从小就听的爵士乐和果酱乐队致敬。当他演奏甲壳虫乐队的歌曲《当我的吉他轻声哭泣》的前几句时，观众们很快就有了回应，他们开始热烈地鼓掌。"这样的做法明确地表达着，我也是他们当中的一员。"帕斯夸尔说，"如果这些粉丝知道，我既是弗拉门戈民歌演奏家，也是流行音乐的粉丝，他们就能找到我们之间的联系，并且也会享受我现在所做的事情。"帕斯夸尔说自己是音乐界的积极分子，既是乐迷又是艺术家。

包括弗拉门戈艺术家在内的很多音乐家在音乐界都有自己的影响力，然而没有一位创作出像帕斯夸尔这样多种风格融合的作品，这也源于他儿时听过的音乐和他演奏过程中迸发的灵感。他对其他音乐风格的热情让他的音乐越来越好，同时也让他以一种独一无二的体验进行创作。他的音乐反映了他的人生故事，他分享故事的方式也让他与听众建立了一种联系。

你呢？我想，几乎每个阅读本书的人都应该在12岁以上了吧。你可能没有某样真正称得上爱好的东西……但这也许是你暂时没有与某个事物产生共鸣，并不意味着你没有爱好。尽管一般来说青春期是人们培养出终身爱好的时期，但我们还是遇到了很多人，他们在真正长大以后才发现自己的爱好，有些人甚至到了退休的年纪才找到心中所爱。

或许你只是还没有发现能够激发你兴趣的活动。你有某种特长、某种爱好或某种让你沉迷的东西，之前你没有想到它会是你生命中越来越重要的组成部分，或者你从未想过把自己当作这件事情的粉丝之一，因为你或许还不知道其他人也像你一样沉迷于这件事情。

> 青春期不是你爱好之旅的终点，而是起点。

很多时候，你需要再次点燃那团曾经在你童年时光里燃烧的火焰。回想一下那些你十几岁时每天挂在嘴边的事物——背着父母偷偷藏起来了点什么？你用辛辛苦苦攒下的钱买了些什么？什么办法能让你重新找回那种兴奋感？现在的生活中，你能找到什么让你感到同样快乐的东西吗？怎样才能接近那些和你有相同兴趣的人呢？你一直心心念念想做的事情又是什么？

如果你已经有属于自己的粉丝圈了，或者还在探索自己喜欢的事物，我们还是有很多方法让自己有意识地培养能投身其中的身份认同感。或许以前的兴趣如今已变成了你安身立命的职业，或许过去的某种爱好早已消失不再，我们都有无数种方法可以将我们的热情融入生活当中，让我们在工作中更成功、更快乐。

干一行爱一行

我最近经常和朋友珍妮闲聊，她是我们动漫展茉莉安角色三人组的一员。现在，我们俩没有穿着塑身衣，脸上也没化彩妆，没有挤在会展中心的人群中，而是穿着休闲毛衣和牛仔裤，坐在我家的客厅悠然地喝着红酒。工作中，她是一家大型出版社的助理编辑，从小说到简报再到野外指南都有涉猎。珍妮专注于公司的诗歌集，她非常支持作者将自己的作品介绍给世人，她不断地发掘一些优秀的新诗并让它们与读者见面。对于珍妮来说，她的职业生涯与其个人对书籍的热爱完全一致。

"就出版社自身而言，编辑是作者的头号粉丝，"珍妮解释着她是如何用自己对作家的热爱程度作为衡量标准来评估他们在市场上的表现的，她也是以此来激励自己完成工作的，"有时我们会用的另一个词是'啦啦队队长'或'拥趸'，虽然这的确很俗气，但这是真的。编辑是公司的形象代表，要让公司的每个人都能感受到这份快乐和热情。这种热情往往是有感染力的，也是把公司文化传播出去的一个机会。如果每一个人都很高兴，你会想：'噢，我想，这件事我是做对了。'"

珍妮从小就醉心于文学世界——对书籍的热爱让她选择了编辑这份职业。热爱一本好书这个简单的行为，让她变成工作中相当高效的人。她利用自己在成长过程中形成的身份认同感来谋生。从她说起自己喜欢的小说时的状态，我可以看出她的热情让她在工作中充满了激情，为之提供了动力，反之亦然。这种付出和收获的平衡对她在出版业中的工作状态意义非凡。

把工作和热情结合起来，让珍妮年轻时点燃的激情更为强烈。她为工作而读的书影响了她在家想读的书。珍妮说："因为工作，我迷上了漫画小说。我在面试的时候看到老板对艾利森·贝克戴尔很感兴趣，所以我查了一下她。我也很喜欢，甚至极其着迷。这让我开始接触图文小说和漫画，我之前从来没有读过也没想过自己会成为这种类型文学作品的粉丝。"珍妮在空闲时间读到的东西，也让她思考能不能把它推向市场。"开始看韩剧后，我会从自己工作的角度来考虑它。韩剧很受欢迎，美国人也很喜欢。在文学领域，我们肯定也可以有所作为。"珍妮表示。即使她的某项爱好已经不再是主流时尚了，她也会继续寻找新的东西来让自己充满激情，并用新的想法来提升职业品味和乐趣。

> 唯有热爱才能造就卓越。

珍妮笑着说："人人都沉迷于讲故事的社区，我们可以这么说：这个社区本身就是一个粉丝圈。哪里有影迷，哪里就有我们这些书虫。"

我大笑着点头。"书虫"这个说法听起来真有意思。

作为编辑，珍妮相信自己的品味，她能依靠自己的能力来辨别什么样的文学作品能够获得成功。她能与其他人分享令自己兴奋的事情，这让她在成为一个粉丝的同时，也成了一个优秀的编辑。"我爱我所爱，但我也总是想获得惊喜，"她说，"我乐于成为某个事物的粉丝，然后用这种迷恋来感染别人，让他们也成为粉丝。难道这不是所有人都想要的吗？一个更大的粉丝圈？"

这份热情就是她的动力——也是同样的一份热情，让我以朋友的身份走近她——她给我推荐新的小说，我们会在聚餐时一起阅读和讨论，我完全信任她的推荐。我看得出来，她不是仅仅被动地喜欢某样东西，而是全身心地投入其中，因为这让她在感到满足的同时，也能有所收获。

的确，将爱好与职业生活联系起来，最简单的方法是让它们变成一件事。当你能通过投入精力来发展你的爱好时，你就能让周围的人都生活得更好——家庭生活中是这样的，工作事业中亦然。

发现恐龙的女孩

不是我们所有人的兴趣爱好都像珍妮的一样，从童年开始就坚定不移，从未改变。有时，我们沉迷某件事一段时间后就放下它干别的了，或者之后在生活中又培养了新的爱好。那并不意味着我们不能从过去的经历中学到东西。大多数情况下，恰恰是让我们全身心投入某个兴趣爱好的过程本身，让我们能够明确地找到自己的目标，我们付出的热情意义重大。

有个女孩在小时候发现了恐龙化石，直到长大后才意识到那段经历对她意味着什么。她叫英迪亚·伍德，12 岁的她发现了迄今为止人类发掘出的最完整的异特龙骨架，但她长大后并没有成为古生物学家。相反，这个女孩创建了自己的公司——哈特商业研究公司（Hart Business Research），专门分析各种有创意的市场产品，包括针织品、油画、素描和雕塑等。

"当时我 12 岁，和姐姐还有一个农场工人出去找化石玩，"伍德讲述着 20 世纪 70 年代末在科罗拉多州乡下的童年故事，"他们走得比我快，没过多久我就发现他们走得没影儿了。这时，我发现地上有一小块骨头突了出来，我就开始挖它。大概挖了一两个小时，姐姐和那位农场工人来了，他们就帮着我一块儿挖。其实我只是挖着好玩！根本不知道它到底是一小块骨头还是整个恐龙骨架。然而一旦我开始挖，它就像老虎机似的，一点一点地往外冒东西！很好玩。我刚开始挖出了一块小骨头，没过多久，又挖出了一些大小适中的骨片。然后我就一直往深挖，最后找到了一根完整的骨头。"

12岁的伍德虽然对查尔斯·达尔文和那些女科学家的事迹很着迷，但她还是觉得自己当不了"寻龙人"，找不到恐龙的踪迹。这是因为她身高不到5英尺，体重只有75磅[1]，手里只有一把旧锤子和螺丝刀，而那些《国家地理》杂志上的"寻龙人"，个个都是训练有素的成年人，更重要的是，他们的装备都很精良。但在发现恐龙化石的那一刻，伍德还是非常激动的，对寻找更多化石的痴迷和发现化石所带来的成就感促使伍德一直坚持了下去。其后的3年时间里，她一次又一次地回到那个地方，挖出了一块又一块化石，把这几十块骨头藏在了自己的床下或卧室的壁橱里。那段时间，她每次从野外回来都会读一些关于古生物学的书。在一本她从初中老师那里借来的书中，她辨认出一块挖出的骨头，那是生活在1.5亿年前的异特龙骨盆的一部分。

伍德说："那也是逃避家庭问题的一种方法。"她开玩笑说，恐龙教给她的要比父母教的还多一些。她说："沉浸在恐龙的世界里，我很高兴，那也是一个巨大的避难所，寻找异特

---

[1] 1磅≈0.45千克。——编者注

龙这件事让我有了一个特别的目标，可以一直探索。"

后来，她妈妈实在受不了她的卧室里到处乱七八糟地堆放着的讨厌的骨头了，伍德只好带着几块骨头去了丹佛自然与科学博物馆，想看看自己的判断是不是正确。博物馆的古生物学家很快就告诉她，这确实是一头异特龙，这简直让人难以置信。博物馆聘请了年轻的伍德，还让她和这些古生物学家在一起工作了好几年，挖掘出了迄今发现的最完整的异特龙。伍德亲切地称这头恐龙为艾丽丝，最后关于这块恐龙化石和伍德的故事还被多家电视台、广播、杂志和报纸报道。现在，每年有170万人前往丹佛自然与科学博物馆参观这座化石，英迪亚·伍德也以"发现恐龙的女孩"这个称呼而出名。

然而，让很多人惊讶的是，这个"发现恐龙的女孩"最终还是不再沉浸于她惊人的发现中，她选择了一条不同的成年道路。伍德童年的激情所在并不是她的最终目标，而是她了解激情本身的一个过程——正是这些细节让人们着迷，进而追求更多，就像她发现恐龙一样。她创立了自己的公司——哈特商业研究公司，专门研究是什么让人们热爱自己的艺术。在美国国家艺术协会的赞助下，伍德的公司研究调查了数万名艺术家，从针织时的感受甚至到艺术家购买的特定品牌颜料，了解让他们充满热情的细节。这些数据可以帮助独立零售商和家族企业同亚马逊或开市客竞争，告诉它们如何更好地吸引客户。

"归根结底，人们喜欢创造是因为创造本身让他们感到快乐、放松和有成就感。"伍德谈及她的数据时说道。这对所有人，对创意行业里里外外的人都适用。

"我之所以把恐龙挖出来，是因为这样做让我觉得有成就感。我在大自然中感受到了快乐。"她说，"我也很喜欢进行创意产业研究，因为它让我觉得很有成就感。"

正是她在做自己喜欢做的事情时，她所经历的情感——把恐龙骨头在她床下堆起来，以及感受到的喜悦，促使她继续前行，并创立了一家致力于研究的公司，而其他人也有同样的感受。通过她收集的数据，她能够帮助许多其他的小型企业取得成功。

他人激情中纯粹的快乐

粉丝圈是养成各类激情的地方，它不仅给英迪亚·伍德指明了职业发展道路，而且为她提供了长久的快乐和灵感来源，融入了她的工作和生活中。一个人对工作以外的投入可以转化为对公司的投入，哪怕这两件事的主题是截然不同的。

丽贝卡·科利斯非常了解这一点。她是猫头鹰实验室公司（Owl Labs）的营销副总裁。这是一家初创企业，开发了一种新型视频会议支持技术，可以让远程工作人员无论身在何处，都能顺利地参加公司会议。

科利斯对什么有激情呢？她热衷于无伴奏合唱。正如她所说："我常打趣说自己上大学是为了参加合唱团，上课反而是次要的。这对我形成自己的身份认知产生了巨大影响。"

她从小就喜欢唱歌，大学也唱，参加工作后还组建了两个无伴奏合唱团，她还自封为"清唱家"。从大二到现在，科利斯已经30岁出头了，她会经常参加清唱团里的各种比赛、演唱会和录制唱片的活动，从来没有间断。

她笑着补充道："你只有非常热爱某样事物，才能投入这么多的努力。我无法想象自己不唱歌的生活会是什么样的。如果不唱歌，我的生活就不完整，我也不会感受到快乐。越是乐在其中，我能做的事情就越多，做每件事情时也越有效率。"

科利斯认为，所有曾经与她共事过的成功人士都有这种感觉，所以在招聘的时候，她会重点关注那些在工作以外有爱好的人。例如，她面试时一旦发现有意向招聘的员工，就喜欢问这样一个问题："如果你走进一个坐着2 000人的体育馆，这些人都是随机选取的，请问，你对自己的什么特长最为自信？"

答案各不相同，但她最感兴趣的不是话题本身，而是非常自然地引出每个人的爱好。例如，有一个面试者说起自己的特长是玩魔方，他兴高采烈地说了他是如何掌握在45秒内复原任何一种魔方组合的。科利斯说："你可以清楚地看到，那些人说起自己的爱好时充满了激情！真是太神奇了。这意味着他们对面试的工作也会充满激情。一旦你的激情被点燃，你的成就往往会超乎自己的想象。"

"我会一直坚持下去，让无伴奏合唱为我带来成功。那也是我工作中最有用的东西，有激情的时候，我需要走多远，就可以走多远。"科利斯说。她认为自己之所以能够从零开始组建多个无伴奏合唱团，是因为她想唱歌。她说："找到那些有激情的人，无论他们的激情是什么，都能让这些人在职场中大有作为。如果你是一个能被激发热情的人，尤其是在紧张状态下，我确信，你能在工作中迎难而上、创造奇迹。"

这些员工点燃了自己的热情，谈论着自己的兴趣爱好，科利斯认为，他们是最有前瞻性的。他们从不满足于已经完成的工作，而是动力十足地去看下一步要做什么。科利斯说，有激情的人会对未来感到兴奋，这对任何公司来说都是好事。

支持民主选举的音乐家组织

粉丝创造出来的能量往往涉及面广，影响力大。这种能量可以超越个体、超越公司，甚至超越它本身。在音乐会上，当灯光亮起时，人群中兴奋的呐喊声不会停止，这种热情还会继续扩大，继续传递下去。这种能量能够持续地为利他主义、慈善事业和行动主义提供动力。

为了获得乐迷的巨大能量，并让这种能量鼓励大家注册为选民而参与选举投票，无党派组织 HeadCount（非营利性音乐家组织）孕育而生，它与音乐家合作，推动粉丝参与民主选举活动。这个组织的工作人员会通过包括圣文森特、魔力红、哈里·斯泰尔斯和德雷克等人的演唱会，设立摊位来开展选民登记活动，还在社交媒体中广泛地打入音乐人的粉丝圈。他们请音乐家拍照宣传，照片上音乐家会举着牌子，上面写着"投票"或者"我为某某投票"。他们会把这些照片发布在社交媒体上，这样就和粉丝们取得了联系。500多名艺术家参加了这些社交媒体上的推广活动，包括杰克·约翰逊、艾尔·扬科维奇、杀手迈克、阿尼·迪弗兰科、奎斯特洛夫、利尔·迪基和阿曼达·帕尔莫，以及莱昂国王乐队、Guster（摇滚乐队）、迪斯科·比斯奎特、Dispatch（独立摇滚乐队）等。

2004年以来，通过与演唱会及网络上的乐迷取得联系，这个组织已经在全美注册了50多万选民，并在全美范围内建立了一个由两万名志愿者组成的庞大网络。

HeadCount成功的关键在于，能够在集体力量很大的场合——音乐会上接触并培养音乐粉丝。"其中有一个非常简单的理念，那就是音乐家们是引导者。他们通过这个平台接触了大量的人，这是一个让人们参与民主选举的好方法。"HeadCount的执行总监安迪·伯恩斯坦告诉我们，"我想说，真正的秘诀是你参加了某个由音乐联系起来的集体，那也是你真正进入粉丝圈的时候。人们之所以参与进来，首先是因为他们对音乐的热爱，更重要的是因为他们对这个集体的热爱，最终通过音乐这个爱好，认识了志同道合的人。HeadCount让你更深入地融入这个集体，并积极参与其中回馈这个集体。你会成为真正的引导人，不仅是选民，而且是一个带领其他人投票的人，这就是我们所依赖的动力。粉丝圈的集体要素推动我们前进。"

艺术家们已经让粉丝充满激情了，这个组织又给这些艺术家们提供了一个平台，充分地宣扬了参与美国民主选举的重要性，这种激情就会发生转化。激情之火蔓延开来，这些粉丝就会受到情感的驱动去投票，而非完全理智地对待投票这件事。

另一个粉丝能够产生巨大力量的例子是喜剧演员安德鲁·斯莱克于 2005 年创立的非营利组织"哈利·波特联盟"（Harry Potter Alliance）。斯莱克与他的乐队哈利和波特们（Harry and the Potters）——一个集喜剧、音乐及哈利·波特世界的粉丝于一体的摇滚乐队，一开始通过在大赦国际组织的演唱会上做募捐活动吸引注意，这引起了人们对苏丹侵犯人权行为的关注。

从那时起，哈利·波特联盟发展壮大，吸引了数百万粉丝参与各种活动，包括扫盲、心理健康问题、经济正义、美国移民改革等。这个组织的成功行动很多，包括为健康伙伴组织募资超过 12.3 万美元，为海地运送了 5 架飞机的救生物资，通过 AccioBooks（图书分享网站）向全世界读者捐赠了超过 39 万本书。哈利·波特联盟能给影响力较弱的年轻粉丝提供一个集体表达观点的途径，让他们得以把平时学到的道理变成改变现实世界的力量。

事实证明，利用数百名艺术家或"书虫"打造起来的粉丝效应，是鼓励人们参与公民服务的好方法。这种粉丝效应能把以不同形式存在的激情转化为同一形式，并将其导向同一目标。当粉丝看到自己所在的团体对某件事充满激情的时候，无论这件事与粉丝圈的创建初衷是否有关，这种激情都会扩散开来，充满感染力。

星星之火，可以燎原。正如哈利·波特联盟在其网站上所写的那样，这个组织可以"化粉丝为英雄"。

充满激情之人的秘密语言

再来聊聊我和朋友们一起参加的动漫展，一个上午很快就过去了，我们三个人还穿着茉莉安的服装，费力地拉着越来越大的旅行包，里面装着一些对我们来说非常珍贵的物品。我们三个人参加了一个关于有色人种女性强势进入出版业的讨论会，参加这个讨论会的都是女性，从漫画作者到市场营销人员等各个职业的女性都参与其中。讨论会由一位年轻的女性主持，她穿着华裔 X 战警英雄李千欢的全套服装。

会议结束后，我边回顾自己在讨论中的想法，边使劲从包里掏出会展日程表看看我们接下来要去哪个地方。但是珍妮却站起身快步走到舞台上的桌子旁，挤进了一小堆人里面凑热闹，有些人在与她们喜爱的作家握手，有些则在和作家们继续交谈。

但是珍妮走上去不仅仅是和那些作家交流的，她和这个讨论会的主持人都是编辑，她们的工作性质是一样的，所以很快就聊得火热了。

珍妮穿着黑色网纱的衣服，那位主持人穿着李千欢经典的黄色夹克，两个扮成漫画书中不同人物的女性一起聊着天，这一幕并没有我起初想象中的不和谐。她们有说有笑，就像大厅里从我们身边走过的许多粉丝一样，她们站在同样的立场上，完全沉浸在这个职业与个体高度融合的世界里，专注于把自己融入这个粉丝圈。她们是漫画书的爱好者，与这里的其他人以同样的角度体验着动漫展，并为此感到自豪。她们也从事着同一个行业，渴望互相建立联系，这样不仅有助于她们自己的职业发展，还能让出版界成为像她们这样的粉丝所希望看到的那样，是一个让人感到温暖、安心的去处。

　　珍妮和那位主持人怀着的情感是对彼此的理解和信任，她们都热爱自己所从事的工作。在会展中心的地下大厅里扮演她们喜爱的角色，周围都是和她们一样充满激情的粉丝，比起坐在到处是隔板的公司里为一本本书做编辑工作，这两个文字工作者现在进行的交流更能为彼此的工作提供动力。

　　这就是我们的爱好能给予我们的。共同的爱好能让我们更靠近对方，这样我们就可以与别人分享我们的快乐。这是一种可以让我们充分表达自我的途径。更重要的是，共同的爱好让我们感到无比快乐。

　　有了这种快乐，我们就有动力去做不平凡的事情。

第14章　扩大粉丝圈

戴维、玲子

很多人得知《粉丝效应：从用户到粉丝，从流量到增量》是我们父女俩合作完成时都觉得非常惊讶。"父亲和女儿一起写书？这是怎么回事呢？"他们不免会这么问。虽然我们对粉丝圈相关的事情的看法非常接近，但我们个人对事物的理解却又非常不同。我们的生活都深受所热爱的事物的影响，我们只与最好的朋友分享自己的爱好。粉丝圈在我们生活中的重要性让我们感同身受，于是，合作完成本书就成了一件对我们彼此都有价值的事情。更重要的是，这让我们都很快乐。

成为某个粉丝圈的一员既不是一种怪癖，也不是一种单纯的消遣。工作之外的爱好可以让你与志同道合的人建立起一种意义非凡的关联。这种关联让你的生活更加丰富、充实。比如，我俩都对现场音乐非常痴迷，这让我们的联系更加紧密，音乐会成为联结我们父女情感的纽带。同样，戴维和由香里都喜欢有趣的旅行和美味的食物，而玲子和她的丈夫本都对玩《万智牌：竞技场》非常痴迷，常常玩起来乐此不疲。共同的喜好打造了属于自己的粉丝效应，家庭中如此，工作中也是一样。

当在对本书的最后一章进行定稿前的校订时，我们俩同时收到了一封电子邮件。当时戴维刚结束一个会议乘火车回家，玲子则在医院里照顾一位患者。我们都第一时间就在手机上查看了电子邮件，这是波士顿呼唤音乐节的主办方发来的，邮件主题是"2019年音乐节主咖阵容揭晓"。已经有几十个乐队和歌手宣布要参加音乐节了，我们不约而同地快速浏览了一遍阵容名单，看看能不能找到各自喜爱的老乐队。我们的目光也都会停留在几个我们没看过现场表演的乐队的名字上，想要去看看。戴维感兴趣的是格蕾塔·范弗利特摇滚乐队，而玲子喜欢的是女歌手加奈儿·梦奈。看到这些乐队和歌手的信息让我们俩非常兴奋，马上就给对方发消息，分享了自己看中的乐队和歌手。我们已经一起参加过三届波士顿呼唤音乐节了，对于每一次的音乐节我们都很期待，可以一边沐浴着温暖的阳光，一边欣赏自己喜欢的现场音乐，还能互相分享各自对现场音乐的热爱。

> 粉丝效应源于将商业人性化。

正如我们之前所说的，粉丝效应是亲朋好友一起分享各自心中所爱、赞美心中所爱时为我们铺展的美好画卷。就我们父女而言，现场音乐会正是让我们之间的联系更加紧密的直接因素。无论距离多远，我们共同的爱好都会把我们的心紧紧地连在一起。

我们以共同的热爱为纽带，与自己的家人、朋友、同事和客户分享这份热爱，以在彼此之间建立起一种牢固的关系。反过来，这种关系也会让我们的生活充满惊喜。

我们由衷地向读者们致谢，感谢大家陪伴我们走过这段旅程。在我们的网站 www.fanocracy.com 上，你能看到一个关于粉丝效应实例的视频专栏，这里有很多故事的主人公打造了自己的粉丝效应。在网站上，你也可以看到我们对 2020 年美国总统候选人中的近 20 位进行了采访，了解了他们最热衷的话题，还有我们关于粉丝效应主题的演讲视频。欢迎大家下载关于"在事业中打造粉丝效应的九个步骤"的信息一览表，它旨在帮助你把本书的理念融入你的事业当中。在你的大力推动下，粉丝效应的理念将会不断发展，我们希望能够在这个网站上收到更多人的分享。

对本书主题多年的研究以及本书的撰写，已经是我们父女共同生活不可分割的一部分了，也让我们的关系更加亲近。我们相信，在你的生命中培养一个共同爱好，也能让你与自己的客户、朋友或家人越走越近。因为，当你分享自己生活或工作中的粉丝圈时，你就能与别人建立一段牢固而持久的关系。

致　谢

　　5 年多前，我们俩发现尽管我们在很多事情上的认识都迥乎不同，但对粉丝和粉丝圈的看法却几乎完全一致，那个时候就有了创作本书的灵感。我们吃饭时讨论，开车时也讨论，还在邮件中讨论，甚至互相辩驳，时有争吵。一段时间后，我们觉得需要把这些讨论的结果分享出来，于是本书就诞生了。从一开始只有零散的想法到最后成书出版，在这个过程中我们得到了很多人的帮助。我们和成百上千的人交流过他们的粉丝圈，在此向他们表示衷心感谢。

　　玛格丽特·麦克布赖德是我们的经纪人，是她最先提出我们可以把一大堆零散的概念变成连贯的故事的。除了在整个出版过程中巧妙幽默地引导我们外，她还帮助我们把粉丝效应打造成一套完整的理念合集。玛格丽特所做的远远超出了她作为经纪人所应尽的职责。她现在还是我们的资深顾问、语言向导、不辞劳苦的鼓励员，同时也是我们的朋友。为了本书能成功出版，她通宵达旦地处理了无数邮件和电话，对此我们感激万分。费伊·艾奇逊是玛格丽特的同事，他帮助我们始终保持正确的工作方向，并让我们有些零散的观点形成体系、有据可依。玛格丽特和费伊，谢谢你们！

在理念整合方面我们要感激威尔·魏瑟尔，是他看到了我们想法的特别之处，还愿意冒险与我们合作。威尔和他的同事阿德里安·扎克海姆、尼娜·罗德里格斯－马蒂、莉莲·鲍尔都是一流的专业人士，很荣幸能和他们共事。

尼尔·戈登逐字逐句地阅读了我们各个版本的手稿，想方设法让书中的观点更加通俗易懂。在创作早期，马克·利维为我们捋清哪些观点是最重要的，以及如何将它们表述清楚。道格·艾默尔和我们一起设计故事讲述过程中的视觉元素，斯泰西·威利斯和阿什利·雷斯皮西奥帮我们建立网站，同时，戴维·雅克尔和沙娜·贝休恩与我们一起完成视频工作。来自Geoversity（国际生态组织）的内森·格雷、利德·苏克雷、科林·维尔、T. J. 坎茨于泽夫斯基也从其他方面给予了我们很大的帮助。

波士顿格鲁布街写作协会也对我们的工作提供了宝贵支持。我们从协会的课堂上和在协会中结交的朋友身上获得了源源不断的灵感。

或许对我们最重要的人是由香里·渡边·斯科特，既是贤良的妻子，又是温柔的母亲。她会倾听我们的想法并提供宝贵的建议，同时也会宽容地对待我们的差错。

戴 维

首先公开声明一点，由于本人同时从事咨询工作，举办研讨会，还会做一些关于粉丝效应理念的有偿演讲，所以工作过程中可能有些冲突难以避免。本书涉及的人里边，有一些是我的朋友，至于书中提到的几家公司，有的是我召开过研讨会的，有的是我提供过咨询建议的。

特别要感谢协调我的演讲活动的托尼·达梅里奥。当我尽力在台上清晰地阐述我想诉说的故事时，他为《粉丝效应：从用户到粉丝，从流量到增量》这本书提供了许多宝贵建议。在确保我的观点能有效地传达给世界各地的读者这件事上，托尼和他的同事米里亚娜·诺夫科维奇、马特·安德森、卡林·凯尔特、梅格·若雷以及珍妮·泰勒起到了关键性作用。

我很感激托尼·罗宾斯邀请我加入商务通研讨会，我每年都要参加几次研讨会活动，并做"掌握新型营销策略"主题演讲。托尼，感谢你为《粉丝效应：从用户到粉丝，从流量到增量》作序，我很荣幸。同时我也感恩托尼·罗宾斯国际研究所全员的付出，尤其感谢戴安娜·阿德科克。

其他对本书的观点有影响和帮助的人有：塞斯·戈丁、鲍勃·勒弗塞茨、维恩·加埃塔、菲利普·斯达茨、安东尼·维纳斯、达梅什·沙阿、斯科特·哈里斯、卡罗琳·金、丽贝卡·基特、米奇·杰克逊、维恩·哈尼什、约翰·哈里斯、杰夫·恩斯特等。若有遗漏，请多包涵。

15年前我在鲍勃·威尔和鼠狗乐队的音乐会上遇见了我们最信赖的摄影师——布鲁斯·罗戈文。从那时起，我所有的个人照都是由他拍摄的。你看，这就是粉丝效应！

如果没有和我志同道合的这些朋友，我可能永远都不会拥有书中的各种观点和思考。"青年阿波罗月球计划"的粉丝有拉里、里奇、贾森、克里斯、莱斯利和史蒂夫。20世纪70年代，我还是一个少年，从那时算起到现在，我已经参加过780多场音乐会了。我非常喜欢和朋友一起看现场音乐会，这些"乐友"多年来一直为我的生活和事业提供了极大帮助。我特别要感谢布赖恩、乔、梅雷迪思、加文、珍妮、伯克利、比尔、里克、杰、艾伦、彼得，当然还有经常和我一起看演出的玲子。就像阿尔伯特·哈蒙德的《这些过去的好时光》这首歌的歌名一样，我所经历的都是值得怀念的好时光。

玲 子

在正式出书之前最先听说这些想法的是我的朋友们，其实很多年前他们就已经和我一起讨论粉丝圈了。汉娜曾鼓励我将第一部作品写成同人小说和女权主义文章。维多利亚依旧在我写每个故事的时候都提供帮助。珍妮和克莱尔总会就一些不那么严肃的话题进行异常严肃的讨论。还有安娜，她总是和我热切地讨论每本好书，并随我在真实和幻想的世界中一同穿梭。尼娜也凭借其对流行文化的独到见解创办了自己的事业，同时她还让观众在看恐怖的实景真人翻拍动画时感觉就像在看人类的冒险奇遇一样。

我一定要感谢那些上学期间帮助过我的朋友，他们和我一边吃零食，一边看电视，我们一起度过了美好的学生生涯。感谢我在哥伦比亚大学的伙伴索菲娅、玛丽娜、埃米、卡加（我们一起看了《神探夏洛克》《神秘博士》和英国广播公司的特别节目，并一起吃了很多奇多玉米棒）。还要感谢和我一起畅聊的人（我们一起看了真人秀《双层公寓：都会男女》，还一起吃了蛋包饭）。感谢安东尼（YouTube 上一档亚洲饮食节目的主持人，还是家喻户晓的爽心美食博主），以及和我一起画素描、看动画，还有一起吃午餐剩下来的比萨的朋友。

当然还要感谢本，他对自己做的每一件事都充满热情，这让我受到了莫大的激励，而这种激励的作用可能连他自己也没有想到。

*****

真诚地欢迎各位来信。如果你愿意分享自己的粉丝圈或你亲自打造的有关粉丝效应的故事，我们将无比快乐和深感荣幸！

——戴维·米尔曼·斯科特（@dmscott）
和玲子·斯科特（@allison_reiko）
www.fanocracy.com